本书为中国人民大学科学研究基金
（中央高校基本科研业务费专项资金资助）项目成果（24XNF026）

从道德到伦理

论福柯的伦理转向

曾持 ◎ 著

From Morality
to Ethics:
On Foucault's "Ethical Turn"

中国社会科学出版社

图书在版编目（CIP）数据

从道德到伦理：论福柯的伦理转向／曾持著．— 北京：中国社会科学出版社，2025.4． — ISBN 978 - 7 - 5227 - 4914 - 3

Ⅰ.B565.59

中国国家版本馆 CIP 数据核字第 2025H6E462 号

出 版 人	赵剑英
责任编辑	梁世超
责任校对	夏慧萍
责任印制	戴　宽

出　　版	中国社会科学出版社
社　　址	北京鼓楼西大街甲 158 号
邮　　编	100720
网　　址	http：//www.csspw.cn
发 行 部	010 - 84083685
门 市 部	010 - 84029450
经　　销	新华书店及其他书店
印　　刷	北京明恒达印务有限公司
装　　订	廊坊市广阳区广增装订厂
版　　次	2025 年 4 月第 1 版
印　　次	2025 年 4 月第 1 次印刷
开　　本	710×1000　1/16
印　　张	13.5
插　　页	2
字　　数	203 千字
定　　价	76.00 元

凡购买中国社会科学出版社图书，如有质量问题请与本社营销中心联系调换
电话：010 - 84083683
版权所有　侵权必究

目 录

导论 福柯"伦理转向"的内涵与解读方式 …………………（1）
　一 "伦理转向"作为一个问题 ……………………………（1）
　二 道德与伦理：主体化的两种方式 ……………………（6）
　三 文献综述 ………………………………………………（10）
　四 本书框架 ………………………………………………（25）

第一部分　现代道德的谱系学

第一章　作为道德谱系学的权力谱系学 ………………（37）
　第一节　道德谱系学的问题 ……………………………（37）
　第二节　道德谱系学的方法 ……………………………（50）

第二章　"道德"的诞生 …………………………………（59）
　第一节　道德畸形 ………………………………………（61）
　第二节　道德治疗 ………………………………………（67）
　第三节　社会道德化 ……………………………………（74）

第三章　说真话作为一种道德：坦白 …………………（82）
　第一节　坦白的特殊性 …………………………………（83）
　第二节　精神病学的坦白 ………………………………（92）
　第三节　性与坦白 ………………………………………（101）

第二部分　关心自己的伦理

第四章　批判的伦理 ……………………………………（113）

第五章　构建自我关系的两种方式 ……………………（123）
 第一节　真理、主体与自我关系 ………………………（123）
 第二节　认识自己（Gnothi Seauton）…………………（134）
 第三节　关心自己（Epimeleia Heautou）……………（142）

第六章　伦理的四元结构 ………………………………（147）
 第一节　伦理实体 ………………………………………（147）
 第二节　伦理义务 ………………………………………（151）
 第三节　伦理目的 ………………………………………（156）
 第四节　伦理操练 ………………………………………（158）

第七章　说真话作为一种伦理：坦言 …………………（167）
 第一节　坦言的概念 ……………………………………（167）
 第二节　坦言的伦理属性 ………………………………（170）

结　　语 …………………………………………………（183）

参考文献 …………………………………………………（198）

后　　记 …………………………………………………（210）

导论　福柯"伦理转向"的内涵与解读方式

一　"伦理转向"作为一个问题

米歇尔·福柯（Michel Foucault）是公认的20世纪最伟大的哲学家之一。他对话语、知识与权力进行了深入研究，其影响力早已超出哲学学科的范围，成为每个研究社会运行的学者都绕不过的理论。[1] 更具体地说，福柯在《性史》第一卷《认知的意志》（*Histoire de la sexualité I：La volonté de savoir*）之前对知识与权力的研究在学术界已经取得了广泛的认可，然而，对于福柯在晚期"伦理转向"之后对伦理、主体与自我技术的研究，学界评价则相对褒贬不一。

在福柯主义者看来，福柯晚期的伦理学非常重要。在著名的福柯研究者保罗·拉比诺（Paul Rabinow）汇编的英文版三卷本福柯作品集（*Essential Works of Foucault*）的第一卷《伦理：主体性与真理》（*Ethics：Subjectivity and Truth*）的导言中，他曾经预言："然而最终，福柯将会作为现代最重要的伦理思想家之一而为人们所铭记。"[2] 另一位著名的福柯研究者阿诺多·戴维森（Arnold I. Davidson）也认为，福

---

[1] 正如德勒兹所说的，福柯的哲学是一个"工具箱"，见 Michel Foucault and Gilles Deleuze, "Intellectuals and Power", in *Foucault Live. Collected Interviews*, 1961–1984, ed. by Sylvère Lotringer, tr. by Lysa Hochroth and John Johnston, 1989, New York：Semiotext（e）, p.76；福柯自己也说："我希望我的书成为一种工具箱，人们可以在里面翻找到他们能用的工具，而不管他们想在自己的领域中如何使用。"见 Michel Foucault, "Prisons et asiles dans le mécanisme du pouvoir", in *Dits et écrits*, Ⅱ, 1976–1988, eds. by Daniel Defert, François Ewald and Jacques Lagrange, Paris Gallimand, 2001, pp. 523–524。

[2] *Essential Works of Foucault*, 1954–1984, *Volume One*, ed. by Paul Rabinow, tr. by Robert Hurley and others, New York：The New Press, 1997, p. xxvi.

从道德到伦理：论福柯的伦理转向

柯对伦理概念的重塑将有可能改写整个伦理史的书写方式，其影响力可以类比于约翰·罗尔斯（John Rawls）的《正义论》(*A Theory of Justice*) 对当代政治哲学的重构。[1]

然而，距离福柯去世已经四十年之久，福柯的伦理学在学界仍然没有达到拉比诺或戴维森所预期的地位与影响力。或许如戴维森所说，福柯伦理学的潜力之所以没能实现，是由于如今伦理学理解的伦理概念与福柯所说的"伦理"完全不同，因而在讨论伦理时往往没能考虑到福柯所注重的伦理面向；抑或是由于福柯对古希腊/希腊化世界的理解不如古典学家那么准确，所以福柯晚期对古代哲学的研究往往被忽视。[2] 但除这些由哲学学科内部固有的概念界限导致的原因之外，本书认为，福柯的伦理研究之所以没有得到应有的重视，部分原因也许内在于福柯哲学本身，或者更准确地说，是内在于福柯所做的"伦理转向"本身。

通常认为，福柯思想的"伦理转向"指的是 1980 年前后，他的研究领域从权力向伦理，研究对象从现代治理术向古希腊/罗马伦理的转变。[3] 虽然福柯的"伦理转向"是学术界公认的发生于福柯哲学中的一个"事件"（événement），[4] 但理解"伦理转向"却并没有想

---

[1] Arnold Davidson, "Ethics as Ascetics: Foucault, the History of Ethics, and Ancient Thought", in *The Cambridge Companion to Foucault*, ed. by Gary Gutting, Cambridge: Cambridge University Press, 2006, p. 115.

[2] Arnold Davidson, "Ethics as Ascetics: Foucault, the History of Ethics, and Ancient Thought", in *The Cambridge Companion to Foucault*, ed. by Gary Gutting, Cambridge: Cambridge University Press, 2006, pp. 115–116.

[3] 在《性史》第二卷《快感的使用》中，福柯声称"我现在必须做出第三个转变，为了去研究所谓的'主体'"，这是福柯的"伦理转向"说法最直接的来源。见 HS2, p. 6（法文版, pp. 12–13；中文版, 第109页）。学界对于"伦理转向"有不同的解释，详见本书"文献综述"一节。

[4] 与福柯哲学经常使用的"事件"概念所表达的含义一样，"伦理转向"作为福柯哲学研究事业中的"事件"也意味着不连续与断裂，这也是福柯所崇尚的谱系学风格。如福柯在生前最后一次采访中所说，"在1975—1976年，非常突然地，我完全抛弃了这种风格，因为我开始思考要写一部关于主体的历史，它不会成为某一天已经发生的，我必须介绍其前因后果的一个事件"。见 FL, p. 465。福柯希望他的"伦理转向"被理解为一个突发的、不需要解释的"事件"，然而本书却尝试对这个"事件"进行解释，这虽然与福柯的想法相冲突，但却是思想史研究的必要。

象中那么简单。甚至可以说，在某种程度上，《性史》第二卷《快感的使用》(*Histoire de la sexualité II：L'usage des plaisirs*) 的出版在当时学术界所引发的困惑，至今仍未消散。人们仍然好奇：福柯为何会从"权力"转向"伦理"？他的研究对象是如何从现代的精神病院与监狱转向古代哲学的自我关系？所有这些疑惑都指向一个根本问题：福柯的"伦理转向"在福柯哲学自身之中是否能够自洽？正如保罗·韦纳（Paul Veyne，1930—2022）①所说："福柯为他自己构建了一个如此迥异的道德概念，这里面存着一个真正的问题：在他的哲学之中，一种伦理竟然是可能的吗？"②

在大多数福柯主义者看来，这种困惑是不必要的。随着福柯的法兰西学院课程、讲座、访谈以及《性史》第四卷《肉欲的忏悔》(*Histoire de la sexualité IV：Les Aveux de la chair*) 等一系列重要文本的陆续整理出版，福柯晚期的伦理研究已经得到了很大程度上的澄清。而且，福柯在《性史》第二卷《快感的使用》中所说的统领他所有著作的三条轴线——知识、权力、主体，似乎已经能够很好地纾解两次理论转向给福柯哲学内部的融通带来的困难。

知识、权力、主体，是福柯为理解所谓的"经验"（expérience）而建构的三条轴线。按照福柯自己的解释，在经验之中，不仅知识与规范能够对人产生权力作用，而且个体还能将自己作为主体自愿地建构自身。关于知识与权力，福柯认为他自己已经通过"话语"与"权力"进行了处理。但是"主体"，则因为涉及主体主动建构自身，牵涉到各种观念、思想和理论，所以需要特别进行考虑。主体也就是"伦理转向"之后福柯要研究的对象：探寻"个体是通过哪些形式和样态的自我关系来将自己作为主体加以认知与建构的"③。知识、权力、主体这三条轴线缺一不可，共同维持"经验"这一场域，但在

---

① 保罗·韦纳，福柯好友，法国著名的古代哲学研究者，对福柯晚期的古代伦理研究的解读有很大的影响。著有 *Foucault Sa pensée, sa personne*, Paris: Albin Michel, 2014。中文版见 [法] 韦纳《福柯：其思其人》，赵文译，河南大学出版社 2018 年版。

② Paul Veyne, "The Final Foucault and His Ethics", *Critical Inquiry*, Vol. 20, No. 1, October 1993, p. 2.

③ HS2, p. 6.（法文版，pp. 12-13；中文版，第 109 页）

从道德到伦理：论福柯的伦理转向

福柯哲学的特定时期只有某一条轴线突出，而另外两条轴线则常常隐藏起来作为论述该突出主轴的支撑。因此，将福柯不同时期的作品理解为在主题上的变换与递进，在一定程度上的确能够解释福柯的伦理转向。

与三条轴线的说法相呼应的还有福柯在方法论上的明确转向。通常认为，在早期作品《临床医学的诞生》（*Naissance de la clinique. Une archéologie du regard médical*）、《词与物》（*Les Mots et les Choses*）以及《知识考古学》（*L'Archéologie du savoir*）中，福柯运用了"考古学"的方法来研究知识。在经历了德雷福斯（Hubert L. Dreyfus）与拉比诺（Paul Rabinow）所说的"考古学在方法论上的失败"之后，[①] 福柯在"考古学"的基础上，又借鉴尼采（Friedrich Wilhelm Nietzsche）的"谱系学"（genealogy）来研究权力。而在最后阶段，福柯在延续了"考古学"与"谱系学"的方法论的同时，又加入了"问题化"以聚焦某个时期主要的伦理问题，并规避具体的道德法则带来的干扰，以便深入一个时代最成问题的道德/伦理问题。

一方面，"三条轴线"的说法批评了那些把福柯作品分为三个独立部分的做法，因而拒绝了福柯哲学可能存在的内在断裂。它通过将这三条轴线统一在"经验"领域之下，从而建立起知识、权力与主体的互动。另一方面，这三条轴线也拒绝了那些"还原主义者"（reductionist）的批评。[②] 由于福柯的权力研究影响太过巨大，这种还原论通常会将其他两条轴线全部还原到权力之中，即将知识仅仅看作一种权力，或者将主体仅仅看作受权力所统治的屈从者。"三条轴线"的说法强调了这三个因素的不可还原性。总的来说，"三条轴线"的说法引领了一条主流的解释福柯思想转变的思路：在保证三条轴线彼此独立的前提下，再去探讨它们之间的关系如何变换，在不同时期福柯的研究重点是如何转换的。福柯也通过"三条轴线"的说法重新

[①] H. L. Dreyfus and P. Rabinow, *Michel Foucault: Beyond Structuralism and Hermeneutics*, Chicago: University of Chicago Press, 1983, chap. 4.

[②] Thomas R. Flynn, *Sartre, Foucault, and Historical Reason, Volume Two: A Poststructuralist Mapping of History*, Chicago: University of Chicago Press, 2005, pp. 169, 262.

赋予了他在各个阶段不同的作品以一个共同的结构：由"三条轴线"构成的人类经验。

虽然"三条轴线"的说法以主题变换的方式解释了福柯的"伦理转向"，但必须承认的是，理解"伦理转向"的困难依然普遍存在。就连当今著名的政治哲学家吉奥乔·阿甘本（Giorgio Agamben）都对"伦理转向"所引发的福柯哲学的自洽性表示怀疑。在其经典著作《神圣人：至高权力与赤裸生命》①中，阿甘本说，福柯作品长久以来关注的问题是如何抛弃传统的司法—制度模型来研究权力，并以一种无偏见方式去研究权力具体是以哪些方式渗透到主体的身体与生活方式之中。福柯以两种"截然不同"的研究（two distinct directives for research）切入这个问题，即政治技术（治理术）与个人技术（自我技术），二者共同构成了权力与主体关系的完整面貌。然而，阿甘本认为，福柯对权力的研究路径存在一个根本的问题，那就是总体化的技术与个体化的技术必然有一个交汇点，但"非常奇怪的是，权力的这两个面向的交汇点在福柯的作品中仍然不是清晰的"。也就是说，当治理术与自我技术交叉在主体之上时，"个体们自愿的屈从与客观的权力之间的交叉点在哪里呢？"②在阿甘本看来，福柯对政治技艺与个人技艺的研究是两种"截然不同"的研究，并且当政治权力与自我技术同时加诸主体之上时，主体为何会自愿服从于权力并未得到很好的说明。其实，阿甘本所说的模糊之处正是权力和伦理在主体之上的交叉，也是"伦理转向"所处的位置。阿甘本似乎没有接受福柯"三条轴线"的解释。按照这种解释，福柯晚期所讨论的自我技术至少能被看作福柯对治理术概念的进一步完善，而主体与权力的关系正是福柯"伦理转向"要处理的主要问题。可见，

---

① Giorgio Agamben, *Homo Sacer: Sovereign Power and Bare Life*, tr. by Daniel Heller-Roazen, California: Stanford University Press, 1998. 中文版见［意］阿甘本《神圣人：至高权力与赤裸生命》，吴冠军译，中央编译出版社2016年版。

② Giorgio Agamben, *Homo Sacer: Sovereign Power and Bare Life*, tr. by Daniel Heller-Roazen, California: Stanford University Press, 1998, pp. 4–5. 中文版见［意］阿甘本《神圣人：至高权力与赤裸生命》，吴冠军译，中央编译出版社2016年版，第8—9页，译文有所更改。

阿甘本对福柯的解读至少是一种明显的"误读",他似乎误以为福柯想要将"主体技术与政治技术分离开来",并且认为,这种分离造成了权力技术与自我技术在主体交叉时的不自洽。然而,在考虑到"三条轴线"的说法,作为福柯对自己思想转变的解释,已经被学界普遍接受的情况下,导致阿甘本"误读"的原因应该不是他对"伦理转向"之后的福柯哲学缺乏了解。所以,与其说阿甘本似乎完全没有读懂福柯的"伦理转向",不如说阿甘本是在质疑福柯"伦理转向"的合理性,并表达了一种普遍的担忧:福柯的"伦理转向"真的能在福柯哲学的内部得到融贯的解释吗?

二 道德与伦理:主体化的两种方式

为了理解福柯的"伦理转向",我们需要将福柯中期的权力研究与晚期的伦理研究进行对比,而且对比的焦点应该放在阿甘本所说的权力技术与自我技术的交叉处——主体身上。既然"经验"的三条轴线——知识、权力、主体分别对应着福柯不同时期的研究对象,那么晚期"伦理转向"引发的不融洽,最直接体现就是"主体"在20世纪70年代权力研究中似乎全面缺席。如果说规训权力(pouvoir disciplinaire)也能造就一种主体的话,它也只是创造了"一个顺从的主体,一个服从于习惯、规则与命令的个体"[1]。因为规训权力的目的就是建构一个"被支配、被使用、被转化和被改造的身体"[2]。那么,规训权力造就的个体能被称为主体吗?可以认为,个体也是主体的一种形式,因为权力中的主体(subject)概念本身既包含了个体通过受控制和依赖而服从(subject to)于他人,又包含了个体通过自我知识或道德良知(conscience)将自己与某种身份连接起来而形成的主体(subject)。在晚期的一篇采访中,福柯说:"主体这个词有两层含义:通过控制和依附屈从于(subject to)他人,以及通过

---

[1] DP, pp. 128-129.(法文版, p. 132)
[2] DP, p. 137.(法文版, p. 136)

意识或自我知识依附于自己的身份（identity）。这两层含义都暗示了一种既让主体屈从（subjugate）又塑造主体的权力形式。"[1] 对于主体来说，权力并不总是一种暴力（violence），不总是强制、破坏与征服的力量。即使是在主体第一层的屈从意义上，也存在更加细微且柔软的权力—主体关系，更别说现代社会已经在第二层含义中发展出种种身份政治的认同主体。在后者那里，权力甚至不需要规训或管制的手段，自我意识与自我认知的主体就已经能"主动地"依附权力，依附由权力创造的身份的意识形态。

福柯晚期提出的主体的这一双重含义，对于理解他的权力与伦理理论都有重要的启发。一方面，福柯提醒我们，不仅要关注权力的屈从效果，还要留意权力通过主体的自我塑造而主动让人产生服从的效果。这意味着，我们不仅不能忽视福柯权力理论中的主体研究，更要将其看作权力之所以能够顺利运行的不可或缺的前提。另一方面，福柯也在暗示，他晚期思想转向主体研究，并非离开权力前往主体，并非一种断裂，而主要是在主体的第二层含义上做进一步的研究：去探寻主体在自我建构的方向上是否存在其他可能。也就是去询问：如果不是通过现代知识—权力的自我意识与自我知识，主体性（subjectivity）是否还有其他可能？以及从这种新的主体性出发，是否会产生一种新的权力概念，其与主体的关系或许并不如规训权力或生命权力所建议的那样局限？

可以认为，这也是福柯晚期为了保证自己学说的一贯性而对主体概念所做的修正与区分：一个是通过服从命令和规范构建的主体，另一个是通过自我对自我的认知或实践构建的主体。从主体生成的角度来看，虽然不能完全等同，但权力主要是通过认知—服从外部的规范来建构主体的，而伦理主要是通过自我实践从内部建构主体。借助福柯对主体概念的二分，或者说借助"主体化"（subjectivation）——主体的建构——这个词，我们也可以有效地以主体问题来沟通福柯权

---

[1] H. L. Dreyfus and P. Rabinow, *Michel Foucault: Beyond Structuralism and Hermeneutics*, Chicago: University of Chicago Press, 1983, p. 212; GL, p. 81.

从道德到伦理：论福柯的伦理转向

力与伦理研究，尝试凸显福柯在不同时期讨论主体问题时的观念变迁，以此解释他晚期思想的伦理转向。

值得注意的是，福柯区分主体建构的权力与伦理面向也刚好符合了他在晚期做的另一个重要的区分：道德（morale）与伦理（éthique）。在伦理学学科中，道德与伦理经常作为同义词来互换使用。如果对其加以区分，则常常将"个人道德"与"社会伦理"来分别对应道德的个人属性与伦理的社会属性。福柯对这两个词的使用刚好与中文的使用习惯相反，他用（狭义的）道德来指道德法规与道德行为，用伦理来指自我关系。① 但福柯对道德与伦理的概念区分的重点不在于公共的道德行为与私人的自我关系的对比，而是在它们建构道德（伦理）主体的不同方式上。② 在本书看来，福柯对道德与伦理的区分能够为我们提供一个重新看待"伦理转向"的方式。

道德与伦理会以不同的方式建构主体。福柯认为，虽然每一种（广义的）道德都包含了道德法规与伦理的自我关系，但有一些道德更注重探讨适用于所有行为的法条和规范，以及强迫人们学习、遵守且对违犯者进行惩戒的权威机构。它的主体化形式是"法律式"的：学习、遵守法律并接受惩罚。而另外一些道德则更关注主体化过程中的自我实践，强调形成道德主体时个体通过实践对自身施加的改造。前者可以被称为"规范导向"（orientées vers le code）的道德，而后者则是"伦理导向"的道德（orientées vers l'éthique）。③ 现代社会就被福柯认为是以规范为导向的道德社会；基督教社会则在历史上经历了一个从"伦理导向"的道德到"规范导向"的道德的转变，总的来说是两种方式并存；而在古希腊、希腊化以及基督教之前的古罗马社会，福柯看到了一个基本是以伦理为导向的社会。

道德法规与道德行为属于狭义上的道德概念，而自我关系则属于伦理概念。但是，由于每一种（广义的）道德都包含着道德规范与

---

① 广义上的道德概念包括了道德法规、道德行为和伦理。本书通常在狭义的道德概念上使用道德这个词，当涉及广义的道德时，会特别指明这是广义的道德。
② HS2, pp. 25–28.（法文版，pp. 36–40；中文版，第122—124页）
③ HS2, p. 30.（法文版，p. 42；中文版，第125—126页）

自我关系，所以不能认为由权力所产生的道德只有道德法规而毫无自我关系，也不能认为伦理只是自我关系而可以不依靠任何规范。一种以规范为导向的道德并非完全与伦理无关，因为道德法规确实可以生成一种个体式的主体；而以伦理为导向的道德也不能完全脱离道德规范，因为自我无法脱离规范与他人存在。

区分二者的关键在于它们进行"主体化"的方式不一样。道德法则之所以是外在于主体的，是因为在大部分情况下，它们都是通过权力机制以强制或诱导的手段加诸个体之上的。当然，也不排除道德主体主动认同道德规范的情况，但在这个时候，道德法规仍然外在于主体。因为即使是主动地认同某种道德规范，主体也是通过知识（connaissance）这种形式来获得道德规范，并且通过技术方式内在化这种道德规范来形成道德主体。这就是福柯所说的，权力通过让个体服从与认识自我来建构自我关系。而伦理导向的道德则完全不一样。它的主体不是仅仅凭借服从或认知外在的道德法则就可以建构。它的主体生成的重点在于精神性的自我实践，而这种自我实践是无法通过道德法规的允许或限制来达成的。

总的来说，福柯在两个方面区分了道德与伦理。第一，道德法规与道德行为的主要对象是个体，而不是主体。关注的是外在行为，而不是自我关系。第二，道德外在于主体，并不是说主体不能内在化道德，而是因为主体通过认识和服从道德法规进行主体化的过程是外在的。需要注意的是，福柯认为，"不存在任何不要求把自我塑造成道德主体的道德行为；而且，如果不通过各种支撑道德主体的'主体化的道德方式'、'操练'或者'自我实践'，道德主体就无法形成"[①]。因此在理解一个（广义的）道德体系时，伦理与（狭义的）道德缺一不可。

规范伦理作为一种道德，依赖律令来进行伦理规范。正如现在主流的规范伦理学所要求的，重要的是建立起一系列正义的规则以及层级鲜明的道德命令，以及支撑规范运作的各种权力机构。同时，现代的道德主体也自动地将自身和自己的行为诉诸法规的规范。对于福柯

---

① HS2，p. 28.（法文版，p. 41；中文版，第 124 页）

来说，在现代的规范导向的伦理中存在严重问题。在这种道德中，主体只通过知识来内在化规则，并且将自己建构为认知主体。这种道德假设了当我们认识到规范，就能通过认识道德从而做出正确的行动。因此，主体的生成在这里被"权力—知识—主体"这个锁链困住，让自我关系限制在权力和知识创造的领域之中。

因此，如果福柯对自己前期与后期工作的一致性的论断是正确的，那么他早期对疯子、诊室、监狱和性的研究就能被看作对"规范导向"的道德的研究。在这些作品中，虽然伦理的自我关系还不是核心问题，但福柯已经论述了"规范导向"的道德主体是如何被知识—权力生产的。规训权力主要通过身体与灵魂技术的规训形成主体，同时利用道德规范将其自我关系限制在了接受和认知这种形式之中。[①] 而其晚期对"伦理导向"的道德进行研究则是为了指出并超越现代道德的局限。福柯将其视野转回古代，试图寻找走出伦理法则的道路，摆脱知识—权力的恶性循环。打破这种链条的关键就在于主体在权力作用的最末端，即主体化的环节中有机会去抵制和对抗知识与权力。主体化的环节中隐含着自由的可能。主体虽然不能完全脱离权力关系，但却可以通过"关注自我"的主体化实践让自己成为伦理与真理的主体，从而实现自由。

福柯的伦理转向将研究的对象从现代社会的权力关系转到了古代社会的伦理自我，这也意味着福柯的关注点从规范导向的道德转到了伦理导向的道德。这样一来，就有可能基于福柯晚期对道德和伦理的不同的主体化方式，重新看待福柯的"伦理转向"。也就是说，以狭义的道德去理解现代权力所造就的道德主体，以伦理的自我实践来理解古代的伦理主体，并把后者看作对前者在建构主体形式上的反抗与创造。

三　文献综述

对福柯哲学进行研究的二手文献数量已经非常庞大。由于本书的

---

① HOS, p. 17.

研究重点是以伦理与道德的不同的主体化方式来探讨福柯的"伦理转向",所以在此将主要讨论那些研究福柯的"伦理转向"、福柯晚期伦理思想,以及权力的主体化形式的文本。

首先,目前尚未有专著对福柯哲学中的"伦理转向"进行研究,但几乎每一篇研究福柯整体思想的著作或文章都多少会涉及"伦理转向"的话题。作为福柯已经承认的发生在自己学术思想中的"伦理转向",学术界并没有对转向本身的发生提出太多的异议,因为以《性史》第二卷《快感的使用》为标志,福柯至少在研究的对象、主题以及目的上都发生了非常明显的变化。争论的问题主要在于以下几点。

1. 福柯的"伦理转向"发生于什么时候?

从福柯生前正式出版的作品来看,1984年的《快感的使用》是福柯首次声明"伦理转向"的著作,[①] 而在上一部著作《认知的意志》(1976)中,福柯仍然在对权力研究的范式进行讨论,并以知识—权力结构规划了六卷本的《性史》计划[②]。但考虑到这两本著作相隔整整八年,而且随着福柯文本的整理出版,福柯研究者都意识到,在这八年间,福柯的思想其实已经发生了转变。所以,福柯的伦理转向并不需要等到《快感的使用》出版的1984年才发生;而要厘清福柯思想转变的具体时间,就应该对福柯《性史》第一卷与第二卷出版之间的课程、访谈以及演讲进行时间线以及对应主题变化的梳理。

劳拉·克里蒙尼斯(Laura Cremonesi)与阿诺多·戴维森(Ar-

[①] HS2, p. 6. (法文版, pp. 12-13;中文版,第109页)

[②] 在《性史》第一卷法文版的封底上预告了六卷本的《性史》计划,除了第一卷《认知的意志》(*La volonté de savoir*)之外,第二卷到第六卷依次是:《肉体与身体》(*La chair et le corps*);《儿童的十字军东征》(*La croisade des enfants*);《女人、母亲和歇斯底里的人》(*La femme, la mere et l'hystérique*);《性倒错者》(*Les pervers*);《人口和种族》(*Population et races*)。然而,第二卷到第六卷没有按照原计划出版,因为福柯思想发生了"伦理转向",新的计划是:《快感的使用》处理身体、妻子、男童和真理问题;《关心自我》研究上述四个问题在希腊化和古罗马时期文本中的变化,突出关心自我以及生活艺术的重要性;《肉欲的忏悔》研究早期基督教的肉体经验(experience de la chair),主要是解释学的游戏(jouent l'hermeneutique)以及对欲望的净化(purificateur du desir)。关于这一点可以参考《性史》第四卷《肉欲的忏悔》中格霍(Frederic Gros)写的前言(avertissement),见 Michel Foucault, *Les aveux de la chair*, Paris: Gallimard, 2018, pp. ii-iii。

nold I. Davidson）等人认为，1980 年是福柯思想发生真正转变的一年。因为从这一年起，福柯开始以主体与真理的关系为线索研究"自我技术"的问题。这一年的法兰西学院演讲《对活人的治理》（*Du gouvernement des vivants*）已经开始处理主体与真理的关系（普遍的主体化方式），并且探讨了主体在真理系统中扮演的不同角色对主体生成的影响。这些问题的讨论证明福柯已经进入了伦理领域。[1] 克里蒙尼斯等人的看法的确很有说服力，[2]《对活人的治理》虽然在标题上继承了"治理"的名号，并且试图以"通过真理进行治理"的广泛的"治理术"概念来使得这一年的研究像是对上一年"新自由主义"治理术研究的延续，然而实际上，福柯探讨的却是早期基督教以及《俄狄浦斯王》中的真理与主体的关系。同年 10 月与 11 月，福柯在美国的伯克利大学与达特茅斯学院分别进行了两次内容差不多的演讲，主题分别是塞涅卡（《主体性与真理》）和早期基督教哲学（《基督教与忏悔》）。[3] 此次演讲的重要性在于，这是福柯在 1970 年法兰西学院演讲《认知的意志》（*Leçons sur la volonté de savoir*）之后，第一次将研究主题转回古希腊。与 1970 年《认知的意志》不一样的是，这是福柯第一次在"现代人的谱系学"之下处理古希腊的材料。另外，《性与独处》（"Sexuality and Solitude"）和《为贞洁而战》（"The Battle for Chastity"）两篇关于早期基督教教父神学的文章虽然分别发表于 1981 年与 1982 年，但实际的完成时间都是在 1980 年。[4] 这些文本都足以说明 1980 年这个时间节点的重要性。仅从 1980 年的时间线来看，福柯可以说是先后触及了早期基督教与古希腊哲学。这种追溯是有意义的，因为福柯似乎也是从现代的解释学主体、经由基督教的坦白主体一路追溯到了古希腊。福柯说："我已经尝试通过主体的谱系学，通过研究那穿越历史并已经引领我们到达现代自我观念的主体建构，

---

[1] Laura Cremonesi, Arnold I. Davidson, et al., "Introduction", in *About the Hermeneutics of the Self*, Chicago: The University of Chicago Press, 2015, pp. 2 – 3.

[2] 格霍（Gros）在《性史》第四卷《肉欲的忏悔》中也认同，1980 年是发生转向的标志，见 Michel Foucault, *Les aveux de la chair*, Paris: Gallimard, 2018, p. ⅳ.

[3] 见 ABHS。

[4] Stuart Elden, *Foucault's Last Decade*, Cambridge; Malden, MA: Polity, 2016, p. 113.

来摆脱主体哲学（philosophy of the subject）。"① 这句话不仅告诉我们，福柯晚期的伦理批判的对象是本质主义的主体哲学，也暗示了福柯自身研究对象的变迁是从现代一路回溯至古代。

将1980年看作真正的转折点看起来足够有说服力，但对于转折时间点的判断其实取决于人们对于什么是"伦理转向"线索的不同理解。比如，塞巴斯蒂安·哈勒（Sebastian Harrer）就认为，如果我们将福柯何时开始思考"主体的历史"或"现代人的谱系学"的问题作为福柯思想转变的线索，那么福柯的"伦理转向"其实可以追溯到1976年。② 因为在福柯生前最后一次采访中，他说："在1975—1976年，非常突然地，我完全抛弃了这种风格，因为我开始思考要写一部关于主体的历史，它不会成为某一天已经发生的、我必须介绍其前因后果的一个事件。"③ 福柯不同时期写作风格的转变也是十分明显的，而且从福柯想要写作"主体史"的线索来看，1976—1979年的生命政治研究就应当被看作福柯已经开始的"生命主体"研究。

另外，福柯的伴侣达尼埃尔·德菲尔（Daniel Defert）整理的《福柯年表》中还暗示了一个可能的时间点。根据德菲尔的记载，在1979年1月，"对坦白史的研究使得他（福柯）去研读教父神学的早期文本：卡西安（Cassian）、奥古斯丁（Augustine）以及德尔图良（Tertullian）。一个新的主题慢慢展现在《性史》第二卷《肉欲的忏悔》中。对早期基督教文本的研究驱使他的谱系学计划转向了古代晚期的希腊与拉丁文本"④。德菲尔的记载说明，早在1979年年初，福柯就已经在集中研究坦白问题，并且正是通过对现代以及基督教的

---

① "Sexuality and Solitude", in EW1, pp. 176 – 177.
② Sebastian Harrer, "The Theme of Subjectivity in Foucault's Lecture Series 'Herméneutique Du Sujet'", *Foucault Studies*, Vol. 2, 2005, pp. 77 – 78.
③ FL, 465. 这种风格指从《词与物》《疯癫与文明》等晦涩、滞重的风格转变到晚期清晰、流畅的风格。
④ Daniel Defert, "Chronology", in *A Companion to Foucault*, eds. by Christopher Falzon, Timothy O'Leary, and Jana Sawicki, Malden：Wiley-Blackwell, 2013, p. 70. 福柯原来计划写作的《性史》的第二卷是《肉欲的忏悔》，而不是我们如今看到的《快感的使用》。

13

从道德到伦理:论福柯的伦理转向

坦白史的研究最终到达了古代哲学;虽然在 1979 年年初,福柯的法兰西学院演讲仍然在讨论"新自由主义"的治理术问题。

这样看来,坦白有可能作为一条追踪福柯伦理主体思想的线索。如果根据最近出版的法兰西学院演讲,对福柯的坦白研究做一个简单梳理的话,我们会发现,早在 1973—1974 年的《精神病学的权力》(*Le Pouvoir psychiatrique*) 中,福柯就已经在探讨精神病学中的坦白实践,但精神病学的坦白实践中的主体还非常被动,只是服从权力,并没有通过自我认识或实践形成主体的这一面向;1974—1975 年《不正常的人》(*Les Anormaux*) 追溯了坦白在基督教悔罪(penance)程序中的历史演进过程;1976 年出版的《性史》第一卷《认知的意志》"性科学"一章完全以坦白为核心进行论述:性科学通过人的坦白建构了关于主体的知识和对权力的服从;[1] 1977—1978 年的《安全、领土与人口》(*Sécurité, territoire et population*) 从良心检查(examination of conscience)的角度追溯了坦白史中的现代忏悔术。到了 1980 年,正如德菲尔所说,福柯著作中关于早期基督教文本的研究井喷式地出现,讨论的是早期基督教的赎罪程序中主体与真理的关系。在此之后,福柯才转向了古希腊哲学。正如福柯自己所说,他晚期对坦言(parresia)以及关心自我的研究,是为了找到基督教说出一切(tout-dire)的坦白在古代哲学那里的根源。[2] 我们能看到,福柯是从现代"欲望人"的谱系学一直往回追溯,经过了最关键的坦白对主体的塑造的讨论,最后回到对古代伦理主体的研究。由于坦白是一种特殊的主体生成的技术,从其定义上就带有反身性的自我言说,因此如果将坦白的主体视为福柯伦理转向的线索,那么福柯思想转向的时间可能会至少往前推至 1976 年。也就是说,福柯《性史》第一

---

[1] 马克·凯利(Mark Kelly)在这一点上是对的,即福柯的这一观点(主体的双重含义)表明他在 20 世纪 80 年代之前就已经开始关注主体问题。但凯利的判断应该改为:在 20 世纪 80 年代之前,福柯是通过对坦白的研究才介入主体问题的。Mark G. E. Kelly, *Foucault's "History of Sexuality Volume I, The Will to Knowledge": An Edinburgh Philosophical Guide*, Edinburgh: Edinburgh University Press, 2013, p. 50. 中文版见[澳]凯利《导读福柯〈性史(第一卷):认知意志〉》,王佳鹏译,重庆大学出版社 2016 年版,第 64 页。

[2] DTP, pp. 4 – 5.

卷中的"性科学"一章，可以被视为福柯"权力时期"通过"坦白"对主体问题进行讨论的集中体现。而且正如塞巴斯蒂安所说，也是在1976年，福柯开始尝试写一部关于主体的历史。这部关于主体的历史与坦白问题紧密地关联在了一起。本书也将试图通过"坦白"的主体这条线索，在文本上追踪福柯的伦理转向，证明坦白对于福柯伦理转向的重要作用。

这些对文本的时间线研究并不是想要找出福柯思想转变的精确的时间点，而只是试图追溯福柯思想变化的线索，并为进一步理解福柯的伦理转向提供更加坚实的文本依据。总的来说，依据不同的线索我们会得出不同的转向时间点：如果从研究对象转到古代哲学的主体与真理的关系来看，那么伦理转向的时间大致在1980年；而如果从主体以及主体化的方式来看，那么伦理转向的时间最早是在1976年。时间线的梳理还给本书的写作计划带来了另外一个收获，那就是让本书能更好地聚焦福柯在1980年之前权力研究中的主体化技术（特别是坦白技术），将其作为福柯晚期伦理的主体化技术的一个对比。

2. 福柯的"伦理转向"对于他的哲学来说是一种断裂还是连续？

几乎所有的福柯主义者都会使用知识（20世纪60年代）、权力（20世纪70年代）、主体（20世纪80年代）的分期说来研究福柯的文本，但很多时候这种使用其实只是出于论述的方便而进行的工具式的使用。更加根本的争论在于"伦理转向"对于福柯哲学来说是代表着一种连续还是断裂？

有一部分学者批评福柯的伦理学与他之前的哲学相脱节，并且与他中期的权力研究相矛盾。比如埃里克·帕拉斯（Eric Paras）认为，福柯思想前后存在巨大的断裂，福柯的伦理思想事实上反而重新捡回了他之前抛弃的人道主义主体的思想，这与他对权力的批判背道而驰。[1] 鲍勃·罗宾逊（Bob Robinson）也认为，福柯在20

---

[1] Eric Paras, *Foucault 2.0: Beyond Power and Knowledge*, New York: Other Press LLC, 2006.

从道德到伦理：论福柯的伦理转向

世纪 80 年代之前并不认为主体是自主的，而只有到了后期才修正自己的论点以适应康德提出的对理性的自由运用。[1] 哲学史家多斯（Dosse）认为，福柯的主体转向完全偏向甚至拥抱了人权的理念。这类的理解相当广泛，它将福柯晚期的伦理学理解成一种关于个人的伦理。[2] 这些学者中有的欢呼一种个人伦理的胜利，另一些则批判性地在福柯哲学内部寻找张力，试图完成一种"福柯反福柯"的理解。[3]

许多著名的伦理学家也采取了类似的"福柯反福柯"的路径对福柯进行批判。比如，查尔斯·泰勒（Charles Taylor）就认为，不是很清楚是什么证实了福柯那规范性的判断：我们"必须"（have to）或"一定要"（must）将我们自身作为艺术品一样创造。[4] 在泰勒看来，福柯前、中期的权力关系和话语理论太过激进，以至于以后提出任何规范性论述都不可能。换言之，福柯的伦理学本身就是一种规范理论，但他的权力研究却对规范性进行了普遍批判。理查德·罗蒂（Richard Rorty）也采取类似立场，认为福柯谱系学的历史主义挑战了黑格尔的哲学，但问题在于任何谱系学都不能够建立

---

[1] Bob Robinson, "A Case for Foucault's Reversal of Opinion on the Autonomy of the Subject", in *The Ethics of Subjectivity: Perspectives since the Dawn of Modernity*, ed. by Elvis Imafidon, London: Palgrave Macmillan UK, 2015, pp. 103 – 104.

[2] 所谓"美国福柯"就是指英语学界（特别是美国）将福柯伦理学视为个人主义式的对权力的挣脱。Réal Fillion, "Freedom, Responsibility, and the 'American Foucault'", *Philosophy & Social Criticism*, Vol. 30, No. 1, January 2004, pp. 115 – 126; Dan C. Williamson, "An American Foucault", *History of Philosophy Quarterly*, Vol. 26, No. 2, 2009, pp. 189 – 207; Lee Quinby, *Freedom, Foucault, and the Subject of America*, Boston: Northeastern, 1991.

[3] 还可参见 Amy Allen, "The Anti-Subjective Hypothesis: Michel Foucault and the Death of the Subject", *The Philosophical Forum*, Vol. 31, No. 2, 2000, pp. 113 – 130; 他认为在福柯的作品中，主体已经"死了"，因此没有什么所谓的对主体的回归。以及 Richard J. Bernstein, *The New Constellation: Ethical – Political Horizons of Modernity/Postmodernity*, Massachusetts: MIT Press, 1992, p. 154. 类似于此，刘永谋的博士论文《福柯的主体解构之旅——从知识考古学到"人之死"》是国内非常早的就将主体问题看作福柯哲学的核心的作品，他认为福柯的哲学是对主体的解构。但由于那时候国内可接触到的福柯晚期文本还不够多，所以此文依赖的主要是前、中期的文本。见刘永谋《福柯的主体解构之旅：从知识考古学到"人之死"》，江苏人民出版社 2009 年版。

[4] Charles Taylor, "Foucault on Freedom and Truth", *Political Theory*, Vol. 12, No. 2, 1984, pp. 152 – 183.

理论（theory），而福柯的话语分析已经建立了一套体系。① 南希·弗雷泽（Nancy Fraser）更是认为，福柯在论述其权力理论时就已经陷入"规范性困惑"之中：一方面，福柯强调他的权力理论是一种中立的分析；另一方面，福柯却需要规范性标准去评价权力的可接受程度。② 表面上看来，虽然弗雷泽的批评没有涉及福柯的伦理转向，然而却清晰地反映了非福柯主义者对福柯伦理转向的典型疑惑。那就是，既然福柯权力理论在实质上批评以及拒绝了权力给主体带来的束缚或规范性，那福柯哲学自身的批判性，特别是福柯晚期对伦理的呼唤，是否带来了另一种规范呢？谱系学在诉诸批判的同时，又如何能够积极地对主体提供伦理指引呢？泰勒与罗蒂都认为，福柯晚期的伦理学反而给福柯哲学带来了断裂的可能。

除了上述"断裂论"的代表之外，也有一些学者通过拒绝"伦理转向"的说法来强调福柯的一致性，他们认为，可以用一些统一的问题或者线索来拒绝"伦理转向"的说法。比如帕特里尔克·戈姆兹（Patrick Gamez）就认为，伦理转向的说法忽略了福柯作品的连续性。如果我们以"关于我们自己的历史本体论"（historical ontology on ourselves）来统合福柯各个阶段的著作的话，强调伦理转向就是没有意义的。③ 而塞巴斯蒂安·哈勒（Sebastian Harrer）则认为，如果我们以"主体"为线索来对比福柯的权力与伦理研究的话，所谓的权力与伦理的分野只是主体概念的一体两面而已。④

但大多数学者都默认福柯的伦理转向以及哲学分期，并认为分期

---

① Richard Rorty, "Foucault and Epistemology", in *Foucault: A Critical Reader*, eds. by Michel Foucault and David Couzens Hoy, Oxford: Blackwell, 1986, pp. 45-47.

② Nancy Fraser, "Foucault on Modern Power: Empirical Insights and Normative Confusions", *Unruly Practices: Power, Discourse, and Gender in Contemporary Social Theory*, Minneapolis: University of Minnesota Press, 1989, pp. 17-33.

③ Patrick Gamez, "Did Foucault Do Ethics? The 'Ethical Turn', Neoliberalism, and the Problem of Truth", *Journal of French and Francophone Philosophy*, Vol. 26, No. 1, June 2018, pp. 107-133.

④ Sebastian Harrer, "The Theme of Subjectivity in Foucault's Lecture Series 'Herméneutique Du Sujet'", *Foucault Studies*, Vol. 2, 2005, pp. 77-78.

与连续性并不矛盾。① 最有代表性的是阿诺多·戴维森的文章《考古学、谱系学、伦理》。他将三个阶段以及三种方法论做了一一比较，以一种渐变的方式来解释福柯的思想转变。② 类似的做法还有德雷福斯和拉比诺的《米歇尔·福柯：超越结构主义和解释学》。③ 虽然他们认为福柯思想存在明显的变化，但其一致性远超断裂性，因为福柯在晚期作品中仍然结合了谱系学与考古学的方法对伦理进行"分析性"的解读，并且延续了福柯作品一贯的批判性。托马斯·弗林（Thomas R. Flynn）则认为，福柯的每一次思想转向都会将之前的研究看作即将研究对象的一部分，都会说事实上他在以前就已经开始了这方面的研究，现在只不过是以另一种角度继续探讨而已。并且，担心福柯作品的"断裂"是毫无必要的，"因为福柯自己就要求知识分子不断地改变自己"，并让自己保持"匿名"的状态。而且，福柯最后对主体的研究成功地填补了"结构主义"中主体的空白。④ 虽然学者们对福柯伦理学的看法各有不同，但大多接受伦理转向的说法，并以此为切入点来研究福柯的哲学思想。⑤

在本书看来，讨论福柯经过了"伦理转向"之后他的哲学从整体上来看是断裂还是连续的，可能不是一个真问题。原因在于，通过

---

① 见 Hélène Béatrice Han, *Foucault's Critical Project: Between the Transcendental and the Historical*, tr. by Edward Pile, California: Stanford University Press, 2002。他试图在肯定分期的同时，通过福柯哲学中始终存在的历史性与超越性将福柯哲学作为一个整体来讨论。中文研究中，最有代表性的是张旭的《论福柯晚期思想的伦理转向》，他从福柯的方法论转变、三条轴线以及"我们"现在的本体论三个方面很好地解释了伦理转向的内涵。在强调转变的同时也坚持了福柯哲学的连续性。见张旭《论福柯晚期的伦理转向》，《世界哲学》2015 年第 3 期。

② Arnold I. Davidson, "Archaeology, Genealogy, Ethics", in *Foucault: A Critical Reader*, eds. by Michel Foucault and David Couzens Hoy, Oxford: B. Blackwell, 1986, pp. 221 – 233.

③ H. L. Dreyfus and P. Rabinow, *Michel Foucault: Beyond Structuralism and Hermeneutics*, Chicago: University of Chicago Press, 1983. 特别是最后的补充部分 "Foucault's Interpretive Analytic of Ethics"。

④ Thomas R. Flynn, "Truth and Subjectivation in the Later Foucault", *The Journal of Philosophy*, Vol. 82, No. 10, 1985, pp. 531 – 540.

⑤ 比如 Timothy O'Leary, *Foucault and the Art of Ethics*, London; New York: Bloomsbury Academic, 2003。而杰弗里·尼伦（Jeffrey Nealon）虽然批评了福柯的伦理研究，但仍然认同分期的说法，见 Jeffrey Nealon, *Foucault Beyond Foucault: Power and Its Intensifications since 1984*, Stanford, Calif: Stanford University Press, 2007。

以上对二手文献的整理，我们看到事实上大多数学者对"伦理转向"的理解取决于他以什么线索、从什么方面来理解福柯从权力到伦理的转向。那些认为福柯的伦理转向带来了断裂的人，是因为他们认为福柯的权力研究完全否定了主体，而之后的伦理研究又完全肯定了主体；而那些拒绝"伦理转向"说法的学者，则更多地采纳并相信了福柯晚期的"历史本体论"或"主体化"的说法，试图在福柯哲学中寻找连贯性。因此，更好的做法可能是，在肯定福柯哲学的确在晚期产生变化的同时，仔细讨论这些变化，并将福柯的"伦理转向"放在福柯哲学的整体目标之下进行评价。其中最重要的是，分析福柯在"伦理转向"前后对"主体"问题的研究所发生的变化。

本书需要考察的另一部分文献是对于福柯伦理思想的研究。目前为止，国内探讨相关问题的专著有莫伟民的《主体的命运——福柯哲学思想研究》[①]。莫伟民以主体为线索追溯了福柯的思想发展，认为福柯的思想经历了主体—反主体—回归主体的过程。然而由于原典资料所限，作者将主要的精力放在了话语与权力研究上，对福柯晚期伦理学的着墨相对较少。高宣扬的《福柯的生存美学》以福柯晚期的"生存美学"为线索，比较全面地对福柯的作品整体进行了重新解释，连接起福柯的话语、权力与伦理研究。[②] 除了专著之外，近些年有不少博士论文涉足此议题。索良柱的博士论文《福柯：从权力的囚徒到生存美学的解救》对福柯权力与伦理研究时期的美学问题做了比较，试图将福柯的作品看作一个从权力到美学的转变，以美学来突破权力的牢笼。赵灿的《"诚言"与"关心自己"——福柯的古代哲学解释研究》围绕福柯晚期的两个核心概念"诚言"（parresia）与"关心自己"对福柯晚期思想进行了文本解释，辅之以对古代哲学中这两个概念的文本研究，比较深入地说明了福柯伦理思想的特点。[③] 杜玉生的博士论文《哲学修行与品性塑造——福柯的古代哲学研究》

---

① 莫伟民：《主体的命运——福柯哲学思想研究》，生活·读书·新知上海三联书店1996年版。
② 高宣扬：《福柯的生存美学》，中国人民大学出版社2005年版。
③ 赵灿：《诚言与关心自己——福柯对古代哲学的解释》，上海人民出版社2017年版。

以"直言"（parresia）和"修行"为核心对福柯晚期的文本进行梳理。① 陈新华的博士论文《自由何以可能——福柯的生命政治》以"自由"为核心试图沟通福柯的政治与伦理研究。他认为，福柯试图通过回到个人伦理来解决政治权力的问题，但他将这一回归看作简单地回到个人伦理领域，因而是不成功的。②

总的来说，国内的研究已经抓住了福柯伦理思想的重点概念：生存美学、修行、坦言（parresia）、关心自己，并且以这些概念对福柯伦理思想进行了整理与论述。但是整体的研究还是停留在文本分析的层面，批判性与问题化的研究仍然较少。

相比之下，国外的研究对于福柯的伦理思想已经有了深入且多方面的讨论。从福柯的思想本身就具备的伦理属性来说，詹姆斯·伯纳尔（James Bernauer）的《米歇尔·福柯的逃逸的力量：朝向一种思想的伦理》③ 是具有开创意义的一部著作。伯纳尔非常早地就将福柯一生的思想看作一个整体，并将福柯的思想本身看作一种伦理。尤其难得的是，这本书还涉及一般为人忽视的福柯早期心理学研究，作者的研究显示，福柯作品中对伦理的关注是长期且持续的，福柯本身的研究风格就体现了他晚期所说的伦理风格（ethos）。在这个基础上，对福柯"伦理转向"的讨论，就成为在理解福柯思想伦理关怀的连续性大背景之下的一个特殊案例的研究。④

在讨论福柯晚期文本上，爱德华·麦古欣（Edward McGushin）的《福柯的操练（Askēsis）：哲学生活的导论》⑤ 是较早对福柯晚期

---

① 杜玉生：《哲学修行与品性塑造——福柯的古代哲学研究》，博士学位论文，北京外国语大学，2014年。

② 陈新华：《自由何以可能——福柯的生命政治》，博士学位论文，华东师范大学，2016年。

③ James W. Bernauer, *Michel Foucault's Force of Flight: Toward an Ethics for Thought*, New Jersey: Humanities Press International Inc., 1990.

④ 类似的还有从福柯的谱系学方法论来说明福柯思想的伦理性，比如 William E. Connolly, "Beyond Good and Evil: The Ethical Sensibility of Michel Foucault", *Political Theory*, Vol. 21, No. 3, 1993, pp. 365 – 389。

⑤ Edward F. McGushin, *Foucault's Askesis: An Introduction to the Philosophical Life*, Evanston: Northwestern University Press, 2007.

文本做全面细致解释的著作，作者不仅以"关心自我"为核心梳理了福柯晚期的伦理思想，还试图将福柯批判的现代社会以及哲学看作一种可能实现"关心自我"与"坦言"的场所。通过这种回溯性的创新研究，作者很好地回答了福柯晚期的伦理在何种程度上能作为对现代伦理的批判以及另一条可能的选项。

关于福柯晚期对古代伦理学的讨论，有一些学者认为福柯晚期的伦理学是基于对古代文本的误读。比较有代表性的是皮埃尔·阿多（Pierre Hadot），福柯曾经在《性史》中引用过他的著作。阿多认为福柯以一种现代的眼光看待古代，从而误将古代的伦理理解成了对自我的关注，然而真正的古代哲学不仅关注自我，还包括对逻辑与物理学的研究，后两者则涉及福柯没有谈论的哲学的普遍性。① 在另一篇文章《对"自我教化"概念的反思》（"Reflections on the Notion of the Cultivation of the Self"）中②，阿多认为福柯过度地强调自我。而且，福柯对古代文本也多有误读，比如斯多亚学派并不关注快感，而是关注普遍德性本身；福柯所忽略的伊壁鸠鲁学派反而是古代哲学中偏向自我的那一派，而福柯之所以忽略伊壁鸠鲁学派，是因为在《性史》中，伊壁鸠鲁的享乐主义不太符合快感使用的主题——自我操练。总之，阿多可以理解福柯想要使用古代资源来重塑自我关系，但也提醒这种过度强调自我的误读容易引发一种"时髦主义"（dandyism）。③ 福柯主义者也对这种批评进行了反驳，阿诺多·戴维森在《作为操练的伦理：福柯、伦理史和古代思想》④ 中为福柯辩护，认为福柯虽

---

① Pierre Hadot, *Philosophy as a Way of Life: Spiritual Exercises from Socrates to Foucault*, Oxford: Blackwell, 1995, pp. 24–33.

② Pierre Hadot, "Reflections on the Notion of the 'Cultivation of the Self'", in *Michel Foucault: Philosopher*, ed. by Timothy Armstrong, New York: Routledge, 1992.

③ 与此相似的批评还有很多，比如 Wolfgang Detel, *Foucault and Classical Antiquity: Power, Ethics and Knowledge*, tr. by David Wigg-Wolf, Cambridge: Cambridge University Press, 2010; Timothy O'Leary 也认为，福柯经常将 19 世纪的生存美学嫁接到古希腊的伦理上，但这种做法忽略了前者对"美"的重视，而后者主要是一种"操练"，见 O'Leary, *Foucault and the Art of Ethics*, London: Continuum Intl. Pub Group, 2003, pp. 102–104。

④ A. Davidson, "Ethics as Ascetics: Foucault, the History of Ethics, and Ancient Thought", in *The Cambridge Companion to Foucault*, ed. by Gary Gutting, Cambridge: Cambridge University Press, 2006.

然确实对生存美学有所偏重，但对生存美学的强调只说明了哲学可以作为一种生活方式（a way of life），并且能让我们通过借鉴古代的思想资源来摆脱现代的规范伦理。福柯对古代的理解也并非现代的个人主义式的，因为福柯的伦理学虽然强调了自我的重要性，但自我是与权力和真理紧密相连的。

通过对古代哲学的不同理解而产生的对福柯哲学的批判，其实和另一种对福柯伦理的担忧很相似。那就是担心福柯晚期的伦理会在哲学作为一种治疗和哲学作为一种生存美学之间产生矛盾，也即哲学作为一种自我控制和一种美学之间的矛盾。比如，厄尔（Ure）在对福柯的生存美学提出了规范性质疑的同时，也为福柯做出了一些有效的辩护。他认为，应该更多地将福柯晚期的伦理看作一种哲学的治疗，而不是轻佻的时髦主义或个人主义。[1] 而斯科特（Charles Scott）则认为，福柯的关心自我是一种严苛的自我控制，在这种严格的自我控制里面，快感（jouissance）已经失去，而仅仅剩下控制，因此快感的使用其实在否定快感而强调控制。福柯所说的自我失去了超越性的追求，怀疑理性的绝对，怀疑快感的使用，只剩下一个破碎的自我追求、自我控制。[2]

本书不会对福柯的古代哲学研究是否符合文本进行讨论，因为这主要是古典学家的任务，而福柯在明确表明哲学家都是在进行"虚构"时，就已经放弃了纯粹诠释学的处理文本的方式。福柯所有的古代哲学研究，都是在"现代欲望人的谱系学"以及"关于我们自身的批判的本体论"之下进行的。因此，从古代哲学文本出发的对福柯晚期伦理的批判，大部分是在忽视了福柯理论的内在张力（比如操练和生存美学虽然有矛盾，但可以并行不悖），以及对福柯晚期伦理重点把握得不够（比如斯科特所说的破碎的自我），尤其是缺乏对福柯伦理转向前后理论一致性的理解情况下的批判（大多数没有

---

[1] Michael Ure, "Senecan Moods: Foucault and Nietzsche on the Art of the Self", *Foucault Studies*, No. 4, February 2007, pp. 19–52.

[2] Charles E. Scott, "Foucault, Ethics, and the Fragmented Subject", *Research in Phenomenology*, No. 1, 1992, pp. 104–137.

从主体与真理的角度考虑伦理与权力之间的一致性)。

如果期望福柯的伦理思想在现代社会能有所运用，仍然有待于对福柯伦理思想中的一些伦理学问题进行澄清，尤其是在元伦理层面。在这个方面，比较有代表性的是多迪·梅（Toddy May）的《后结构主义者的道德理论》（*The Moral Theory of Poststructuralism*）。他认为福柯等后结构主义者都反对规范的伦理，同时他们的理论也展现了伦理态度，但是后结构主义者及其拥护者大多认为并不需要为这种伦理态度进行辩护。因此，他希望为这些后结构主义者构建一个一贯的伦理结构。① 然而，约翰·拉加曼（John Rajchman）就认为，福柯的伦理学之所以不需要元伦理学或者无时间性的道德语言，就是因为福柯的伦理学拓宽了伦理实践的范围，并且是通过反思这些伦理实践，才让这些实践成为伦理的。这些伦理实践是让我们成为某种伦理主体的实践，而不是规则/规范/律令与道德知识的联合所给予的道德要求。作为其方法论的谱系学正是要解放知识—道德的关联。② 笔者认同拉加曼的判断，但仍然需要在此基础上更进一步，因为福柯的道德与伦理论述实际上涉及许多元伦理学问题，而现在还没有专门的作品对此进行梳理。

最后一批需要整理的二手文献是关于权力的主体化形式。国内外对福柯的权力研究已经非常全面，或者说，在《性史》第一卷《认知的意志》中，福柯对权力的论述已经很系统了。随着1976年以后的法兰西学院讲座的陆续出版，福柯研究的现代权力的另一种类型——生命权力（biopouvoir）的内涵也逐渐清晰。国内已经有著作对此进行了研究，比如莫伟民的《从"解剖政治"到"生命政治"：福柯政治哲学研究》③，以及张一兵的《回到福柯——暴力性构序与生命治安的话语构境》④。然而，关于主体在权力之中是如何被建构的，特别

---

① Todd May, *The Moral Theory of Poststructuralism*, Pennsylvania: Penn State University Press, 1995.
② John Rajchman, "Ethics after Foucault", *Social Text*, No. 13/14, 1986, pp. 165–183.
③ 莫伟民：《从"解剖政治"到"生命政治"：福柯政治哲学研究》，上海人民出版社2018年版。
④ 张一兵：《回到福柯——暴力性构序与生命治安的话语构境》，上海人民出版社2016年版。

是主体进行自我建构的维度，国内目前的研究仍然存在明显的缺失。对比起来，德雷福斯和拉比诺很早就意识到了，在福柯的"现代个体的谱系学"（genealogy of the modern individual）中是存在两个计划的，那就是现代个体既作为客体（object）又作为主体（subject）。他们认为，福柯在"权力时期"就已经在推行这双向的计划。在现代个体作为客体时，他是作为知识与规训权力的对象；而作为主体时，生命权力通过特殊的技巧——对性的坦白，让个体成为言说的主体而进行有导向的自我塑造。①

很可惜的是，福柯"权力时期"的"主体—坦白"研究并没有被学者重视，使得福柯权力中的主体未能完全展现出来。即使在英语研究中，虽然已经有一些学者对此进行了颇具启发性的探讨，比如詹姆斯·伯纳尔（James Bernauer）、杰里米·卡雷特（Jeremy Carrette）等。然而对"基督教—坦白"的忽视也是普遍的。② 对本书特别有启发的是克洛·泰勒（Taylor Chloë）的《从奥古斯丁到福柯的坦白文化："坦白动物"的谱系学》。他追溯了福柯对现代社会与早期基督教的坦白的研究，并将其与奥古斯丁以及其他哲学家论述的坦白形式进行对比，将福柯对皮埃尔·里维尔（Pierre Riviere）和赫尔克林·巴宾（Herculine Barbin）的回忆录，以及福柯晚期的研究都视为寻找坦白之外的主体化选项。③ 巴拉林（Maria Angeles Prado Ballarin）的博士论文《作为牧领权力的世俗化：治理术和基督教》以福柯的观点"世俗化就是基督教化"重新整理了福柯对现代社会的批判性

---

① H. L. Dreyfus and P. Rabinow, *Michel Foucault: Beyond Structuralism and Hermeneutics*, Chicago: University of Chicago Press, 1983, p. 169.

② James Bernauer, "Why Is a Virgin Sexually Significant?", the Conference Confession of the Flesh, Harvard University, 2019, pp. 2-3. 这是伯纳尔在2019年哈佛大学召开的《性史》第四卷研讨会中的看法，目前尚未发表或出版。他认为目前英语学术界对福柯与基督教的关系研究得非常不够，最明显的体现就是在2014年英文版的《福柯词典》（*Foucault Lexicon*）中，只有四个条目"基督教"（Christianity）、"坦白"（Confession）、"宗教"（Religion）以及"精神性"（Spirituality）与此有关，而诸如"牧领"（pastorate）、"贞洁"（virginity）、"肉体"（flesh）等重要词汇都没有被收录。

③ Chloe Taylor, *The Culture of Confession from Augustine to Foucault: A Genealogy of the "Confessing Animal"*, New York: Routledge, 2008.

研究。从基督教化的角度来看，现代权力的运行必然需要解释学的自我来支撑，因此福柯的权力研究不能被简单地认为缺少主体，而应该从牧领权力以解释学的方式塑造的主体来理解现代权力之中的主体。[①] 总的来说，以"坦白—主体"为线索思考主体在权力中的建构方式是有意义的，而且就此而言，学界（尤其是汉语学界）做得仍然不够。在克洛·泰勒和巴拉林的作品中，也缺少对精神病学中坦白实践的细致讨论（但这个面向最能突出主体在权力之中受到的束缚）；同时坦白与坦言（parrhesia）的对比也并未引起足够的重视。

四　本书框架

基于对现阶段福柯研究的整理，本书认为，福柯晚期"伦理转向"引发的困惑主要体现在"主体"问题上。如福柯所说，主体既是对他人的服从（subject to），又是自我建构的主体（subject），那么随之而来的问题是，主体的这两个方面在福柯的权力与伦理研究中是如何体现的，是否存在内在的矛盾？（1）大多数的学者认为，福柯"权力时期"的主体只是通过服从（subject to）知识—权力而被建构，而福柯晚期所说的主体的另一个面向，即主体的自我建构则在权力研究中难见踪迹。这不仅导致了两个时期的研究对象与方向的明显差别，也对福柯哲学提出了一个根本问题（也是福柯自己试图解决的终极问题）：在现代社会中，面对诸多让主体"被建构"的权力，主体自我建构的自由是否以及如何可能？（2）与上一个问题对应，福柯晚期提出的通过"关心自我"的"伦理操练"来主动建构自我，则被外界质疑其能否与"权力时期"服从的自我相容。福柯面对的问题是：即使如他所说，古希腊—罗马社会最主要是通过伦理的"自我关系"来建构主体的，那么无处不在的知识和权力在

[①] Maria Angeles Prado Ballarin, *Secularization as Pastoral Power: Governmentality and Christianity*, Doctor dissersation of Philosophy, Stony Brook University, 2015.

从道德到伦理：论福柯的伦理转向

这种伦理中究竟扮演了什么角色？

关于主体的这两方面问题，一个站在晚期自由主体的立场质疑权力中主体的可能性，另一个站在中期知识—权力的普遍性的立场质疑主体中知识—权力所扮演的角色。它们分别针对的是不同时期的福柯哲学在处理主体在权力之中，以及权力在主体之中的问题时可能引发的内在矛盾。主体与权力之间可能的矛盾就是福柯"伦理转向"的核心问题。事实上，当本书决定从"主体"的角度来串联权力与伦理时，已经是站在福柯晚期思想上对他的权力理论进行"合理化"的回溯了。然而，这种回溯并不是什么创新的解释，因为福柯本人就是这么做的。1980年前后，在福柯思想中出现的"主体"的两个面向，[①] 以及对"治理术"（governmentality）概念的扩大化解释，[②] 都是福柯试图从主体的角度统一自己的理论所做的努力。这种努力成功与否，则取决于对上述两个面向的解释：福柯权力研究中的主体与（伦理）主体中的权力是否融贯。因此，对"伦理转向"的解读必须对福柯的权力与伦理研究时期不同的"主体化形式"进行对比。

出于以上考虑，本书认为，使用福柯晚期对道德（morale）与伦理（éthique）的区分来分别代表两个时期不同的"主体化形式"将会是富有启发意义的。首先，虽然将福柯的"权力谱系学"看成"道德谱系学"会有一定的争议，但这将有利于我们从主体的角度重新整理福柯的权力论述，并将问题聚焦在权力之中的主体是如何生成（被建构以及自我建构）的这一问题之上。同时，通过研究权力的主

---

① H. L. Dreyfus and P. Rabinow, *Michel Foucault: Beyond Structuralism and Hermeneutics*, Chicago: University of Chicago Press, 1983, p. 212. 在《论自我解释学的开端》中，福柯从"主体"的角度重新整理了自己的作品：《词与物》探讨的是作为言说、生活、工作而存在的主体；《古典时代疯狂史》与《临床医学的诞生》则是研究那些让主体成为权力对象的机制；而现在他要研究的是"主体构建自身的各种方式"，也就是"自我认知的方式"（forms of self-understanding）。见 STP, p. 24。

② 在1980年前后，福柯扩大了治理术的概念：不仅是对他人的治理，还是对自我的治理。这也体现在他对来自牧领权力的"conduct"（指引）概念的重新解释，"指引"是比"统治"或"治理"（government）更普遍的概念。见1978年5月1日法兰西学院演讲《安全、领土与人口》（STP, pp. 191 – 227）。

体化形式，福柯模糊的"道德观"也将得到澄清与解释。其次，出于对福柯"伦理转向"问题的关注，本书对福柯晚期的主体研究将会特别聚焦在知识与权力在伦理中所扮演的角色这个问题上。也就是说，重点不在于对福柯伦理学简单地进行文本解释，而在于弄清楚知识（世界知识与自我知识）、权力（导师的权力）与主体（自我的操练）是如何能在伦理中保持一致且融洽运行的。

按照福柯对道德与伦理的区分，也就是道德与伦理不同的主体化方式，本书将被分为两个部分："现代道德的谱系学"以及"关心自己的伦理"。通过对现代道德谱系学与古代关心自己的伦理进行整理与对比，福柯的"伦理转向"问题将被转化为福柯从"道德"到"伦理"的"主体化形式"的转变：主体在权力中被"道德化"，知识—权力在主体中被"伦理化"。

第一部分"现代道德的谱系学"。首先，将讨论福柯"权力时期"的谱系学方法，并试图将福柯的权力谱系学理解成一种道德谱系学。其次，整理福柯"权力时期"以谱系学方法对"道德"概念和实践进行的研究。本书特别挑选了福柯曾经论述过的三个与道德相关的概念——"道德畸形""道德治疗""社会道德化"进行分析。虽然这三个概念都不是福柯发明并严格使用的概念，但福柯对这三个概念的论述却能够反映他对道德概念与道德规范的态度。福柯很好地使用了谱系学的方法，对这三个概念出现的事件与权力关系进行了探讨。比较凑巧的是，在不同作品中出现的这三个概念恰好形成了一个比较完整的逻辑链条：道德畸形（对道德与不道德的界定）—道德治疗（对不道德的个体采取的措施）—道德化（社会整体经历道德化的过程）。对这三个概念的研究将体现福柯对现代道德概念形成以及运作的独特看法。最后，"现代道德的谱系学"的第三个任务是研究权力中主体自我建构的面向。"坦白"是"权力时期"最重要的主体自我建构的方式。现代社会中的坦白作为一种反身性的话语实践，是一种继承自基督教的"主体解释学"技术。主体在其中既受到权力的压制与引导，又需要主动对自我进行言说以形成关于自己的真理。由于触及了主体的自我建构，福柯对坦白的研究能够被看作福柯伦理转向的一条线索。

第二部分"关心自己的伦理"。第一，这部分将讨论"批判"作为一种伦理态度在福柯权力和伦理研究中的重要作用。如果说对权力主体的批判在一定程度上解构了主体，那么福柯晚期则进一步将批判看作一种能够建构主体的伦理气质（ethos）和伦理操练（askesis）。批判的双重功能是福柯晚期伦理理论拥有现实意义的关键所在。第二，讨论自我关系建构的两种方式：认识自己与关心自己。福柯是在真理的维度建构伦理主体的，而"认知"与"关心"两种不同的自我关系是主体通往真理的两种不同方式。第三，福柯伦理学的四元结构。这一部分将解释福柯如何通过四元结构来摆脱本质主义的危险，同时又提供了另一种伦理主体的可能。第四，福柯伦理中的坦言（parrhesia）概念。坦言是与第一部分的坦白相对的反身性话语实践。这一部分将解释坦言为何是伦理的自由实践，并且对比与其相似的坦白概念来凸显坦言的伦理属性。

从福柯研究本身来看，本书做出了几个创新的理解。第一，将福柯的"权力谱系学"理解为"道德谱系学"。从权力的角度理解道德规范，也从道德规范的形成与运作的角度重新审视了福柯的权力研究。并且，以"道德畸形"、"道德治疗"与"社会的道德化"对道德概念的形成、矫正和普遍化进行了论述。虽然之前也有学者将道德与伦理对立，并将道德视为权力统治的一种手段，但本书将这三个概念视作普遍化的道德概念和道德实践则是一次有风险的创新尝试。第二，研究了福柯"权力时期"的坦白术。福柯在"权力时期"的坦白研究一直没有得到应有的重视。在中文文献中没有发现与此相关的讨论，而英文的文献中虽然存在一些，[1] 但大多不够深入与仔细。本书对福柯

---

[1] 在中文文献中，福柯与基督教的关系基本没有被讨论过，曾庆豹在《上帝的目光与域外——论福柯的"神学"》中曾简要论述过福柯的疯狂与神圣的边界问题，以及可见性与上帝的关联问题，见曾庆豹《上帝的目光与域外——论福柯的"神学"》，《基督教文化学刊（神圣与越界）》2008 年第 19 辑。*Religion and Culture*, ed. by Jeremy R. Carrette, Manchester: Manchester University Press, 1999; Jonathan Tran, *Foucault and Theology*, London; New York: T&T Clark, 2011; Jeremy Carrette, "Foucault, Religion, and Pastoral Power", in *A Companion to Foucault*, Hoboken: John Wiley & Sons, 2013, pp. 368 – 383, chap. 18; Vincent（转下页）

"权力时期"的坦白概念进行了整理,并将其看作主体在权力中生成自我的一种较为主动的方式,从而补充了福柯"权力时期"的主体面向。第三,本书通过道德与伦理、坦白与坦言的对比研究了福柯的权力与伦理思想。虽然福柯晚期区分了道德与伦理,但目前很少有作品将他的"权力时期"的道德论述组织起来,将其作为晚期伦理的对比。而由于坦白被忽视,坦白与坦言的对比也少有作品进行论述。

从伦理学科的角度来看,本书的第一部分其实是对麦金泰尔(Alasdair MacIntyre)所说的"三种对立的道德探究方式"[①] 中的"道德谱系学"(genealogy of morals)的拓展研究。麦金泰尔与布莱克本(Simon Blackburn)等伦理学家都认为,"道德谱系学"是一种通过追溯道德的历史而否认任何稳固的道德真理与道德主体性的学说。[②] "道德谱系学"因此也常被冠以"道德相对主义"与"道德虚无主义"的头衔。然而,伯纳德·威廉斯(Bernard Williams),作为少有的对道德谱系学有深刻研究的英美伦理学家,在他的"谱系学"著作《真理与真诚:谱系论》(*Truth and Truthfulness*: *An Essay in Genealogy*)中非常正确地指出:尼采以"谱系学"的方法揭示出道德的历史性,并非为了否定真理以肯定虚无,恰恰相反,避免绝对的稳固性是为了主体能够更好地对待真理。尼采开启的"谱系学"的目标是以真诚(truthful-

---

(接上页) P. Pecora, *Secularization and Cultural Criticism*: *Religion*, *Nation*, *and Modernity*, Chicago: University of Chicago Press, 2006. 关于坦白的讨论有 Stuart Elden, "The Problem of Confession: The Productive Failure of Foucault's History of Sexuality", *Journal for Cultural Research*, Vol. 9, No. 1, January 2005, pp. 23 – 41; Dave Tell, "Rhetoric and Power: An Inquiry into Foucault's Critique of Confession", *Philosophy & Rhetoric*, Vol. 43, No. 2, May 2010, pp. 95 – 117; James Bernauer, "Confessions of the Soul: Foucault and Theological Culture", *Philosophy & Social Criticism*, Vol. 31, No. 5 – 6, September 2005, pp. 557 – 572, 9。

① Alasdair MacIntyre, *Three Rival Versions of Moral Enquiry*: *Encyclopaedia*, *Genealogy*, *and Tradition*, Indiana: University of Notre Dame Press, 1994.

② Alasdair MacIntyre, *Three Rival Versions of Moral Enquiry*: *Encyclopaedia*, *Genealogy*, *and Tradition*, Indiana: University of Notre Dame Press, 1994, chaps. II, IX. 麦金泰尔认为谱系学过分强调了断裂性,因而完全否认了真理(truth)以及个体身份(identity)的存在;布莱克本(Simon Blackburn)也强调尼采的谱系学以解释取代事实,从而消解了真理与主体。见 Simon Blackburn, *Truth*: *A Guide*, 1 edition, Oxford; New York: Oxford University Press, 2005, pp. 75 – 106。与此类似,查尔斯·泰勒、哈贝马斯、理查德·罗蒂对福柯的批评也与谱系学"断裂"的方法论有关。

29

ness）捍卫真理，而不是以犬儒主义的态度进行简单的奚落与反讽。①威廉斯的洞见指出了伦理学界对"道德谱系学"方法的一个常见的偏见，那就是只从"道德事实是否存在""道德判断是否具有客观性"等元伦理学问题来归类与审视"道德谱系学"的方法，但却不仅忽视了进行"谱系学"研究的学者自身所需要的真诚（sincerity）②，也忽视了"谱系学"方法的历史学根基所强调的准确性（accuracy）③。虽然福柯的谱系学更强调事件性与断裂性，因而与威廉斯虚构的连续性谱系学大不相同，但也说明了谱系学是一种值得认真对待但却一直受到忽视的探究道德的方法。福柯作为尼采谱系学的继承者，在语言、人文科学、权力关系上做了更细致的研究，而且进一步摒弃了尼采哲学中的形而上学假设，提供了一个更细致的道德谱系学研究。④ 本书以"权力谱系学"就是"道德谱系学"的思路重新整理福柯的权力研究，也是希望重新将"谱系学"看作一种有竞争力的道德话语。

本书的第二部分也是毫无异议的伦理学内容："关心自己"、对自己进行"操练"、说真话的勇气等等。福柯晚期对古代伦理的研究初看起来非常像是一种美德伦理。虽然二者都反对以义务或命令为核心的道义论（deontology），而且都希望能够以一种积极且正面的方式建构道德主体,⑤ 但福柯在谈论主体生成时又很少使用诸如"德性"

---

① Bernard Williams, *Truth and Truthfulness: An Essay in Genealogy*, Princeton, N.J.: Princeton University Press, 2002, pp. 12 – 19；中文版见［英］威廉斯《真理与真诚：谱系论》，徐向东译，上海译文出版社2002年版，第16—24页。

② 一方面，尼采否认世俗稳固的真理，另一方面，尼采又强烈地呼唤真诚的勇气，这种矛盾常常让人们困惑不已。

③ 威廉斯在第二章正文开篇引用了福柯的《尼采、谱系学与历史》："谱系学是灰暗的、细致的和耐心的文献工作。"（英文版，p.20；中文版，第26页）虽然威廉斯的谱系学与福柯的谱系学在方向和旨趣上都非常不一样，但至少他们在对待历史文献上的细致程度是一样的。这也是谱系学最基本的要求。

④ 迈克尔·马洪就认为，比起尼采，福柯是更好的谱系学学者。见 Michael Mahon, *Foucault's Nietzschean Genealogy: Truth, Power, and the Subject*, Albany: SUNY Press, 1992, p.3。

⑤ 这一点对于福柯哲学来说是罕见的，后文会对此加以讨论，这里只是提前做出结论：福柯晚期想要建立的确实是积极的伦理主体，这并不与他的哲学相矛盾。但是对于美德伦理学来说，这个观点是其批评义务论的基础之一。美德伦理学认为义务论过于简化了人们关于道德的讨论，这让"有德性的人"的概念本身所拥有的丰富含义逐渐变得贫乏，对道德的思考被简化为对公正规则的思考，这些都局限了人们对于道德的思考。

的词汇，并且弱化了伦理的四元结构中"本体论"与"目的论"的重要性。因此，在福柯的伦理学中，用以确定美德性质的"知识"是最不重要的。也就是说，福柯并不关心作为完美成品的德性，而更关心如何到达德性的过程（也就是伦理操练），而且认为不同的操练本身就带有伦理区分。这与目前美德伦理学所关注的如何确立"美德"、"卓越"（excellence）、"典范"（model）区分开来，也与罗莎琳德·赫斯特豪斯（Rosalind Hursthouse）所说的能够为行为提供规则指南的美德伦理学区分开来。① 由此看来，福柯以一种不同于美德伦理学的方式切入了古代伦理学，而要理解这种切入方式，不仅需要理解福柯晚期文本论述的重点（是"实践"而非"目的"），还要对福柯进入古代哲学时带有的批判性目的（"关于我们自身的历史本体论"）有清醒的认识。本书希望不仅在福柯哲学内部为"伦理转向"提供一个融贯的解释，也向质疑福柯伦理学是否可能的外部批评给出一个合理的回应。

---

① 赫斯特豪斯认为，一般人认为美德伦理学关注的是美德而不是规则，但她对此做出了修正，认为美德伦理学同样也能为如何行动提供指南，不仅如此，它还可以解释动机、确立美德的客观标准等等。见［新西兰］赫斯特豪斯《美德伦理学》，李义天译，译林出版社2016年版。

第一部分
现代道德的谱系学

福柯哲学的"伦理转向"不仅是从"权力"到"伦理"的研究对象（轴线）的转变，更是二者在"主体化方式"（forms of subjectivation）上的转变。因此，要透彻地理解福柯的"伦理转向"，就必须对福柯"伦理转向"前后不同的"主体化方式"进行对比。本书的第一部分就是对福柯"伦理转向"之前的权力"主体化方式"的研究。

遵循福柯晚期对"道德"与"伦理"的区分，本书将权力的"主体化方式"理解为一种"道德"，并将福柯的"权力谱系学"理解为一种"道德谱系学"（第一章"作为道德谱系学的权力谱系学"所讨论的内容）。福柯认为，"规范导向"（orientées vers le code）的道德注重的是道德作为一种律法而必须被遵守的种种条件：证明道德成立的认知性知识、保障道德的权威以及违背道德的惩罚。因此，它所构造的道德主体也是遵从规范的主体：认知规范、服从权威、接受惩罚（矫正）。

乍看起来，这非常接近于福柯对于现代规训权力的描述，因为规训权力正是一种通过对个人身体的管控而让其产生认知、服从和接受效果的治理方式。然而，这种说法仍然过于简化了规训权力与道德的关系。除了以上提到的规训权力和道德在规范性上的相似，我们还能在福柯的权力研究中发现二者之间更加精细的连接。首先，在规定某个事情道德与否时，规训权力本身就提供了一套认知标准，而不仅仅是根据已有的道德规范来进行道德评价与惩罚（第二章第一节"道德畸形"所讨论的内容）。其次，在对不道德的人进行治疗与矫正时，并非崇高的道德理想发挥了作用，而是规训权力的技术本身具有的真理功能治疗了不道德的病人（第二章第二节"道德治疗"所讨论的内容）。最后，规训权力还通过"治安"来模糊道德与法律的边界，并且以"监禁"的方式帮助社会形成普遍的道德概念（第二章第三节"社会道德化"所讨论的内容）。

在明确了权力如何建构道德规范之后，仍然要注意的是，福柯关于现代社会的道德谱系学并非仅停留在通过服从（subject to）所建构的道德的层面，也就是说，现代道德形成主体的方式并不仅仅是认识与遵守规范。在福柯看来,现代社会是多层次的"基督教的深化"(in-depth Christianization)。① 将基督教的道德归结于一种仅仅依赖道德法规的"类司法模式"(quasi-juridical form)是不正确的。② 这提醒我们,福柯所说的作为"一种新的基督教化"(a new Christianization)③ 的现代社会,它的正常运行所依赖的道德远不止于一种律令式的道德,而必须包括一种继承自基督教的独特的主体化形式。仍然是从晚期福柯提供的视角回看其权力理论,我们在现代社会的"坦白"(confession,aveu)实践中找到了这种特殊的主体化形式(第三章"说真话作为一种道德:坦白"所讨论的内容)。作为一种"必须说真话"的道德,坦白要求主体在一定的权力引导之下说出关于自己的真理。在精神病学与性科学的真理事件中,作为能够生产关于主体真理的技术,坦白已经在实践的过程中重新塑造了主体,并且通过生产出来的主体性真理塑造了其他主体。我们看到,坦白虽然在主体的最深处触及了主体的生成,但是,由于现代社会中坦白技术处在恶劣的权力关系之中,其形成的主体性只是外在的"解释学"主体。

---

① AB, p. 177.
② HS2, pp. 29–30.
③ AB, p. 193.

第一章　作为道德谱系学的权力谱系学

第一节　道德谱系学的问题

将福柯权力研究时期的作品视为一种关于现代道德的谱系学研究是有风险的。因为虽然福柯的谱系学方法来源于尼采的《道德的谱系》，但福柯并没有将道德作为他的谱系学运用的主要对象。在福柯的作品中，经常看到的是"权力谱系学"，但这是否意味着福柯没有进行过"道德谱系学"的研究呢？

目前学界对福柯的谱系学方法论已经有了深入的研究，特别是在谱系学作为一种广义的方法论所带有的道德属性上，学界已有颇多论述。也就是说，大多数研究关注的是福柯的谱系学所具备的批判性，并且由这种批判性所带来的道德属性。[1] 但不能否认的是，这些研究也注意到了福柯对"现代主体"进行的谱系学研究。正如福柯自己在《性史》第二卷《快感的使用》中所说："如果不对欲望和欲望主体进行一种历史的和批判的研究，即一种'谱系学'的研究，那么我们就难以分析 18 世纪以来性经验的形成和发展……简而言之，这一谱系学的理想就是探究诸多个体是如何被引导着去对自身和其他人

---

[1] 见 Michael Mahon, *Foucault's Nietzschean Genealogy: Truth, Power, and the Subject*, Albany: SUNY Press, 1992, chap. 4; Colin Koopman, *Genealogy as Critique: Foucault and the Problems of Modernity*, Bloomington: Indiana University Press, 2013; C. G. Prado, *Starting With Foucault: An Introduction To Genealogy*, Boulder: Westview Press, 1995; W. E. Connolly, "Beyond Good and Evil: The Ethical Sensibility of Michel Foucault", *Political Theory*, Vol. 21, No. 3, 1993。

施加一种欲望的解释学。"① 福柯晚期的这种说法指引了学界以"欲望人的谱系学"回溯福柯在"权力时期"对主体的研究。比如，马洪（Michael Mahon）就以福柯伦理的"四元结构"（本体论、义务论、实践论、目的论）重新整理了福柯权力研究中现代欲望人的谱系学。② 福柯的"欲望人的谱系学"确实是狭义上道德谱系学的重要组成部分，但正如德雷福斯和拉比诺指出的，福柯的"现代个体的谱系学"包含了两个计划，分别是现代个体作为客体（object）以及作为主体（subject）的谱系学。③ 除了"欲望人的谱系学"之外，对于规训权力与人文科学中个体作为客体的谱系学也应该予以重视。在这个方面，库普曼（Colin Koopman）将"法西斯的"（fascist）和"个体自由的"（free spirit）看作现代道德的两种主要系统颇具启发性。库普曼认为，全景监视的规训权力与自由放任的个体性话语，都作为一种道德共同塑造了现代个体。④

然而，学界将福柯的权力谱系学解释为一种道德谱系学的尝试，仍然存在一些疏漏。从文本上来看，如果说"欲望主体"主要参考的是《性史》第一卷，规训个体主要参考的是《规训与惩罚》，那么福柯"权力时期"仍然有大量文本没有涉及，特别是 1972—1975 年法兰西学院演讲中那些直接涉及道德概念的讨论。也就是说，在福柯哲学中，狭义上以道德为对象的谱系学研究仍然没有得到细致的讨论。本节将试图解释，福柯的道德谱系学可以从广义与狭义两种意义上来理解。在广义上，谱系学作为一种方法论，其本身就带有道德属性。在这个层面上，道德谱系学可以被理解为谱系学的道德性（morality of genealogy）。在狭义上，道德谱系学是以"道德"为对象进行谱系学的研究。在这个层面上，道德谱系学依其字面可解释为关于道

---

① HS2, p. 5. （中文版，第109页）

② Michael Mahon, *Foucault's Nietzschean Genealogy: Truth, Power, and the Subject*, Albany: SUNY Press, pp. 165–179.

③ H. L. Dreyfus and P. Rabinow, *Michel Foucault: Beyond Structuralism and Hermeneutics*, Chicago: University of Chicago Press, 1983, Chaps. 7–8.

④ Colin Koopman, *Genealogy as Critique: Foucault and the Problems of Modernity*, Bloomington: Indiana University Press, 2013, p. 186.

第一章 作为道德谱系学的权力谱系学

德的谱系学（genealogy of morality）。福柯的作品在这两个层面都可以被看作"道德谱系学"。

事实上，福柯对于自己的作品能否被称为一种道德谱系学曾经有过评论。在一次访谈中，福柯被问到他对疯狂史和性史的研究是否就是一种"新的道德谱系学"（une nouvelle généalogie de la morale）。福柯回答道："如果不是尼采在这个词上留下的单一性和巨大标签的话，我会说是的。"① 而在另一个访谈中，福柯也说道："《性史》的总体结构就是一部道德史（history of morals）。"② 福柯看似肯定了自己的作品能被看作一种道德谱系学，但是，在什么层面上福柯能够说，如果不再单单在尼采哲学的意义上使用道德谱系学，他的作品就能被看作一种道德谱系学呢？

在广义上，由尼采所开启的谱系学传统并不仅仅是将谱系学的方法应用到道德领域而形成"道德谱系学"的研究进路。恰恰相反，在尼采看来，所有哲学层面的谱系学研究最终都会指向道德，因为以往所有哲学看似纯粹的对真理和确定性的追求，都只不过是为了满足哲学家的道德预设。在哲学的求真意志背后，其实是道德判断。尼采说："形而上学家的基本信念就是对价值对立的信念。"③ "在富于逻辑和看似独断的活动背后，是价值判断，说得更清楚些，是为了保持某种特定生命而提出的生理要求。"④ 尼采认为，是先有了道德价值的判断，在此基础上，形而上学的理论才得以可能。斯多亚学派（stoics）的自然概念、唯物主义的原子论、康德的"范畴表"（table of categories）都只是他们为了贯彻他们心中已经有的道德观念而对世

---

① "An Aesthetic of Existence", in PPC, p. 48.
② Michel Foucault, "*On the Genealogy of Ethics*", in H. L. Dreyfus and P. Rabinow, *Michel Foucault: Beyond Structuralism and Hermeneutics*, Chicago: University of Chicago Press, 1983, p. 237.
③ ［德］尼采：《善恶的彼岸》，卫育青等译，华东师范大学出版社2016年版，第4页；英译版见 F. Nietzsche, *Beyond Good and Evil: Prelude to a Philosophy of the Future*, Cambridge: Cambridge University Press, 1861, p. 6。
④ ［德］尼采：《善恶的彼岸》，卫育青等译，华东师范大学出版社2016年版，第5页；英译版见 F. Nietzsche, *Beyond Good and Evil: Prelude to a Philosophy of the Future*, Cambridge: Cambridge University Press, 1861, p. 7。

39

从道德到伦理:论福柯的伦理转向

界做出的判断。"每种哲学中的道德(或非道德)意图构成了它本初的生命萌芽",因此,要想了解哲学是如何产生的,首先要问的是哲学家"以何种道德为目的?"① 尼采带有"恶意"的揣测对形而上学产生了解构效果,因为如果哲学理论都是以哲学家先在的价值观为基础,那么哲学就会从一种普遍性降级为一种视角主义(perspectivism)。视角是每个生命特有的欲望、直觉、意志,它们从最基础的地方奠基了知识。对于谱系学来说,这意味着任何一种形式的历史追溯,都会为谱系学家本人的视角所限制。谱系学作为书写起源以及流传的方法,本身就意味着对特定的经历进行选择性的记忆与遗忘。

但随之而来的问题是:尼采的哲学难道没有假设一种道德吗?尼采的哲学当然假设了一种道德,而且是一种以生命繁盛为目的的主动的主人道德。也就是说,虽然尼采反对且试图揭穿传统道德的堕落与虚无,但这并不意味着尼采反对任何道德。尼采(福柯也是一样)既不拒绝使用道德话语(不是非道德主义者"amoralist"),也不认为要做道德上为错的事情(不是不道德主义者"immoralist"),而只是以颠倒的方式来思考道德现象(是一种倒置的道德主义者"inverted moralist")。② 既然尼采认为所有的哲学都是一种道德,那么谱系学必然也带有其道德目的。尼采的谱系学针对的是现代虚无主义的症状,而之所以说虚无主义是一种病症,就是因为尼采已经以生命为核心树立了繁盛与衰败的辩证对立,其中,虚无主义就处在衰败与消极的那一端,而尼采的道德谱系学就是为了道德批判才进行的历史追溯。

这样看来,如果谱系学只是纯粹回顾性的事实书写,是如全景监视器记录式的回放,那么它批判的对象只能是对事实的扭曲。就如阿

---

① [德]尼采:《善恶的彼岸》,卫育青等译,华东师范大学出版社 2016 年版,第 10—11 页;英译版见 F. Nietzsche, *Beyond Good and Evil: Prelude to a Philosophy of the Future*, Cambridge: Cambridge University Press, 1861, pp. 8–9。

② 尼采在《快乐的科学》中自称为"无神论者,怀疑论者或非道德者"(346 节)。但其实他并不是不讲道德之人,只不过是将世俗的道德看作一种幻象,并试图创造与践行另一种道德概念。见[德]尼采《快乐的科学》,黄明嘉译,华东师范大学出版社 2007 年版,第 330—301 页。

第一章 作为道德谱系学的权力谱系学

伦特在《真理与政治》中说的,事实的真理是"在1941年8月4日,德国军队越过了比利时的边界",任何对历史事实的掩盖都是在否认这一事实真理。① 但是谱系学不仅仅止于此,它正是在道德预设上比简单地叙述事实真理更进一步,成为一种在本质上就带有道德属性的历史书写方式。因此我们也可以认为,尼采道德谱系学的首要目的不是在概念上探讨道德的起源,而是为了针对现代虚无主义(nihilism)的道德症状做出诊断与治疗,因而才采取一种谱系学的叙事方式来达到这一目标。

以谱系学是否具备道德上的批判性为核心,尼采区分了两种形式的道德谱系学,一种是仅仅对道德起源进行追溯的谱系学,而另一种是在此基础上对其进行批判的谱系学。尼采说:"对我们的价值和善的范畴表的起源进行探讨完全不同于对它们进行批判,正如通常认为的:尽管对一些可耻的起源的洞见带来了一种对来自这种起源的价值的贬低,并且为一种对其进行批判的态度和情绪做了铺垫。"② 初看起来,尼采并没有区分两种谱系学,而只是区分了谱系学的两个层次:基础的事实判断以及接下来的价值评估。然而,这种说法忽视了尼采对那些号称仅仅进行道德起源追溯的谱系学的批判,因为这种谱系学只是一种假装中立的起源追溯。这也是尼采所说的,以英国道德学家为代表的"蓝色"的谱系学。它看似毫无目的,假装以一种完全中立、客观的"非个性方式"(impersonal one)进行探索。这种形式的谱系学将道德起源归于"无私"的行为,将"有用"作为"好"的标准,用"习惯"来解释人们对道德起源的遗忘。③ 但在尼采看来,"无私""有用""同情""习惯"等这些看似中立的人类永恒的道德感都依赖于先在的假设。它们都是一种"奴隶道德",是以处在劣势、低等与卑贱的人的视角来创立的道德,为的是保护弱者自

---

① [德]阿伦特:《过去与未来之间》,王寅丽、张立立译,译林出版社2011年版,第222页。
② F. Nietzsche, *The Will to Power*, ed. by Walter Kaufmann, tr. by R. J. Hillingdale, New York: Random House, 1967, p.148.
③ [德]尼采:《道德的谱系》,梁锡江译,华东师范大学出版社2015年版,第65页。

身的生存与利益，并帮助他们在与强者的战争中获得胜利。[①] 所以尼采认为，任何以"非个人"的方式进行的谱系学探究永远不会有什么结果，因为根本不存在一种"非个人"的探究，所有的哲学都只是一种视角而已。而任何声称是秉持中立、客观的哲学探究都已经暗自假设了其道德立场。

那么，尼采所说的批判的谱系学究竟是如何进行的呢？与"蓝色"的谱系学相对立，尼采的"灰色"的谱系学，不仅要以细致的历史档案为依据，而且更要求哲学家完全以他"个性的"（personal）方式介入道德谱系学的问题。哲学家以其独有的方式进行谱系学研究，不仅将会给出带有其个人特征的道德谱系学的论述，而且哲学家本人也将在对此问题的解答上找到自己的命运、痛苦和至福。[②] 由此看来，道德的谱系学探究既是对道德起源的研究，也是独属于哲学家的思想旅程，通过对道德这个关键问题的谱系学研究，哲学家自身的存在方式才能够得到批判性的反省与确定。因此，谱系学的道德属性既在于谱系学本身的道德批判性，又在于谱系学能给予哲学家一种新的道德感、新的存在方式。而如果忽略了谱系学本身自带的道德属性，就忽视了"道德谱系学"中所带有的双重道德性。也就是说，"道德谱系学"既可以被看作以道德为对象的"关于道德的谱系学"（genealogy of morality），也可以被看作谱系学本身所具备的道德性（morality of genealogy）。

福柯的权力谱系学继承了尼采谱系学方法本身所带有的道德属性，因此福柯的权力谱系学在广义上也能被看作一种道德谱系学。在这个意义上，那些认为福柯对规训社会的研究只是一种价值中立的描述在一开始就错失了福柯哲学的伦理性。[③] 而詹姆斯·伯纳尔（James Ber-

---

① ［德］尼采：《道德的谱系》，梁锡江译，华东师范大学出版社 2015 年版，第一章第 6—11 节（第 72—86 页）。

② ［德］尼采：《快乐的科学》，黄明嘉译，华东师范大学出版社 2007 年版，第 345 节（第 328 页）；关于"蓝色"与"灰色"的谱系学，见《道德的谱系》前言第 7 节（第 58 页）。

③ 比如勒格朗（Stephane Legrand）在《被福柯忽略的马克思主义》一文中就认为："惩戒的、监督的、全景敞视的概念在价值论上是（或者应该永远都是）中立的……这些概念只是描述性的，而且它们所指的实在只有从明确的政治抵抗运动或斗争的角度看才是可批判的。"见［法］勒格朗《被福柯忽略的马克思主义》，载［英］莱姆克等《福柯与马思》，陈元等译，华东师范大学出版社 2007 年版，第 19 页。

第一章 作为道德谱系学的权力谱系学

nauer）将福柯的哲学思想本身看作一种伦理则更好地把握住了福柯哲学的精髓。①

然而，在福柯的谱系学中，情况更加复杂。比起尼采，福柯的谱系学更容易被人误解为一种基于考古学而来的中立的谱系学，因为福柯反对任何形式的先在的（道德）假设。福柯虽然同意尼采对形而上学以及道德人性论的批判，但由于福柯早年对心理学以及医学有所涉猎，他对于尼采所接受的心理学论断表示怀疑。这就让福柯进一步抛弃了尼采哲学中可能的形而上学假设。所以，在福柯的权力研究中，我们看不到尼采式的高贵—卑贱的伦理区分，而只能看到福柯对档案的重新整理与解释。因此，在福柯谱系学的方法中，似乎存在两种看似互相矛盾的倾向。一方面，福柯的出发点带有一种反对任何形而上学假设的态度。这种立场表面上看起来中立、客观并追求一种无偏差的描述，传达的是一种"考古学"式细致且准确的探究。这也是尼采所说的"灰色"的谱系学所要求的，即要返回事件发生的时刻，对其诞生进行细致的研究。但在另一方面，除了发生之事的有限"客观"之外，档案的整理与编排则全然不是客观的。福柯的考古学与谱系学也遵循这一原则。在尼采之后，对于这个世界，"只有解释，没有事实"②。而且，解释成了一种"无穷尽的任务"，成了一种对解释本身的解释。③ 按照德里达的说法，文本不可避免的意义的延异（différance）会让福柯谱系学的"灰色"降格为一种解释，并且不可避免地染上尼采谱系学竭力规避的"蓝色"，变成一种消解了形而上学前提的解释。也就是说，在福柯看来，谱系学也只是一种解释，它并不具备尼采所断言的绝对性。反对任何形而上学的假设，本身也只是一种"假设"而已。这一点尤其重要，福柯并不认为"历史性"或"历史主义"是无

---

① James Bernauer, *Michel Foucault's Force of Flight: Toward an Ethics for Thought*, New Jersey: Humanities Press International Inc., 1990.
② "There are no facts, only interpretations." 见 F. Nietzsche, *The Will to Power*, ed. by Walter Kaufmann, tr. by R. J. Hillingdale, New York: Random House, 1967, p. 481。
③ "Nietzsche, Freud, Marx", in EW2, pp. 274–278.

条件的先在立场，进而可以作为反对形而上学的工具。相反，谱系学的立场——不接受任何形而上学的假设——本身也是一种"假设"。对此，福柯说："让我们假设普遍性是不存在的……并不是将历史作为一种批判性的工具，而是从普遍性并不存在的决定开始，看看我们能写出什么样的历史。"①

福柯的谨慎态度展现出他与历史主义（historicism）在态度上的根本不同。同样是借助对历史事件的仔细考察，福柯想要做的是对事件的发生进行描述与解释："通过描绘同时运作的话语和解释它们可见变化的那些转变。"② 然而历史主义可以展现出与此不同的两种形态，一种是退化为相对主义的历史主义，即通过事物的历史性来批判形而上学。但这一点福柯已经予以拒绝。他的谱系学并不是将事物相对化以回应绝对性，而只是假设普遍性的缺乏从而展现另一种形态的历史。这种做法本身也只是一种假设性的解释，并未允诺相对主义的后果，即所有事实都是相对的。与其说福柯的谱系学是"相对主义"的，不如说是"问题化"的。他试图通过谱系学研究找出那些成问题的历史话语，并弄清楚我们到底站立于何地。因此，可以肯定的是，与流行的对"后现代主义"的误解相反，福柯没有想要相对化一切历史。另一种（黑格尔式的）历史主义则进一步声称历史能作为哲学的根基，展现为一种历史决定论的形态："19 世纪的历史主义试图赋予历史以哲学的立法者的身份以及对哲学进行批判的权力。"③ 福柯的谱系学既不是一种相对主义的历史主义，也不是一种决定论的历史主义。恰恰相反，福柯试图将我们的目光从这种相对与绝对的辩证话语中摆脱出去，将谱系学看作提供另一种解释的可能。这种解释不依赖任何形而上学假设，同时承认自己也只是一种假设。

早在考古学时期，福柯就已经赋予了他的方法论一种由假设性带来的开放性。福柯说："（1）如果我所说之事是真的，那么其他人就能够根据相同的纲要，对我没有涉及的材料进行解释和分析，同时带

---

① BOB, p. 3.
② "On the Way of Writing History", in EW2, p. 292.
③ "On the Way of Writing History", in EW2, pp. 292-293.

来一些补充性的信息。（2）我谈论的文本也可以和我研究的那些材料一起被重新拿来分析，它们可以被放入一个拥有完全不同的分期（periodization）以及一个完全不同的层面的描述中。"[①] 考古学的开放性很自然也"遗传给了"谱系学。谱系学也可以在以上两个方面进行修正。一方面，人们可以在自己所描绘的谱系中添加一些其他的相关材料，对现有的谱系进行丰富；而另一方面，人们也可以使用与自己完全相同的材料，但做出完全不同的年代分期与解释。这是一个开放的谱系，意义取决于视角。

在福柯晚年，谱系学方法论的重要性得到了进一步的提升。福柯将自己的所有作品都描述为一种谱系学的工作："谱系学在三个领域中都是可能的。首先，关于我们与真理关系的历史本体论，通过它，我们将自己建构为知识的主体；第二，关于我们与权力领域关系的历史本体论，通过它，我们将自己建构为治理他人（acting on others）的主体；第三，关于我们与伦理关系的历史本体论，通过它，我们将自己建构为伦理主体。"[②]

福柯晚期更加明确谱系学作为一种总的方法论的地位，他重新调整了自己之前作品的定位，将它们分别描述为关于知识主体、权力主体与伦理主体的"历史本体论"。所谓关于主体的"历史本体论"，就是历史性地探究主体得以存在的前提。福柯并没有将谱系学的方法局限在权力研究时期，而是将谱系学贯彻到以"考古学"为方法论的知识—话语研究以及以"问题化"为方法论的伦理研究之中。究其原因，一方面，谱系学提供了一种进行历史追溯的特殊方法，能让福柯对具体问题的"发生"进行事件性的讨论。另一方面，则是谱系学自尼采以来特有的批判精神让所有谱系学工作都带有了一种伦理特质，这也是福柯哲学一直贯彻的伦理精神。"戏仿""分解""献

[①] "On the Way of Writing History", in EW2, p. 284. 虽然福柯在这里说的是他的考古学计划，然而这一样适用于他的谱系学计划。

[②] H. L. Dreyfus and P. Rabinow, "On the Genealogy of Ethics", in *Michel Foucault: Beyond Structuralism and Hermeneutics*, Chicago: University of Chicago Press, 1983, p. 237. 这里的 moral agents，笔者翻译为伦理主体，是为了将道德与伦理区分开来，福柯这里表达的意思也是伦理主体，特指自我关系，而与道德律令无关。

祭",谱系学作为一种效果史正是要厘清、批判并消除大写理性和先在历史对于主体的塑造。这意味着福柯虽然拒绝了尼采哲学中还有所残留的价值假设,但福柯的谱系学所具备的批判性的伦理特质与尼采哲学的精神是一以贯之的。因此,对于福柯来说,谱系学自身的伦理特质让一种广义的道德谱系学变得可能。除此之外,福柯晚期作品中表现出的伦理关怀,也体现出谱系学除了批判之外的另一种道德性(见本书第四章"批判的伦理")。

在澄清了谱系学作为一种方法论所具备的道德属性之后,本书也希望从福柯晚期的道德与伦理的区分出发,将福柯之前对权力关系所做的研究看作一种狭义上的"道德谱系学",也就是对具体道德概念、规范及其运作的谱系学研究。福柯在晚期所说的"规范导向的道德"就是他在"权力时期"讨论过的狭义上的"道德谱系学"。

综观福柯的作品,他没有如尼采在《道德的谱系》中所做的将"善"追溯到高贵者的强大,将"恶"追溯到低贱者的卑鄙。也没有将历史上道德的发展看作"道德上的奴隶起义"。所以在一定程度上可以说,福柯确实没有对诸如"善""恶""好""坏"等道德概念进行起源式的追溯。福柯对尼采的谱系学进行了创新的理解,将尼采文本中所使用的"起源"一词解读为"出身"与"出现"。这意味着,福柯抛弃了谱系学中的连续,而突出了断裂与偶然。在他看来,无论是对道德概念进行词源学还是历史学的起源探究,都只能表明它可能拥有的传承,并不能解释它的"出身",更无法展现它"出现"时复杂的历史事件与权力关系。福柯说:"谱系学应该把道德的、观念的和形而上学概念的历史,自由概念的历史或禁欲生活的历史,看作是不同解释的'出现',这就需要使这些历史作为发生在各种进程的舞台上的事件呈现出来。"[1] 因此,即使福柯对道德进行谱系学研究,他也不必追寻道德的起源,而只需解释某个道德概念在历史上的"出现"。这样看来,狭义的道德谱系学对于福柯来说是可能的,并且不需要完全遵循尼采的道德谱系学的方式。

---

[1] "Nietzsche, Genealogy, History", in EW2, pp. 378 – 379.

第一章　作为道德谱系学的权力谱系学

　　福柯并没有对"善""恶"这种道德概念进行谱系学研究，而且在他的主要作品中也确实很少见到其他道德概念。这种现象恰好说明了，他在晚期伦理转向之前，并没有试图做任何与道德或伦理有关的系统性论述，并且似乎有意避免在正式的权力或话语研究中使用或分析道德概念。然而，如果回顾福柯 1972—1975 年的法兰西学院讲座，我们仍然能看到福柯对一些道德概念的讨论，但这些讨论却在之后正式的出版中不见踪影。比如说，对比 1976 年出版的《规训与惩罚》(*Surveiller et punir. Naissance de la prison*) 与福柯为它做准备的 1972—1973 年法兰西学院讲座《惩罚的社会》(*La société punitive*)，我们就会发现，福柯关于刑罚道德化倾向的论述被删去了，同样消失的还有"基督教道德在刑事司法体系中的移植"，以及福柯对资产阶级通过道德化治理工人的分析。正如这一年讲座的整理者贝尔纳·哈考特（Bernard E. Harcourt）所说，这些关于基督教规训权力的谱系学，在《规训与惩罚》中却被一笔带过了。① 作为《惩罚的社会》在讨论权力运作时的关键概念，"道德化"在《规训与惩罚》中几乎不见踪影，并被悄然转化为规范化。② 虽然规范化确实就是现代社会道德化的一个重要方式，但避免使用"道德化"的概念，则显示了福柯对于道德概念的保守使用。福柯更想强调权力而不是道德观念对于我们如今所处状态的决定作用。

　　福柯说："这种对于和平的渴望、妥协带来的安宁以及对于法律的默默接受，根本不是某种重大的道德皈依或者是某种导致法律产生的功利性算计，而是支配的结果，并且，事实上，是支配的倒错。"③福柯竭力想要弱化的是一种观念史的传统看法，这种看法认为道德观念的出现以及运行是独立于权力关系的，因而能够对权力产生促进或抑制的效果。但是，在福柯看来，道德观念不能单独起作用，因为它们的出现本身只是权力与事件的结果，并且道德的运作需要

---

① "Course Context", in PS, p. 295；中文版，第 263 页。
② 道德化概念的消失还体现在其他概念上，比如道德畸形与道德治疗，本书将在后文进行详细分析。
③ "Nietzsche, Genealogy, History", in EW2, p. 378.

依赖权力关系。

然而，这是否意味着福柯认为狭义的道德谱系学是不重要的呢？并非如此，对道德的思考仍然是埋藏在福柯权力研究时期的核心问题。福柯在一次访谈中说："我想要研究监狱的第二个原因，就是试图重新激活'道德谱系学'的计划，这个计划是通过追踪'道德技术'（technologies morales）转变的线索来进行的。"① 而福柯稍后解释，所谓的"道德技术"，并不是监狱的"机构"、"理论"或"意识形态"，而是具体的刑罚实践（practiques）：监狱的空间部署、时间的规划、档案的归排、"科学"知识的证明等等。② 这些通常被认为是中立的个体管理技术却被福柯看作"道德技术"，这说明了福柯想要重新激活的"道德谱系学"计划并不是从道德概念出发，而是从"实践"出发。

应该如何理解权力对个人的惩罚"实践"却拥有实质的道德义涵呢？在福柯看来，"这些实践并不仅仅通过机构来统治、通过意识形态来规定、通过实践环境来引导……而是，在一定程度上，拥有它们自己独特的规律、逻辑、策略、自明性以及'理性'"③。从技术的角度来看，"道德技术"并不是赤裸裸的统治技术，也就是说，并不是"宏观权力"，而是独特的"微观权力"。"微观权力"并不如"宏观权力"那样明确地通过主权—司法模式进行杀伐决断，而是从权力的配置与细节出发对个体实施的治理。这些切实在个体身上运作的惩罚实践，如福柯所说，拥有自己的规律，而且能从知识那里获得自明性或是理性的支撑。被惩罚的个体并不只是被流放了（以往疯子的处境）或是被处决了（君主砍头的权力），而是在监禁与惩罚中被技术规训与改造。治理技术并非中立，任何一种权力关系都是

---

① "Questions of Method", in EW3, p. 224. 第一个原因是福柯认为监狱是刑罚研究中被忽视的领域，以往的研究都只注重刑罚理论的变化，而忽视了刑罚实践；第三个原因是监狱历史有重要的现代相关性，因此能提供对现代监狱问题的批判。

② 值得注意的是，这是福柯在 1978 年的一次访谈中，对自己为何要对监狱进行研究给出的解释，这说明，即使是在《规训与惩罚》之后，在放弃使用《惩罚的社会》中所使用的道德概念之后，福柯仍然将道德谱系学与道德技术看作研究监狱的核心线索。

③ EW3, p. 225.

一种道德关系，而权力的布置就是道德的技术。这种略显粗暴的论述方式充分显示了福柯对尼采道德谱系学的继承、对传统道德观念的怀疑与批判。福柯与尼采一样，不将道德视作温柔、高尚、理性、照顾弱者的理想价值。同时更进一步，消除了道德的任何内在属性，将道德看作一种技术。不同的技术本身就包含着对个人不同的塑造方式，正是在技术对人的不同塑造方式上，这些技术才能被称为"道德技术"。这样，我们就能从狭义的道德谱系学的角度理解福柯的权力研究。

"权力时期"的"道德技术"完全可以和"伦理时期"的"自我技术"进行对照。对于道德主体来说，"道德技术"是外界力量施加于自己身上的，要求主体符合某种道德规范，因此在这里，主体是相对被动的，或者说，主体其实只是被规范塑造的个体。而在"自我技术"中，伦理操练是自己加在自己身上的，虽然也处在与他人的权力关系之中，但这种关系相对自由，并且最终目的指向伦理主体的建构，因此，这里的主体确实就是伦理意义上的主体。

然而，也不能完全将权力—道德技术与伦理—自我技术完全对立。因为在接下来的分析中，我们还会看到一种处在中间状态的技术：现代社会的坦白术。从本质上讲，它是一种反身性的真理实践：自己说出关于自己的真理，并且通过自我言说建构伦理主体。从这个意义上来看，坦白确实属于一种自我技术。但现代社会的坦白术又不能完全划归到自我技术之中，因为它处在一种极度紧张的权力关系之中，以至于"道德技术"掩盖了"自我技术"，并且让"自我关系"的建构基本完全服从外在的道德规范。在福柯看来，现代社会是一种"再基督教化"或是"基督教的深化"，最重要的一点就体现在现代塑造主体时对坦白术的继承上。基督教的坦白术从古代的"自我技术"慢慢转变到以顺从为目的的"道德技术"，以至于我们能在中世纪以来的基督教坦白术及其现代变体中看到一种混杂了"自我技术"的"道德技术"。

因此，在本章的论述中，"现代道德的谱系学"是狭义的道德谱系学，强调福柯的权力论述可以在两方面被理解为一种道德谱系学。

一方面是规训权力的"道德技术"，对不道德的人的定义与划分，对不道德的人的治疗，以及社会作为一个整体的道德化。另一方面是"坦白"作为一种说真话的道德实践，包括了现代人文科学（精神病学与性科学）中的坦白术，以及坦白既是"道德技术"又是"自我技术"的特殊性。[1]

第二节　道德谱系学的方法

福柯在20世纪70年代经历了第一个思想转变，也就是研究对象从知识到权力的转变，同时改变的还有他的研究方法，从"考古学"（archéologie）转向"谱系学"（généalogie）。[2] 所谓的"考古学"，它的对象是知识（savoir），但它并不是要揭示知识的内在或先天特性，也不是要揭示知识所依赖的隐藏真理。而是如考古学家所做的，在"地理上"真正"挖掘"知识所处的话语体系与历史背景，因为正是这些历史性的话语让知识成为可能。除了话语与知识的联系外，诸如"机制、政治事件、经济的实践和过程"等非话语活动也被纳入知识形成的考量之中，这一点也为福柯从考古学转向谱系学奠定了基础。

值得注意的是，在任何意义上都不能认为这些非话语活动决定了

---

[1] 拉比诺和德雷弗斯在 Michel Foucault: Beyond Structuralism and Hermeneutics 中在"现代个体的谱系学"的部分将"作为客体的现代个体的谱系学"与"作为主体的现代个体的谱系学"进行区分，在前一章中讨论了规训权力与人文科学的客体化技术，在后一章中讨论了生命权力、坦白与人文科学的主体化技术。这一思路与本书类似。而迈克尔·马洪在 Foucault's Nietzschean Genealogy 中，则区分了"作为个体的现代灵魂的谱系学"与"作为欲望人的现代主体的谱系学"，表达了相似的意思，也就是说，需要在现代谱系学中区分个体与主体，或者说，个体作为客体与主体。

[2] 已经有很多著作讨论过福柯的方法论转向。比较著名的有拉比诺和德雷弗斯的 Michel Foucault: Beyond Structuralism and Hermeneutics. James，伯纳尔在 The Force of Flight 的第四章也详细地讨论了考古学方法；而特别关于谱系学的有 Jeffrey Minson, Genealogies of Morals: Nietzsche, Foucault, Donzelot, and the Eccentricity of Ethics, London: Macmillan, 1985, pp. 40-78; Michael Mahon, Foucault's Nietzschean Genealogy: Truth, Power, and the Subject, Albany: SUNY Press, 1992。马洪特别论述了几种关于考古学与谱系学是不是断裂的看法，见 Michael Mahon, Foucault's Nietzschean Genealogy: Truth, Power, and the Subject, Albany: SUNY Press, 1992, pp. 101-103。

话语活动，福柯说，"面对一套清晰陈述的事实，考古学既不问是什么推动了它（对其形成背景的追问）；也不试图去重新发现在陈述事实中表达了什么（解释学的任务）；它要做的是确定主导它形成的规律——以及标志着它所属的实证性——是如何可能与非话语系统联系（liée à）起来的，即它试图定义这种连接（d'articulation）的特定形式"①。在话语与非话语的关系上，考古学并不做决定—被决定的因果推论，也不认为话语中蕴含了确定的事实，它只是想确定二者的关联方式，将其动态地展现出来。这与我们熟悉的马克思主义的经济基础决定上层建筑的思想有很大不同。在福柯的理解中，话语形成的系统"不是能在人们思想中或他们的描述活动找到源头的束缚；但它们也不是由机构或社会、经济关系层面形成，通过话语表面的力量被转述出来的决定（déterminations）"②。经济活动对话语的形成并没有决定性的作用，反倒会因为话语活动的不断重复与再造而受到话语活动的影响。

考古学这个词的使用让福柯对知识的研究具有了经验性与空间感，而话语与非话语的互动让考古学有潜力处理现实的政治任务。③在《知识考古学》中，福柯已经声明了他会转向诸如性、绘画、政治斗争等关于政治的知识，④这就是我们在福柯的"权力谱系学"中将会看到的话题。虽然福柯考古学方法的结构主义倾向为人诟病，但知识考古学的方法并没有被抛弃，而是被纳入权力谱系学之中。而且，从"考古学"转向"谱系学"并不意味着福柯将非话语放在了话语的前面，或者说将非话语作为话语的基础。

考古学所打开的经验与空间同样也是为谱系学准备的，上述对"知识考古学"方法的论述能让我们更好地理解"权力谱系学"。我们能看到，福柯在《尼采、谱系学与历史》中的第一句话便是"谱

---

① AK, p. 162. （法文版, p. 212）
② AK, p. 74. （法文版, pp. 97–98）
③ 比阿特丽斯·汉也认为是非话语的外在性让福柯从考古学转向谱系学，因为考古学无法处理外在于话语的其他机制。见 H. B. Han, *Foucault's Critical Project: Between the Transcendental and the Historical*, tr. by Edward Pile, California: Stanford University Press, 2002, p. 100。
④ AK, pp. 192–195. （法文版, pp. 251–255）

系学是灰暗的、细致的和耐心的文献工作"[①]。谱系学与考古学一样，要求细致与耐心的工作，这种细致与耐心不仅仅是对研究者的态度要求，更是谱系学本身的宗旨，它们保证了谱系学工作的灰暗。在福柯与尼采看来，如果将历史进行耐心仔细的审视，那么黑格尔式的理性历史将会消失，历史本体论与目的论的"光明"都将不复存在，取而代之的就是灰暗的细节。在尼采的《道德的谱系》中，经过尼采审视的道德理论中的一致性就在谱系学中分崩离析，这种一致性既包括了认知意志对道德真理在源头上所保证的一致性，也包括了道德表现为一种大众认可的习俗所具有的一致性。在这一点上，考古学与谱系学的目的是一样的，那就是制造"差异"（différence）。

福柯认为，所谓的谱系学并不是揪着绳索去追寻起源（Ursprung）。对起源的追溯虽然已经肯定了一种历史性，但同时也暗示了那些来自起源并且一直保持在事物中的纯粹、本质与同一性。而追寻起源意味着回到某种理想的状态，或者保持起源赋予的神圣本质。这些对于福柯来说是危险且需要避免的，因为在知识与道德层面达成的同一性并不会停留在认知层面（虽然即便是仅停留在这个层面，同一性也是危险的），它们必然会协同权力关系所努力制造的那种同一。从本质上说，力量关系天然地欲求同一，而如果执着地追寻知识和道德的起源，一定会加剧这种同一性。

福柯将尼采的谱系学解释为对"出身"（Herkunft）或者"出现"（Entstehung）的探索。"出身"概念自带的"血缘"暗示了起源并不是纯粹的理想本质，而是带有祖先已经混杂的血液，也一定会不断混入其他杂质进行繁衍。血液就这样铭刻在每一个身体之中，并且，他们也会在身份上继承族群中的高低贵贱。出身因此带着强烈的社会性、物质性与偶然性，无法被还原到同一性之中。因此，将起源的"同一"取而代之的是出身的"事件"（évènement）。"事件"在最根本的意义上取代了"同一"在起源的位置，正是社会的、物质的、偶然的"事件""带来"了不能归结到确定时刻的起源。因此，谱系

[①] "Nietzsche, Genealogy, History", in EW2, p. 369.

第一章 作为道德谱系学的权力谱系学

学并不需要追溯某个概念的连续性或者内在性,它只需要聚焦某个节点的出身,挖掘围绕在其周围的事件,解释它们的分布状态。通过这样做,我们就会发现"真理或存在并不位于我们所知和我们所是的根源,而是位于诸多偶然事件的外部(exteriority)"①。

如果说"出身"概念带来了混杂与偶然的事件,那么"出现"概念则主要强调了"力量"(forces)的重要性。"出现是诸多力量登场的入口;出现就是这些力量的爆发,从幕后跃到台前,每种力量都充满青春活力。"② 出现意味着起点,如果缺乏了力量关系,缺乏了支配与被支配,就不可能去"开始"。正是力量通过斗争对事物进行构造与定型,让"出现"能够出现。在"出现"层面上,力量之间的相互作用不是一种被固定的关系,不是一种规则,而是无规则的纯力量关系。即使规则建立了,力量关系也并未停止,也不会演变为和平状态,而只是战争的延续。如果说打破规则或重新建立规则是可能的,那也是基于规则本身也是一种力量关系这一前提,而不是基于形而上学历史的连续性。因此,谱系学强调力量并不是为了固化权力,而是为了在解释"出现"的同时也强调权力的可翻转性。

福柯在尼采的谱系学中看到的不是作为理想的"起源",而是作为事件和力量关系的"出身"和"出现",这让谱系学的追溯变成了一种"效果史"(wirkliche Historie)。"效果史"是由力量关系和事件所呈现的"出身"与"出现"史。它拒绝了历史学以形而上学的预设为线索去梳理历史。福柯认为,以形而上学为预设的观念史都假设了一种全视角与客观性,也都暗含着理想化的进步观:从战争到和平、从野蛮到文明、从无知到有知。与此相反,"效果史"不惧怕偶然的事件、特定的视角、断裂的目的。谱系学就是要给读者呈现出一种力量的场域,将叙事者的特定视角带入谱系学的研究之中,去解释力量场域中发生的事件,指出它们存在的前提与状态。

被这样定义的谱系学创造出了一种特殊的历史感,这种历史感有

---

① "Nietzsche, Genealogy, History", in EW2, p. 374.
② "Nietzsche, Genealogy, History", in EW2, p. 377.

三种用法，而这三种用法都是对柏拉图理念论的反叛："首先是戏仿（parody）的用法，用来破坏现实性，与作为回忆或认可的历史学主题针锋相对；其次是分解的用法，用来破坏身份（identity），与作为连续性或传统的历史针锋相对；最后是献祭的用法，用来破坏真理，与作为知识的历史针锋相对。"① 可以认为，戏仿、分解与献祭分别对应着柏拉图的"摹仿说"、"分有说"与"灵魂回忆说"。

戏仿指的是谱系学对严肃历史的滑稽模仿所产生的效果。柏拉图的"摹仿说"被用来解释个别事物与理念之间的相似性，各个级别的个别事物的形成正是因为摹仿了理念才能够与理念相似。同样，形而上学的历史对源流的描述也表现出了摹仿的特质：历史是对起源的重复与继承。形而上学的历史会将历史上的传承描述成前后一致的摹仿品序列。而戏仿则以一种滑稽的方式颠覆了理念的起源性、摹仿的严肃性与再现的现实性。戴上面具，任何人都可以像马戏团的小丑或化装舞会上的宾客，以游戏的方式叙述、交往。谱系学则会尽力地将面具的细节描绘出来，这样我们就能看到，这些精致的面具只不过是努力想要维持统一性的滑稽装饰而已。谱系学通过细致的描述让这些看似现实的身份得到再现，但反而破坏了身份的现实性，造成了一种滑稽的戏仿效果。

分解意味着对谱系学对固定的同一身份的消解效果。柏拉图的"分有说"认为个别事物的存在是因为分有了理念的一部分，这样就解决了个别事物起源的问题。然而，谱系学却将个体身份的形成理解成一种"分解"，这意味着并不需要追寻身份的根源，而是对身份的出现进行分解，将身份的异质性展现出来。换言之，个体的出现并非因为"分有"了理念，而恰恰只能在"分解"事件的离散中才可以被理解。

最后，献祭指的是抛弃知识主体，通过"献祭"知识主体来丰富主体性本身：意志、激情、残忍等特质都应该被列入对主体与历史的解释之中。柏拉图的"灵魂回忆说"保证了一个统一的认识主体，

---

① "Nietzsche, Genealogy, History", in EW2, p. 385.

也保证了知识来源的纯正性：知识不是后天获得的，而是已经存在于灵魂之中，依靠回忆就能获得。认知主体的危险不仅局限于知识的层面，正是这种知识主体以及它的形而上学变体保证了"起源"历史学叙事的同一性。更进一步，知识主体的假设并没有维持其想要的纯粹与中立，事实上还形成了所谓的"知识的暴力"：知识作为一种特权起支配的效果。放弃知识主体的"灵魂"是谱系学最根本的一步，因为正是回忆的灵魂保证了一切的同一性。

总的来说，谱系学是福柯为了解释权力事件的出现而从尼采哲学中借鉴并改进的方法论。谱系学首先是对以形而上学为基础的先验、理性、同一、中立历史观的批判。与"考古学"一样，谱系学也需要深入文献的细节，而且还要勾勒出那些"出身"与"出现"的事件与力量关系。谱系学并不承认普遍史的存在，而是主动将自己降格为一种视角主义（perspectivism），通过戏仿现实、分解身份与献祭知识主体的方式来颠覆历史的形而上学。因此，谱系学成为一种解释我们存在的历史条件的方法。通过谱系学，能够看清并理解我们所在的历史位置，这也正是福柯之后所说的"我们的现在史"（history of our present）。

既然谱系学是对"出身"与"出现"的"视角主义"的考察，那么将谱系学应用于道德又意味着什么呢？在最普遍的意义上，道德谱系学必须遵从谱系学方法论的普遍定义，通过对历史事件性的揭示以戳穿道德的宗教或形而上学基础，并借此对现有的价值进行颠覆。这种颠覆性部分来自谱系学方法的历史性。谱系学本身是一种通过诉说历史来描绘事物或者概念谱系的方法，而历史的探究本身就会对任何形式的形而上学产生一定的解构效果，因为历史必须描述变化与差异。[1]

---

[1] 参见法比奥·维吉和海科·费尔德纳在 *Zizek：Beyond Foucault* 的第二章 "Foucault's Critical Historicism" 中为历史主义概括的四个普遍特征：任何事物都有其历史、研究历史能够理解人类的本质、历史变化有其规律、事物的特征是由历史环境所决定的。然而福柯借用历史文献除了符合第一个特征之外，与其他三个特征都恰恰相反。F. Vighi and H. Feldner, *Zizek：Beyond Foucault*, Basingstoke England, New York：Palgrave Macmillan, 2007, p. 13.

并不是每一种历史叙述都会真正地解构道德形而上学。如果能够将这些变化与差异最终统一在一个终极的目的之下，说明这些差异只不过是同一性自身辩证的体现，那么历史所展现的差异反而能够"证明"道德在历史中的发展只不过是道德成为自身的过程而已。黑格尔的历史哲学就很好地使用了目的性与辩证的连续性来解释历史的发展。但在福柯看来，黑格尔的辩证法（dialectics）虽然允许差异存在，但差异总是作为同一性最终达成的过程而存在。因此，"事实上，辩证法并没有解放差异；相反，它保证了差异总是能被再次捕获。关于同一性的辩证法的至高权力允许差异的存在，但总是在否定（negative）的规则之下存在，并且作为非存在（nonbeing）的一个例子而存在"①。如果历史要真正地肯定差异性，那么差异必须不能以矛盾与否定的形式在辩证法中出现。所以谱系学的历史性排除了从辩证发展的目的论角度来解释道德的做法。

除了假设一种目的论（teleology）之外，如果能诉诸一种本质主义（fundamentalism），比如任何意义上的"人性论"，那么道德历史发展的连续性也能够实现。想象一种"人性"（Human Nature），并将道德历史的变化看作人类的"人性"在不同时期的展现。福柯所反对的既是马克思主义所说的劳动作为人的本质，以劳动作为叙事核心重塑阶级斗争的道德史，更反对普遍的人道主义的道德话语，即假设人作为一种"类"就无条件拥有的永恒的本质与权利。在这种伪历史主义中，道德的历史原有的动态进展僵化为同一本质现象的展开。人道主义就是这类道德的典型，它"将人类的权利、特权和本性断言为主体最直接和永恒的真理"②。道德谱系学作为一种诉诸历史解释道德的方法，也拒绝了任何本质论或目的论的道德解释，因此在谱系学的方法中，任何一种道德实在论（moral realism）都不能成立。

除了以上所说的由于谱系学的历史性而赋予的解构特质之外，道

---

① "Theatrum Philosophicum", in EW2, p. 358.
② "Foucault", in EW2, p. 462.

第一章　作为道德谱系学的权力谱系学

德谱系学也需要有一些确定的方向，因为它毕竟需要对道德现象进行解释。当谱系学方法论所要求的"灰暗的、细致的和耐心的文献工作"被应用到道德领域时，就意味着那些局部的、微小的、边缘性（parochial）的非道德事件将成为解释道德现象"出现"的主要因素。尼采认为，诸如"良心""罪欠""责任"这样的道德词汇，并不是人类作为种属而天生具备的道德品质，而是来源于"欠债"的债权关系或"惩罚"带来的疼痛感的记忆。[①]与此类似，在接下来的章节中，我们也会看到，福柯也是从谱系学意义上细微且边缘的因素来解释宏大且普遍的道德概念。福柯将这些道德概念看作已经存在的"解释"（interpretation）而非本质，而谱系学要做的，并非将"解释"还原为本质，而是对某种"解释"出现的时刻进行再解释。

必须留意谱系学赋予这种解释的特殊性。福柯在其名篇《尼采、弗洛伊德、马克思》中对这三位哲学家予以高度评价的原因，正是在于尼采、弗洛伊德和马克思已经为我们改变了解释本身的意义。首先，"从19世纪开始，通过弗洛伊德、马克思和尼采，根据一个被称为深度（profondeur）的维度，在它不被理解为域内（l'intériorité），而相反被理解为域外（l'extériorité）时，符号被放置在一个更加异质化的空间中"[②]。福柯在此召唤了一个特殊的空间概念，或者说，拓展了符号（以及其他事物）的维度，进而为理解符号提出了空间的要求。其次，在三位哲学家对起源（commencement）的拒绝中，"解释已经至少成为一项无尽的任务"[③]。解释总是处在延宕的状态，一方面因为没有什么是需要或可以被优先解释的，解释总是一环扣着一环：符号总是对其他符号的解释，而解释总是对解释的解释；另一方面，解释先于符号，意味着符号失去了其表意的单纯性，而已经渗入了解释者的恶意（malveiller）。马克思研究的货币（money）与资本、

---

① 见［德］尼采《道德的谱系》，梁锡江译，华东师范大学出版社2015年版，第104—153页。
② EW2, p. 273.
③ EW2, p. 274.

弗洛伊德处理的病人的症状（symptoms）以及尼采关注的道德、语言和符号，这些都是已经戴着"面具"（masks）的解释。这也带来了解释的第三个特点，那就是如今的解释永远要问："是谁提出了此解释？"这也让解释永远需要返回自身，去解释自身。①

---

① EW2，p. 278.

第二章 "道德"的诞生

在澄清了福柯在权力研究时期的谱系学方法之后,本章将讨论福柯对"道德畸形"、"道德治疗"与"社会道德化"三个道德概念的研究。这三个概念是少有的在福柯"权力时期"就出现过的道德概念。在这里将它们提取出来,一方面是因为,虽然这三个概念都不是福柯发明并严格使用的概念,但福柯对这三个概念的论述却能够反映他对道德概念与道德规范的态度。福柯很好地使用了谱系学的方法,对这三个概念出现的事件与权力关系进行了探讨。因此,我们从福柯的文本中看到的这三个概念都不是普遍的道德概念,而是对某一种特定现象成为一个"道德问题"时的特殊状况进行描述。另一方面,在不同作品中出现的这三个概念恰好形成了一个比较完整的逻辑链条:道德畸形(对道德与不道德的界定)—道德治疗(对不道德的个体采取的措施)—道德化(社会整体经历道德化的过程)。然而,正如谱系学方法所要求的,任何一个道德概念的出现都必须单独地讨论,因此,我们也不能指望这三个概念能够覆盖普遍的道德问题,只能期望这三个与道德相关的概念能够展现福柯在权力研究时期对于道德的出现、矫正以及普遍化的思考,特别是解释道德与知识—权力之间的关系。正如上一章已经论述的,这些道德概念并不以观念的形式出现,也不以观念的形式发挥作用。隐藏在这些看似独立的道德概念背后的,是一套以理性的认识主体为基础的认识论,以及由权力推动的道德化进程。

不管是对于"道德畸形"、"道德治疗"还是"社会道德化",福

从道德到伦理：论福柯的伦理转向

柯都不是通过追溯道德观念或道德规范的变化来切入道德问题。他在研究监狱与刑罚的历史时发现，刑罚方式的改变与道德观念（规范）的变化并无太大关联。相反，福柯试图通过物质、身体与权力的历史来考察道德在社会中的变化。福柯说，"如果通过惩罚机构与实践来思考道德概念，我们会发现道德的演变首先就是身体的历史"①。从被权力影响的身体来分析道德概念，这是福柯继承自尼采的谱系学方法。这种关于道德的历史考察并不是研究"道德的形而上学基础"，而是对治安、刑罚、治疗、财富与道德发生关联的时刻进行考察。换句话说，重要的并不是出现了一个新的道德观念，或者出现了一种新的思考道德基础的方式，而是考察某些事物开始成为一个道德问题、开始被纳入道德的范围的时刻。道德在这些考察中并不是抽象化的观念，而是加诸身体之上的技术、知识与权力。灵魂，作为一直以来道德规范的对象，也变成了身体的牢笼。②

本章主要探讨的文本是福柯 1972—1975 年的法兰西学院演讲——《惩罚的社会》《精神病学的权力》《不正常的人》。目前学界对这些文本的研究相当有限，这三年的法兰西学院演讲普遍被看作《规训与惩罚》与《认知的意志》的准备工作。也正是由于《规训与惩罚》与《认知的意志》以一种系统的方式完美地呈现了福柯的权力观，所以 1972—1975 年的演讲也不被视为理解福柯权力的必需材料。然而，对于本书来说，福柯在这些材料中对道德相关概念的研究是极为宝贵的。虽然这些讨论在日后并没有出现在正式出版的作品中，但在其中我们却可以一窥福柯晚期所说的"规范导向的道德"是如何出现与运作的。这一点是《规训与惩罚》和《认知的意志》未能呈现的。此外，本书对福柯道德研究的讨论也并不与日后福柯的权力观相背离。恰恰相反，在福柯"权力时期"中逐渐消失的关于道德的讨论，正是福柯选择以权力谱系学解释道德的合理结果。道德成为一种权力关系，同时权力也拥有了道德含义。

---

① "The Punitive Society", in EW1, p. 34.
② DP, p. 30.（法文版，p. 34）

第二章 "道德"的诞生

第一节 道德畸形

"畸形人"（monstre humain）、"需要改造的人"与"手淫的儿童"是福柯在描绘19世纪"不正常的人"的谱系时提出的三个代表性形象。这三个形象依次出现，代表了"不正常的人"形象逐渐细微化与普遍化的过程。虽然这三个概念先后出现，但它们之间并不存在严格的前后取代关系。相反，它们逐渐在"不正常的人"这个概念中汇聚、重叠，共同构成了"不正常的人"的特征。其中，"畸形"为所有"不正常的人"打下了最根本的异常印记，他们从被定义为"畸形人"的那一刻，才成为需要被改造的人；而作为"不正常的人"概念变化的最后一环，手淫者形象的普遍性，则为每个个体"不正常"的可能性奠定了基础。[①]

作为"不正常的人"概念的开端，"畸形"也并非一个固定的概念，而是拥有其自身的谱系学。在每一个时代都有各自突出的"畸形人"的种类，比如中世纪的半兽人、文艺复兴时期的连体婴以及古典时期的双性人就是各自时代"畸形"的典型。福柯认为，这些不同的种类能说明这个时代对"畸形"的问题化意识。在18世纪之前，"畸形人"基本归属于法律—自然领域，"畸形"被认为既是对自然分类的逾越，也是对自然法与社会法的逾越。然而，"畸形"概念并未完全被"司法—生物"（juridico-biological）领域捕获。"第一个模糊之处在于，畸形是自动地站在法律之外的对法律的违反。第二，畸形是自发的、原始的，但因此也是自然的非自然状态。"[②] 这个时期，"畸形"概念并不被外在于它的东西定义，而是由于自身不可替代、不可解释的自然性质被界定。这是一种"同义反复"式的定义，它参照的是"一种自然史，这个自然史所围绕的中心是生物学中种、属、界等绝对不可逾越的区分"[③]。福柯对此加以强调，则

[①] AB, p. 60. （中文版，第63—64页）
[②] AB, p. 56. （中文版，第59页）
[③] AB, p. 62. （中文版，第65页）

是为了突出此时"畸形"概念以及"畸形人"相对自由、没有被知识—权力完全捕获的状况。随着"畸形人"的典型从半兽人、连体婴到双性人，到了19世纪，法律—自然意义上的"畸形"慢慢被法律—道德意义上的"畸形"取代，这就是重要的"道德畸形"概念的形成，也是"畸形"概念逐渐脱离属于自己的"同义反复"定义的开始。

"道德畸形"（moral monster）是指这样一种现象：在19世纪，人们将原本属于法律—自然领域的"畸形"概念纳入法律—道德领域之中，用法律条文与道德规范来评判畸形人的行为，让"畸形"成为一个道德问题。然而，这并不是突然发生的观念变化，而是刑罚—犯罪领域中对"畸形"概念的使用所导致的后果。福柯发现，法律判例中的，身体上的"畸形"逐渐被用来为道德上的"畸形"辩护。"这种行为的畸形把畸形的古老范畴，从体质和自然的混乱的领域转移到纯粹的简单的犯罪领域。"[1] 畸形由此成为一个明确的犯罪身份标识，以违背道德与法律的异常形象出现在人们的视野中。

在"不正常的人"的宏大谱系之中，"道德畸形"只是"畸形"与"不正常的人"概念的一个中转站，但却具有非凡的意义。因为正是从这个概念开始，"畸形"以及之后的"不正常的人"摆脱了生物—法律的意义，能够在道德层面被评论。也正是从"道德畸形"开始，规训的权力与知识才逐渐介入，从疯子、性倒错者以至潜在的每一个人。而"畸形"从自然概念变为道德概念，除了意味着"不正常的人"进入了道德领域，还有一个有趣的反效果：同样处在道德规范中的正常人，也可能因为犯罪或者违背了道德而被看作不正常的人。因此，对"道德畸形"进行分析既能解释这个具体道德概念的出现，又能在一定程度上解释知识与权力对道德的界定。

"畸形"被纳入道德领域有以下三点表现。首先，"畸形人"的自然混合特征变得不再重要。人们对"畸形人"关注的焦点从自然特征转移到行为上，这些人的行为是否异常的成为问题的关键。而评

---

[1] AB，p. 74.（中文版，第78页）

判行为是否异常就是看它们是否符合法律或道德的规范。"这种畸形是行为的畸形,而不再是自然的畸形"①。其次,并不是这个时期专门针对"畸形人"设立了新的专门的法律或道德规范,而是这些人因为不符合社会的普遍规范才被看作是异常的。出于某些原因,人们已经开始用一般道德概念来评判"畸形",这才导致了"畸形"变成了一个普遍的道德问题。如果说之前的"畸形人"由于其自然属性天生就带有犯罪性,那么在"道德畸形"中,"这种关系被调转过来,畸形被系统地怀疑为藏在所有罪行之后。每个罪犯都可能是畸形人,就像以前每个畸形人都可能是罪犯一样"②。最后,福柯认为,"畸形"之所以被纳入道德领域,是因为这个时期社会的权力范式从主权权力到规训权力的转变,引发了道德观念的一系列转变。规训权力要求权力运行的全面性、稳定性以及低耗费,催生出一套不同的对人行为方式的理解模式。正是由于"惩罚权力的经济学和这种经济学的转变"③,"畸形"才成为道德问题。

正是在第三点上,我们能明确看到福柯狭义的"道德谱系学"的工作:用权力来解释道德概念的出现。具体来说,福柯以三个步骤解释了规训权力如何让"畸形"成为一个道德概念。首先,与之前仪式化、不计成本的君主的惩罚相比,这个时期兴起的规训权力更加持续、全面与稳定,同时它诉诸经济学计算,以尽量低的耗费来运行权力,这些都要求一套完全不同于君主权力的配置来满足它在社会上的普遍运行。犯罪与惩罚必须——对应,在法律与罪行之间不允许存在空隙,这是规训权力的持续性与稳定性所要求的。普遍的监禁能与规训权力的这些特性相匹配,同时也满足了低能耗的权力运行。

其次,依照这种新的权力范式,在刑罚体系中出现了"利益"(interet)这个新的度量惩罚单位。利益被看作普遍的犯罪原因,它是所有犯罪的根源。对利益的解释既不诉诸犯罪的情境,也不涉及罪

---

① AB,pp. 64 – 70. (中文版,第 77—79 页)
② AB,p. 82. (中文版,第 88 页)
③ AB,p. 75. (中文版,第 79 页)

犯的意图，而是关于"犯罪行为的内在理性，它的本质的可理解性"[①]。在规训权力的逻辑之下，罪行现在有了一个利益本质，罪犯之所以犯罪是为了满足自己的利益。利益变成了理解犯人犯罪的人格本质与现实原因。而且，利益能成为一个公共度量单位，这样就能思考其他人是否会因为这种利益也犯下相似的罪行，因此，对这个犯人的惩罚就必须考虑到再犯的可能性。在规训权力的这种大背景下，罪犯拥有的"利益"本质，可以被用来分析他的行为的可理解性，也被用来作为惩罚的依据。

最后，社会对于罪犯的疑问就是：难道被关进监狱中不是罪犯利益的更大损失吗？这样不就违背了他自己的最大利益吗？正是这种理性计算的利益思维让犯罪变得不可理解，这就让罪犯潜在的病理学本质逐渐显露出来：既然罪犯违背自己利益的做法不理性，那么他有没有可能是不正常的呢？犯人即病人，这一推论让病人同时展现了非理性与非道德的双重畸形，也就是说，病人不仅在利益计算上是个头脑不清醒的疯子，也在人格与自然情感上腐败生病。罪犯是双重意义上的病人：不能计算自我利益的病人与不能计算社会公共利益的病人。因此，罪犯的病态化阐释打开了犯罪与医学之间可能的交叉领域：非法与不正常的连接、罪犯与病态的连接让精神病学的介入成为可能。[②]

从福柯的分析中能看到，"畸形"落入道德领域，并不是因为人们对"畸形"概念的理解产生了变化，也不是道德观念整体发生了调整，而是通过"罪犯"观念的媒介去重新理解"畸形"的产物。这就是谱系学方法的体现，以非道德的边缘性事件来对道德进行解释。由于以前的"畸形人"就是对法律—自然的逾越，因此畸形人天然就是罪犯。当"罪犯"概念因为权力变化而发生改变的时候，与它天然相连的"畸形人"也发生了变化。在新的规训权力之下，"畸形"概念道德化的逻辑是这样的：

---

① AB，p. 89.（中文版，第96页）
② AB，p. 92.（中文版，第98页）

第二章 "道德"的诞生

每一个罪行深处都隐藏着畸形；

罪犯是不能计算自己利益的非理性与非道德的人；

非理性与非道德是畸形。

"畸形"从一个自然概念变成一个道德概念的影响非常深远。一方面是之后所有"不正常的人"都被加诸一个理性与道德本质的理解视域，被放在同一个道德规范之下接受衡量；同时，所有正常的人也可能因为违背道德规范而被看作不正常的人。福柯似乎认为，对人进行普遍的"本质化"理解会无可避免地涉及道德问题。也就是说，当社会开始对人进行本质化论证时，一定会产生符合与违背本质的区分，而权力对那些违背本质的人进行治理，就是一个道德问题。其实，人被理解为某种本质，这种"本质化"本身也是一个道德问题，尤其是在规训权力所设定的"利益"本质的理性计算中。我们也能在这个层面上理解为何功利主义是一种道德理论。另一方面是为了衡量"道德畸形"，为了深入解释人的本质，人文科学开始侵入司法判案的证据链条。更重要的是，人文科学对人本质的深度"解释"，本来就在一定程度上依赖现行的社会道德原则。

在20世纪的精神病学与犯罪学的结合中，福柯看到了对罪犯进行道德本质化上的更进一步发展。这个时期的精神病学对（犯罪）个体给出的解释更加细致，这也让精神病学借助司法的需要而拥有了更多的权力。

第一，现代精神病学能够给罪犯叠加一种不属于犯罪行为本身的东西，那就是罪犯日常的行为与生活方式，"在精神病学专家的话语中，它们被表现为犯罪的原因、根源、动机和出发点"[①]。精神病学从道德与心理方面解释罪犯的个人品质，从而为司法审判提供证据。这些解释并不是对犯罪行为本身的解释，而是以一种循环论证的方式分析犯罪行为发生的可能性：因为它发生了，所以罪犯存在道德与心理的原因。精神病学以通俗的社会道德原则（福柯将其称为一种道

---

① AB, p. 15.（中文版，第14页）

德现实）为背景，描述罪犯平时种种异常的行为，从而试图还原罪犯的犯罪心理。然而，这些所谓的"不成熟"或"不健全"的品行真的违反了法律吗？并非如此，在福柯看来，它们只是对社会公认的"理想状态……道德品质（谦逊、忠诚）以及伦理原则的违犯"[1] 而已。精神病学的鉴定也成功削减了司法判案所需证据的确凿性，因为犯罪动机与原因的解释能被归结为一个无须解释就能得到社会理解的道德权限。而法官在判案时，也将罪犯看作一个"心理与道德的复合体"（doublet psychologique et moral），从他日常生活中的种种不正常行为中判断他此次犯罪的原因以及再犯的可能性。

　　第二，精神病学还给罪犯叠加了犯罪人（delinquant）的新人格。与第一种手法类似，仍然是描述罪犯那些在日常生活中的虽不违法但不正常的行为举止，但这次精神病学的意图更加深入，它要塑造一个犯罪主体，从主体内部的"深渊"中挖掘犯罪的源头。比如，以主体欲望的过剩或者其在社会上遭遇的挫折来解释罪犯的异常行为，让犯罪主体呈现出一种根本上的人性缺陷。这是一种类病理学（parapathologique）的证明方法，但实际上，它并不属于真正的医学领域，无力将人格鉴定为一种疾病，而只能将其解释为一种道德的缺陷。从司法鉴定的角度来看，形塑犯罪人格并不是在给罪犯进行责任鉴定，反而是让对罪犯的任何责任追溯都显得不可能，或者说，没有必要了。因为一方面，如果主体内在本身就是一个欲望—犯罪的双重人格，那么他就必须为自己的一切负责。这样，罪犯作为一个拥有完全行为能力的道德主体就可以追溯他生活的各个方面，以社会道德的标准衡量其行为的异常与否。但另一方面，对他生活中的一切追溯，只是对其人格本性的描述。主体似乎天生拥有这些缺陷，或是因为过往经历被动地处于某种状态，那么他对他所做的一切又无法真正负责。这样一来，对主体的种种欲望—犯罪的描述，让犯罪主体消失了，"法官和陪审员面前站着的不再是法律的主体，而是一个客体：一个

---

[1] AB, p. 16.（中文版，第15—16页）

第二章 "道德"的诞生

被纠正、再适应、再融入和改造技术与知识的客体"①。由此看来，在重塑犯罪人格的过程中，精神病学看似塑造了一个犯罪主体，但实际上得到的却只是一个被知识—权力塑造的客体。将现代个体视为一种客体而非主体，这种论证思路也是福柯在"权力时期"经常使用的。

福柯在这种类（伪）科学与道德的结合中看到了极其危险的倾向。20世纪之后，在主体中寻找犯罪的动机与原因进一步引出了"遗传因果论""退化""人种学"等引发严重道德后果的理论。很显然，这些遗传与人种学的理论在那时并未诉诸真正的物质/神经生物学，相反，它们是对社会内部危险人群进行道德区分的虚构解释。需要注意的是，由精神病学产生的种族主义与我们通常说的"人种的种族主义"并不一样，它"是针对不正常的人的种族主义，是针对个体的种族主义……它是一种允许对社会内每一个个体进行审查的内部种族主义"②。在福柯看来，正是精神病学介入罪行的判定带来了内部种族主义的新形式。而纳粹施行的种族主义，只是把传统的"人种的种族主义"与这种来自精神病学的新兴的"个体种族主义"结合起来而已。

至此，我们已经能看到知识—权力建构的道德解释是如何产生的。精神病学能够接管并解释疯子、犯人甚至普通人的生活方式与人格，就是基于"道德畸形"所打开的道德空间。而成为一个"道德"问题则不仅意味着他们能够被道德规范评价，更意味着直接被纳入权力的掌控之下。同时，权力伴随着对人的本质的知识解释，而不管是从利益还是从人格来定义人，不管是精神病学还是犯罪学，这些知识都将人看作对象并客体化个体，以期最终能将个体纳入知识与权力之下。

第二节 道德治疗

"道德治疗"（remèdes moraux）是福柯在对早期精神病学进行

---

① AB, p. 21.（中文版，第21页）
② AB, pp. 316–317.（中文版，第356—357页）

67

"考古学"研究时发现的一个关于道德的词汇。与"道德畸形"一样,从"道德治疗"本来的含义来看,它并不是一个普遍的道德概念。但是在"道德治疗"作为一种普遍的道德矫正的意义上,它是规训权力产生的一种普遍效果。这样看来,规训权力在监狱的时间与空间中对个体的塑造也能被看作一种道德治疗。

在道德治疗的创始人皮内尔(Philippe Pinel,1745—1826)医生那里,"道德"是指以温和与尊敬的人道主义态度对待精神病人的方式,皮内尔甚至还因解开精神病人的锁链而被广为称赞并以丰碑的形式记载在精神病学史中。[①] 相比于皮内尔的温和,另一个精神病医生勒雷(Leuret,1779—1851)所采用的方式也被称为"道德治疗",但他的方式更加严厉,甚至用冷浴的方式强迫精神病人认清现实。[②] 这样看来,"道德治疗"的关键并不在于"解开锁链"的温和态度。皮内尔和勒雷的治疗方法的共同之处在于,他们都通过建立医生与病人之间的权力关系来改变病人的精神状况。依赖权力关系而非生物科学是"道德治疗"的特色,这一点在精神病学史内部不同的派系中也有所体现。相比于道德治疗关注病人的情绪、注意力等精神状态,另一种流派更注重对大脑结构的分析,试图通过解释生理结构来解决精神异常的问题。这就让"道德治疗"这一派别的精神分析更加注重医生与病人之间的权力关系,而非病理学的生物科学。[③]

在福柯看来,所谓的道德治疗(remèdes moraux)并不是通过道德命令、道德劝说来对精神疾病进行治疗,而是一种惩罚与治疗的组合方式。可是为何惩罚与治疗的组合能被称为道德治疗呢?这就再一次体现出福柯对道德的思考并非站在简单的道德律令的角度,而是道德作为一种更广泛的社会机制的角度。早在1961年福柯发表的博士论文《疯狂与非理性:古典时代疯狂史》中,福柯就讨论了"道德

[①] PP, p. 19.

[②] 对勒雷的治疗理念与方法的介绍,可见 Edward M. Brown, "François Leuret: The Last Moral Therapist", *History of Psychiatry*, Vol. 29, No. 1, 2018, pp. 38-48.

[③] PP, p. 133.

第二章 "道德"的诞生

治疗"这个词。① 道德治疗的必要性来自疯子被纳入了道德领域,在这一点上,"道德畸形"为道德治疗提供了类似的理论前提。福柯认为,在17世纪,社会对疯子的认知与处置发生了巨大的转变:通过理性与非理性的划分,疯子丧失了之前拥有的神圣与超越的地位,转而变成非理性这一大概念之下的从属。疯子的疯狂被认为是非理性的,完全出自"恶的意志,出自伦理上的错误(erreur ethique)"②。也就是说,疯狂只是个人选择与恶意的结果,并非指向神圣与超越。在这个二元对立的划分之下,疯子与流浪汉、失业者、性病感染者等被社会排除的人群一同被关押,其原因在于他们都被看作道德主体(sujet moral),必须为自己异常的行为负责:"所有的遭监禁者都被置放于伦理评价场域之中——在成为知识或怜悯的对象之前,他首先被当作道德主体对待。"③ 疯子之前带有的神圣地位被"祛魅"了,如今他与上帝完全分离,他的悲惨只是无财产、无理性与不正常的后果,疯子的状况被纳入了道德罪恶的范围之中,并且只是道德领域中负面的存在。到了18世纪末,社会诉诸道德化来解决治安的需求,因此采用普遍的监禁方式对疯子进行关押,于是监禁作为一种惩罚就融入对疯子的治疗之中,至此才产生了道德治疗的可能。在实践上,"监禁便使得著名的道德疗法——惩戒加治疗——成为可能"。而从理论上,正是理性主义允许了"惩罚与治疗的混淆……这样的现象预设有某一种治疗,它处于医学与道德精确的接合点上,可以同时是永恒惩罚的预期效果与恢复健康的努力"④。人们期望有一种治疗能够从医学上解决疯狂的病因,又能从社会治安的角度通过惩罚来解决疯子的道德罪恶问题。这就是道德治疗产生的背景、惩罚与治疗结合的原因。

从以上的分析可以看到,福柯褪去了"道德治疗"表面上的道德性,完全从权力关系的角度理解这种治疗方式。道德治疗这个概念

---

① HM, p. 86 – 87, 522.(法文版, pp. 101, 534 – 535;中文版, 第136、724页)
② HM, p. 134.(法文版, p. 152;中文版, 第205页)
③ HM, p. 60.(法文版, p. 73;中文版, 第96页)
④ HM, p. 87.(法文版, p. 100;中文版, 第136页)

的内涵从人道主义的治疗方式，变成了对"不道德"的人的治疗。

如果说《古典时代疯狂史》已经解释了"道德治疗"的理念，那么到了1973—1974年的《精神病学的权力》，福柯就已经明确了"道德治疗"就是规训权力运行的一种方式，或者说，使用"道德治疗"的早期精神病学，主要就是依赖规训权力达到治疗效果。精神病院并没有离开规训社会的基本框架。更重要的是，早期精神病学的知识并非一种医学知识，即并非基于对病症的观察、实验、治疗以探索医学真理。① 完全相反，早期的精神病学正是依赖规训权力才有了一定的治疗效果：它是一种真理游戏，通过权力而进行的真理游戏。在这个真理游戏中，精神病学的知识与实践依赖的是"对秩序的规定，对时间、空间和个体的分配"，是规训本身成了治疗得以可能的原因。② 因此，福柯甚至说，精神病学中的权力分析，"应该先于任何制度性的机制、真理话语与模型的引进"③。不仅是先于，而且规训权力对疯狂的捕获，是外在于任何制度性的机制与真理话语的。④

这里所说的真理话语并非真正的真理游戏，而仅仅是指精神病学"扮演为"一种真理的知识话语，对应的真理策略（stratagem of truth）就是规训权力的种种配置。这里显示出福柯在述说真理时，话语研究与权力研究之间的差别。或者说，福柯认为19世纪以来的精神病学的治疗并不依赖真理话语，而仅仅依赖由权力关系创造出的真理效果。也就是说，虽然表面上精神病学以医学知识的真理为名行使权力，但它之所以有效，乃是因为规训权力本身所拥有的治疗效果。福柯说："精神病学的权力对这种权力的补充，通过这种权力，以它一劳永逸地从医学和精神病学那里获得的真理的名义，现实被强加在疯癫上。"⑤ 因此，在福柯看来，所谓的道德治疗，其实就是权力治疗，依赖权力产生的效果。

---

① PP，p. 12.
② PP，pp. 2 - 3. 权力关系本身（有治疗的效果）也见 p. 31，即福柯对"疯王"乔治三世（George Ⅲ）案例的解析。
③ PP，p. 32. 模型的引进指的是精神病学从其他知识或机制中引进模型。
④ PP，p. 40.
⑤ PP，p. 133.

第二章 "道德"的诞生

以勒雷使用的治疗方法为例，福柯总结了精神病学的道德治疗所使用的策略：

（1）为了打击并消除疯子自以为无所不能的想法，必须建立医生与病人之间不平衡的权力关系：创造出医生的无所不能与病人对他的绝对顺从。权力关系不平衡可以通过不同方法进行创造，既可以通过"建筑物的排布、精神病院的高墙本身来传递和定义权力的网络和不平衡"，也可以通过"医生自己的人格，他的声望、姿态、侵略性以及好辩的精力"来实现。①

（2）通过让病人重新学习、组织、使用语言来强化医生与病人的权力关系。疯癫的言说不仅不能在能指与所指之间建立起对应，而且毫无逻辑与规律可言。重新让疯子学习语言，并不是为了让他能够通过语言进行讨论和分辨对与错、真与假。而是为了占用疯子的头脑（occupying the mind），分散癫狂的意识；但更重要的是，为了让疯子熟悉且适应种种命令与规训，从而达到服从的效果。对此，福柯说："在这个命令与控制的游戏中，只是在语言是命令（imperatives）的载体的情况下才让主体重新与语言接触；正是在语言使用的强制性上，它涉及整个权力系统并被其组织起来。"② 在此，语言不是沟通与交流的媒介，而是病人接受秩序、命令与权力的通道。

（3）对病人的各类需求（食物、衣服、工作、金钱、自由等）进行管理，让病人持续处于一种贫困与缺乏的状态。医生通过对病人需求的管控，保证医生自己处于物质端的优势，并通过物质的比对将病人放在现实的匮乏之下，创造权力的可能。

通过这些策略，医生创造出了一种"真理游戏"：（1）制造出一种错误—服从以及缺乏—需求的游戏，让病人陷入医生的权力关系之中；（2）在这种"真理游戏"中，以精神病院的缺乏凸显外在世界（秩序）的真实，创造出对与错、真与假的对立；（3）让病人不仅认识到自己行为的错误以及需求的匮乏，而且认识到正是因为自己疯癫状

---

① PP, p. 148.
② PP, p. 151.

态的不正常，才身陷这种匮乏状态；（4）因此，他必须工作、屈服、服从规训，通过接受某种秩序来满足自己的需求，福柯称之为"疯癫的道德奖赏"（moral reward of madness）；（5）最后是真理的陈述（statement of truth）：病人必须自己说出关于自己的真理，认识到并且承认自己疯癫的现实，并且通过自述自己的生活经历来解释这一切。① 总而言之，道德治疗依靠的并不是医学知识，而是一种权力关系，甚至并非简单的医生—病人间的关系，而是围绕在医生周围的一系列权力配置与病人之间的关系。

福柯在这里讨论的不再是疯狂史中的理性的蔓延与统治，也不是疯狂的感知或体验，② 而是进入了表象，讨论具体的权力技术。一方面，真理游戏通过规训技术，即规定个体所体验的时空与需求，建构出不平衡的权力关系进行治疗。只有通过规训权力的策略性安排，精神病学的真理话语才能运行。另一方面，除了规训权力，医生还借助坦白技术达到治疗的效果。但精神病学的坦白仍然在主体之外运行。这一时期，对精神病学中的坦白技术缺乏主体方向的深入研究，可能是福柯尚未意识到真理游戏中主体面向重要性的原因。③

既然福柯认为道德治疗的效果完全取决于一种规训权力的技术，那么反过来是否也可以在普遍的规训权力中发现它的道德矫正功效呢？将规训权力看成一种道德矫正确实是可行的，因为福柯并不是在意识形态的教育上谈论道德改造。理解福柯在《规训与惩罚》中所说的"灵魂是身体的监狱"④，或许能帮助我们更好地理解规训权力的道德矫正功能。

在福柯看来，并不是身体作为凝固的物质性禁锢住了灵魂自由的精神性，反而是灵魂作为一种加在身体之上的权力技术（technologie du pouvoir）禁锢了身体。灵魂并不是幻象，而是切实的现实（une

---

① PP, pp. 146–158.
② PP, p. 13.
③ 对于坦白问题，本书将于下一章"说真话作为一种道德：坦白"中具体讨论，这里只是将其作为规训权力的一项技术暂时提及。
④ DP, p. 30. （法文版，p. 34）

réalité)。灵魂作为一种现实，是通过各种概念（精神、主体性、个体、意识）、话语（精神病学等科学话语、道德话语）以及非话语的实践（监视、训练、矫正）被建构的。因此，灵魂本身就是被建构的历史性的混杂体。千万不要以为灵魂是在出生后的某一刻才寄住于身体的，或者灵魂在一开始有某种纯洁性。恰恰相反，无论何时当我们看到一个人的时候，他就已经具有混杂的灵魂了，正是灵魂让主体存在。也就是说，被规训的灵魂"寄住"于身体中才塑造了人的存在，这本身就是权力在身体中运行的最好例证。正是在这个意义上，福柯才会说，《规训与惩罚》——这本主要讨论对身体进行规训的书——要书写的是关于现代"灵魂"的谱系学。① 于是，对被规训的身体的考察，反过来也是对已经不纯净的灵魂的考察："关于规训权力的微观物理学的（microphysique）历史就会是一种关于现代'灵魂'的谱系学或成为这种谱系学的一个基本要素。"②

福柯关于灵魂的谱系学的书写是通过对身体的"微观物理学"的考察来进行的。通过监狱的配置，现代灵魂能被看见、被组织、被矫正，这就是福柯所说的现代监狱中权力的"物理学"。

这种物理学包括以下三个分支："首先，一种新的光学（optics）：一个普遍和持续监视的机关；所有事物都必须被检查、被看见、被传递；治安的组织；建立记录的系统（带有个人档案），建立全景敞视主义。一种新的机械学（mécanique）：对个体的隔离和重组；身体的安置（localisation）；对力的最优利用；对产出的监控与提升；简而言之，确立一切生活、时间和能量的纪律。一种新的生理学（physiologie）：对标准进行定义，摒弃和排除一切与其不符的东西，通过治疗和惩罚并行的模糊的矫正措施，对其进行重建的机制。"③

"光学"对可视性的要求，"机械学"对可分解、可重组的要求，"生理学"类似于免疫系统的排斥与矫正的要求——所有这些对身体的物理学分析，也同样指向了灵魂。在任何意义上，灵魂都不与身体

---

① DP, p. 23.（法文版, p. 27）
② DP, p. 29.（法文版, p. 29）
③ "The Punitive Society", in EF1, p. 35.

分离，因此，主体并不是自我意识思辨性的独自建构，而永远是在与身体—权力的互动中形成。规训权力对灵魂进行教育、建构与矫正，其实也是"道德治疗"或者"道德化"在个人层面体现的过程。"惩罚的权力与治疗或教育的权力在功能上并没有什么本质上的不同"①，在相比于砍头与酷刑来说相对温和的监禁中，道德说教、时间与空间的规制以及医学和监狱学知识的介入都是为了在灵魂与身体上进行道德矫正，以形成"一个顺从的主体，一个服从于习惯、规则与命令的个体"②。通过知识与技术的"个体化"作用，作为个体的主体会服从社会道德规范，主动地让权力在其身上运作。福柯正是在这个意义上看待作为矫正的道德治疗的。

通过权力的"道德治疗"效果，人们认知并服从道德法规，这也正是福柯晚期将这种道德规范和行为与自我关系的伦理区分开来的原因。以规范为主导的道德需要诉诸道德知识，但在规训权力之中，这种道德知识是由如精神病学与犯罪学等人文科学对人本质的定义所决定的：利益计算、激情、欲望、本能等等。人们通过认识建立与这种知识的联系，但福柯并不认为这些知识拥有所谓的客观性，相反，它们都只是话语与权力的建构而已。权力本身就有矫正的效果，福柯对早期精神病学的分析就是要说明，精神病学的权力本身在不依赖任何医学知识的情况下仍然具有治疗效果。

第三节　社会道德化

"道德畸形"与"道德治疗"已经涉及由权力范式与认知方式的改变而产生的、对之前不属于道德领域的事物进行"道德化"的过程。但福柯还在另一个层面讨论了更为宏观的"社会道德化"的问题，那就是：为什么，针对哪些群体、哪些行为，以及从什么时候起，社会开始需要一种普遍的道德？

---

① DP, p. 303. （法文版，p. 309）
② DP, pp. 128 - 129. （法文版，p. 132）

这些行为处在法律与道德的边缘地带，都与新兴的生产方式有关。它们的问题都在于如何将人们固定在高强度的机器生产中，保证工作的稳定与效率，同时杜绝人们对生产工具与财产的隐蔽的侵吞与破坏。这种道德化来自资产阶级对生产的需要，对象是底层阶级的工人与不工作的人。与资产阶级的"社会道德化"相配合的是治安概念的普及，以及与治安配套的监禁体系。通过规训权力将刑罚与道德结合所产生的矫正效果，对工人阶级的道德化才最终得以完成：工人成为拥有勤奋、专注、节约、忠诚、爱护生产资料等美德的生产者。

在福柯的文本中，"社会道德化"仍然是一个特殊的问题，它是针对在18世纪英国与法国社会中民众的非法行为所提出的特殊的道德要求。在这个意义上，福柯正是在政治经济学的层面上研究道德问题。福柯说："为了了解一个社会中的道德体系，必须提出这样的问题：财富在哪里？道德史必须整体听命于财富的定位和流通问题。"[①]但是，与马克思所强调的宏大的产权概念、生产资料或生产方式相比，福柯所研究的非法行为并非对土地或机器的财产所有权的争夺，而是细小的财产偷窃、挪用与破坏；对剥削关系的反抗也并非暴力革命，而是工人的懒惰、怠工、赌博等不利于经济生产的恶习和负面情绪。因此，即使是如此宏大的"社会道德化"问题，福柯的切入点仍然是"微观权力"。

在18世纪的英国，福柯在四个社会团体——宗教异见团体、宗教共同体的附属协会、准军事化的自卫团体和新形式的治安组织中看到了社会道德化的趋势。这四个都是针对不道德行为的规训与惩罚的团体。前两个宗教团体不仅对成员的道德品质有所要求，还能对成员不道德的行为进行惩罚与矫正。而后两个治安团体则主要为了保护私有财产免于盗窃与抢劫，同时也坚持对人们进行道德教育。福柯发现，这些团体所提倡的都是有关生产生活的美德，诸如"耐心、劳动、节制、简朴"等，针对的就是懒散、怠工、挥霍等恶习，同时

---

① PS, p.108.（中文版，第98页）

也对酒馆、赌场、妓院等不利于生产的场所进行道德抨击。"问题就是对人们道德的道德管理：必须革新他们的习惯，以便缩减资产阶级的财富所面对的风险。"① 简而言之，道德管理的目的就是在生产中将工人绑在机器上，保证工业生产的效率，保证生产工具与生产资料不被侵占；在生活中保护私有财产，保证生产—生活经过私有财产的中介进行良性循环。与马克思一样，福柯认为这些问题的出现是因为资本主义的发展与人口迁移所带来的管理需求。而由于英国中央权力的虚弱，最开始的社会道德化就是由这些社会团体所推动的。福柯将其称为"小资产阶级的'再道德化'（remoralisation）"，是由资产阶级发起的，针对的是底层阶级的诸多不道德的行为。

除了道德宣传之外，这些团体还诉诸惩罚的措施来解决工人为了躲避生产而进行的偷窃、挪用与破坏行为。而应对这些非法行为的措施都体现在"治安"的概念上。在这个方面，英国为资本主义经济的治理问题开了先河，并且实施的主体从一开始的自治团体慢慢转移到国家层面。在福柯看来，"治安问题"是现代"西方道德的决定因素"②。而福柯的社会道德化之所以赋予"治安"如此重要的地位，是因为治安正是处在刑罚与道德之间，针对道德问题进行非刑罚意义上的惩罚，这也让治安的处理依赖普遍的监禁机制。考尔克洪（Colquhoun）——这个在治安的理论与实践中做出巨大贡献，但却在西方道德史上默默无闻的人——被福柯认为是构建现代西方道德观念不可或缺的人物。福柯说："他的作品记载了西方道德的决定因素——不幸的是，当人们教授道德和道德史的时候，总是解释'道德的形而上学的基础'（Fondements de la métaphysique des moeurs），而没有解读这位对于我们道德观念的建树功不可没的人物。"③ 福柯并非要否认康德在道德哲学的形而上学奠基上所做出的贡献，但在福柯看来，思考西方社会的现代道德，首先应该考虑现代社会普遍道德化的具体措施，而非"道德形而上学奠基"。

---

① PS, pp. 105-106. （中文版，第95页）
② PS, p. 108. （中文版，第98页）
③ PS, p. 108. （中文版，第98页）

第二章 "道德"的诞生

传统道德哲学史的论述形式所确认的只是人抽象的道德可能，然而这在任何意义上都没有构成道德真正的可能。现代社会的道德是如何被普遍化的？普遍化的道德是如何被证成的？这些问题的回答并没有一个先天答案，而只能从权力关系上去解释。"道德不存在于人们的头脑中：道德被写入权力关系中，只有权力关系的改变才会带来道德的改变。"① 道德化是一个权力问题，只能用权力来解决。某种权力关系发生改变，意味着个体（或主体）之间的关系也相应发生变化，这也意味着道德（或伦理）概念/理论也会产生变革。因此，福柯的权力谱系学，也是道德的谱系学。

治安就是一个典型的社会道德化问题，是以（微观）权力来思考道德问题的绝佳例子。它既不是严酷的刑罚，也非个人道德说教，而是处于两者之间，是社会管控个人道德的一种新型途径。考尔克洪在治安研究上的贡献让福柯赋予他在社会道德化中比康德更高的地位。考尔克洪在 1795 年的《论城市的治安组织》（*A Treatise on the Police of the Metropolis*）② 与 1800 年的《论泰晤士河的商业与治安》③ 中讨论了城市治安（Police）问题。治安，也就是福柯之前论述的，不属于严格意义上的法律范围，但又影响到普遍生活与生产的社会问题。考尔克洪说："在这个国家，治安应该被看作是一项全新的科学；它的特性（properties）不存在于导致惩罚的司法权力之中，而只属于治安法官（Magistrates）；（它的特性）在于对犯罪的预防和发现中，以及那些有关公民社会的良好秩序与安稳的内在规则的其他功能中。"④ 所谓的只属于治安法官而不属于司法权力，就是要强调治安问题是外在于正规的司法程序，属于治安法官自己拥有的自由裁量

---

① PS, p. 113.（中文版，第 102 页）
② Patrick Colquhoun, *A Treatise on the Police of the Metropolis: Containing a Detail of the Various Crimes and Misdemeanors by Which Public and Private Property and Security Are, at Present, Injured and Endangered*, London: H. Baldwin and Son, 1800.
③ 见 https://archive.org/details/atreatiseoncomm00colqgoog/page/n8。
④ Patrick Colquhoun, *A Treatise on the Police of the Metropolis: Containing a Detail of the Various Crimes and Misdemeanors by Which Public and Private Property and Security Are, at Present, Injured and Endangered*, "Preface", London: H. Baldwin and Son, 1800.

范围。① 考尔克洪认为，治安的首要原则就是所有刑罚体系必须以道德观念为基础，只有当法律将道德观念纳入其中时，道德才会在社会中有所作用，因为道德是法律适用的基础，往往在法律发挥作用之前，道德就已经在影响社会的安全与稳定了。而要让法律与道德关联起来，就必须要有一个监督机关，对准的目标是工人（无产阶级），他们总是在公共设施/财产上动手脚，因此他们的道德是最可疑的。监督机关用来监督个人的道德水平，达到道德矫正的目的。考尔克洪的治安理论将道德与刑罚结合起来，而在实践中则依赖普遍的监禁来应对非法行为。

道德哲学家边沁（Jeremy Bentham，1748—1842）曾与考尔克洪合作成立了英国第一个由政府认可的治安组织。② 在理解社会道德化的问题上，福柯也赋予了边沁更重要的地位。福柯说："对于我们的社会来说，我相信边沁是比康德或黑格尔更重要的人。"③ 作为一名道德哲学家，边沁只不过是众多道德学说中功利主义的代表人物。大多数现代道德哲学史虽然都从功利主义开始讲起，但都将边沁这种传统的行为功利主义看作道德哲学中最"不道德"的学问。我们通常所理解的道德理论，是为了解释道德现象、提出道德原则并解决道德困境。边沁的功利主义原则常常不能很好地解释并解决现存的道德困境，但在福柯看来这并不关键。因为比起其他道德哲学理论，功利主义的利益计算已经成为规训社会运行的底层原则。如前文所说，福柯认为利益计算已经成为人们界定犯罪行为与罪犯本质的根本因素：罪犯是不能进行利益计算的人，是对个人与公众利益的双重侵犯。功利主义并不止于提出解决道德困境的道德原则，还将其扩展到整个社会的运行形式。边沁从功利主义原理出发设计了作为规训社会模型的圆

---

① 关于治安法官的研究，可见杨松涛《十八世纪英国治安法官司法实践》，《历史研究》2013 年第 4 期。

② 如果说考尔克洪令读者陌生，那么边沁这位著名的道德哲学家则不然。在 1797 年，面对泰晤士河上严重的货物偷盗问题，考尔克洪与边沁一起合作，成立了英国第一个由政府认证的治安组织。仅成立一年，这个私人的治安组织就大获成功，政府便将其转为公共治安组织。之后，考尔克洪与边沁成立的治安组织模式也被多个国家效仿。

③ "Truth and Juridical Forms", in EW3, p. 58.

第二章 "道德"的诞生

形监狱（panopticon）就是道德社会化的绝佳例子。虽然福柯的全景敞视主义思想来自他对监狱与医院两个场所的分析，但边沁的圆形监狱代表着"规训权力变成绝对普遍的社会形式……提供了规训权力最普遍的政治和技术方案"[①]。功利主义作为一个抽象的道德原则可能并不完善，但它作为一个普遍的理念已经深入现代社会的每一个角落。[②] 它不是一种完美的道德规范，但却奠定了规训社会运行的普遍机制。

资产阶级对工人生活的道德化不仅要靠道德教育，更依赖对于上述所说非法行为的惩罚措施。由边沁发明的代表普遍监禁理念的圆形监狱就是对应治安问题的惩罚措施。从监狱的历史渊源来看，监禁之所以成为一种处理法律与治安问题的主要场所，部分因为它本身就是一个带有道德目的的空间。从福柯对监狱所做的"道德谱系学"研究中，就能看到监狱一直以来带有的道德属性，这让它成为资产阶级进行社会道德化时依赖的主要机制。

福柯将监狱的"道德谱系学"追溯到 18 世纪的贵格会（Quakers）那里，他想知道，"这些不脱帽的小人物，为何能被视为我们的道德谱系学的先祖"[③]。之所以说贵格会是"我们的道德谱系学的先祖"，是因为他们是第一个将刑罚、监禁与道德结合起来的团体。基督教修道院的隐修（clôture monastique）和避静（retraite）不是现代监狱的中世纪模型，是因为这些宗教监禁并非为了惩罚某人而监禁，而是为了创造出独处的环境以提供悔罪或与上帝沟通的条件。与此相反，在美国发展起来的贵格会为了防止自己的道德体系不被天主教会腐蚀，创造出属于自己的法律、惩罚体系以及教养所（pénitentier）。这套法律—道德—监狱的体系是以道德为核心的惩罚体系："权力应该是合乎道德的，在这种权力道德以外，一切政治都

---

① PP, p. 41. 福柯在《规训与惩罚》以及其他讲稿中多处论及边沁的全景敞视监狱（主），见 DP，"全景监狱"一章。

② 甚至福柯 1976 年所分析的生命政治，也多少以功利主义理念为基础。现代治理术依赖一种功利主义证明。

③ PS, p. 102.（中文版，第 93 页）

应该被消灭。"而贵格会体系的特殊之处就在于它的道德是以"恶"为核心，惩罚的范围不仅包括种种违法行为，还包括道德与宗教上的过错。

贵格会的宗教、道德和权力观念之所以成为现代监狱的源头，不仅是因为它建立起了一套惩戒恶的手段，更重要的，是它模糊了违法和过错，将监禁普遍地运用到一切世俗与宗教的道德过错之上。这与治安的兴起有异曲同工之处。因此，当18世纪大家用pénitentier（教养所、赎罪之地）来指称"一种被刑事体系用于惩罚的制度"时，它就说明了当时监狱的pénitence（赎罪、悔过）功能，它模糊了刑事理论所建立的违反法律和违反道德的界限。福柯宣称，这就是18世纪"基督教道德在刑事司法体系中的第一次移植"①。这个移植的场所并不在法律的理念，而是在司法程序的末端、刑事审判的最后一个环节——监禁当中。人们被关押在监狱中，可以是因为违法，也可以是因为违反某种公共道德。因此，监禁就处在一个临界点上，在其中，犯罪和罪恶很容易被混淆。教养所作为监狱的前身，确实在某种程度上汇合了惩罚的司法原则与道德原则。

法律与道德相混合，这与贝卡里亚等司法改革家的想法恰恰相反。贝卡里亚于1764年完成的《论犯罪与刑罚》让他被视为欧洲刑罚改革的先驱人物。他认为，"任何超越绝对必要性的刑罚都是暴虐的"，因此，"只有法律才能为犯罪规定刑罚"，法律与道德必须绝对区分，只有法官才能基于成文法律判决。我们将会看到，在福柯的分析中，有限度的刑罚、法律与刑罚的对应性、禁止以行政的名义动用司法工具等所有这些刑罚改革的理念，都将和监狱的普遍化理念相冲突。虽然贝卡里亚也认为监禁远比死刑与酷刑好得多，但他明确反对监狱的普遍化。他说，把一个国家变成一座监狱是毫无益处的，一个国家怎能像监狱一样完全封锁住自己的边界而让监狱的看守万无一失呢？②

---

① PS, p. 89（中文版，第80页）。基督教的第二次移植是指"医学中隔离治疗的主题和社会学中隔离罪犯环境的主题"，见 PS, p. 85（中文版，第77页）。

② ［意］贝卡里亚：《论犯罪与刑罚》，黄风译，北京大学出版社2008年版，第8、13、83页。

第二章 "道德"的诞生

刑罚改革的理论不能解释监狱的普遍化，是因为它没有解释监狱本身具有的道德属性。对于福柯来说，监狱最开始被司法理论忽略却在刑罚实践中被广泛应用，就是因为它并不是只属于严格的司法程序，而是处在法律与道德的交界处。上文所说的资产阶级所依赖的治安概念，正是处在法律、道德与惩罚的交点上。监狱的隔离效果既能够满足各种程度的惩罚要求，本身具备的道德属性又能够满足资产阶级所需要的社会道德化要求。因此，监狱作为兼具惩罚性与道德化的场所就得到了普遍的应用。同理，在这个资本主义的惩罚的社会中，军营、工厂、学校等一切同时有惩罚与道德需求的机构都可以借鉴监狱的空间结构、时间规划、档案管理等经验。在其中，即使不进行传统意义上的道德劝导，也能培养出符合社会道德规范的人。

监狱与资本主义都是"生产性"的，为的就是将犯人/工人塑造为符合规范的人，充分交换并利用人们的时间。资产阶级用工资来交换工人的劳动时间，而监狱以监禁的时间来交换罪犯的过错。看起来流逝的只是原来的生活时间，但时间在这个过程中分别被量化为货币的数量与过错的程度。在现代社会，生产的普遍化与监禁的普遍化也意味着时间的普遍量化，"把时间量作为度量单位引入，不仅仅是作为资本主义体系中的经济度量单位，也作为道德度量单位"[①]。福柯在这里所说的作为道德度量单位的时间，一方面是监狱依照过错的程度所规定的刑期，另一方面也是资本主义试图以工作的时间来衡量工人在多大程度上符合勤奋、服从、遵守规范、理性计算等道德要求。二者在道德目的上的亲近性也让监狱成为资本社会的普遍模型。

总的来说，资本社会的普遍道德化并不是通过道德教育，而是通过权力的规范化来完成的。权力所面对的不是对政权或产权革命性的夺取，而是生产生活中人们不良的道德习惯与行为，在这个意义上，这是一种微观权力，表现为兼具惩罚与道德规范的形态。因此，解决这些问题依靠的也是法律与道德的结合。治安概念与监狱设施很好地满足了社会处理法律与道德边缘的治安问题的需要。

[①] PS, p. 83.（中文版，第76页）

第三章　说真话作为一种道德：坦白

如果将福柯的权力研究看作一种道德谱系学，那么除了上一章所讨论道德规范的形成与实践之外，坦白（confession，aveu）是不能被忽视的。许多人认为福柯的权力谱系学中缺乏对主体的讨论，然而这一章将会试图说明，除了规训的个体之外，坦白的主体也是道德谱系学中不可或缺的一环。坦白既与权力相关，也与主体相关，处在政治技术与自我技术的交界点。从本书结构来看，坦白既属于道德的谱系，也属于伦理的谱系，坦白的主体既是一种被权力塑造的道德主体，又包含着潜在的伦理的自我关系。但是如果将坦白的历史范围缩小到现代社会的坦白术，那么坦白主要是一种权力关系之下的道德技术。坦白涉及权力如何以一种深入主体但仍然在主体之外的方式与主体进行互动。

从福柯晚期的伦理学来回看他在"权力时期"对坦白的研究，坦白只是一种特殊的"说真话"（veridiction）的形式而已，主体以说出（verbalize）关于自己的真理的方式而将自己与真理、权力以及主体联系起来。[①] 福柯说的坦白实践主要是基督教中"制度化"的坦白以及其在现代社会中的变体。"必须说真话"的坦白在这些实践中是一种道德义务，但福柯并没有在康德"不能撒谎"作为一种抽象的绝对道德命令的意义上研究坦白。相反，之所以说坦白是一种道德义务，是因为"必须说真话"是来自外部的道德要求，是面对着权威必须说出且

---

① WDTT, pp. 17–18.

创造出隐藏在自己内心的真理的言语行为。主体被约束在坦白中——制度化了的"说真话"形式[1]——构建主体与真理的关系，在坦白中建构"必须说真话"的道德主体。在基督教的坦白术及其现代变体的性科学中，坦白的权力关系形成的是一种"解释学"的道德主体。

福柯特意选择了坦白作为研究对象，一方面，正是因为坦白不是根据固定的内容建立真理—主体关系，坦白的内容更加隐蔽，必须由自己挖掘，而且能引发主体内在的变化。另一方面，向某人展示出关于自己的真理，这一真理显现的形式也将自我与他人联系起来，形成了真理—权力关系。因此，坦白这种特殊的技术成为福柯哲学三条轴线"权力—真理—主体"的第一个交汇点。在1980年，福柯正是通过对坦白这一特定技术的研究发现了三条轴线的第一次交叉。

第一节　坦白的特殊性

"坦白是一种话语仪式，其中说话的主体与陈述（énonce）的主体是一样的。它也是一种在权力关系中展现自身的仪式，因为坦白如果没有一个对象在场或潜在地在场就无法进行，这个人不仅是对话者，还是要求、强迫坦白，鉴定坦白和介入坦白，以便评价、惩罚、原谅、安慰和调和的权威。在这种仪式中，真理是通过主体必须扫除的障碍与抵制而建立的。最后，在这种仪式中，独立于外在后果的陈述仅凭自身就在言说主体中引起了内在变化：它宣布主体无罪、拯救他、净化他；它卸下了主体的犯错的负担，解放了他，并且承诺他以拯救。"[2]

在这段话中，福柯描述了现代坦白术的四个特征。第一，坦白是一种典型的"反身性的真理行为"（reflexive truth act），主体对自己的内在状况进行言说，说出关于自身的真理。福柯强调，坦白的主体在言说之前不知道关于自己的真理，一切都是在对自己的言说中才创造出来的。[3] 第二，关于自己的真理需要自我克服内在的阻碍。这些障

---

[1]　GL, p. 312.
[2]　HS1, pp. 61–62.（法文版, pp. 82–83；中文版, 第41页）
[3]　"Confession of the Flesh", in PK, p. 216.

碍可能是羞愧、自私、恐惧、逃避等负面的情绪，对它们的克服需要"力"的参与，也就是说，需要依赖外在的权力关系与新的自我关系。第三，坦白要求对象的在场，一种坦白的权力关系必须建立起来。在现代坦白术中，坦白的对象是作为权威的存在，因此权力关系会以强制为主，且需要依赖固定的程序。第四，坦白与主体密切相关：主体为了能够坦白必须改变自己（克服障碍），并且通过坦白主体能够获得新的状态。由此可见，主体在坦白之前与之后都发生了变化。主体的改变是坦白的条件，但现代坦白术在克服障碍意义上的改变自己不同于古希腊的关心自己，而是将自己变成一种服从的状态：只有让自己服从于某个权威才能进行坦白。而主体通过坦白获得的赦免与解救既来自权威的肯定，也是坦白的话语本身给主体带来的效果。

　　福柯对坦白的特别关注，应该与他对信仰的相对轻视对比来看。通常认为，基督教的真理政制（regime of truth）[①] 有两个支柱："一方面，它肯定是由众多教条组成，依附于对经文永久的引用；另一方面，它也涉及一个永久的机构，这改变并将某种神秘主义作为传统保持下去。"[②] 圣经文本和教会体制支撑了基督教以信仰为基础的真理政制，因此信仰常常被认为是理解基督教的关键。然而福柯却认为，通过文本、教条和信仰来理解基督教的真理—主体关系只是在理解信仰的"意识形态本质"（ideological nature）。正如福柯的知识—权力

[①] 真理政制（regime of truth）是一个比较复杂的概念，且在福柯哲学中经历了几次转变。它最早出现在《规训与惩罚》中，福柯将知识、技术、科学话语与权力的结合视为一个新的"真理政制的诞生"（见 DP, p. 23）。在之后的法兰西学院演讲（如《生命政治的诞生》）以及其他文本（如《知识分子的政治功能》）中，福柯也将真理政制视为知识与权力结合所产生的种种机制与效果。然而，随着福柯的伦理转向，真理问题以一种新的面貌出现，真理政制的概念内核也随之改变。"通过真理来治理"（government by the truth）让福柯将真理政治的概念延续到主体问题中，福柯问："在权力关系的庞大体系中，为何真理政制的发展已经与主体性连接在一起？为什么权力要求个体不仅说，'我在于此服从'，而还要说'这就是我，一个服从的我，这就是我，这是我所看、所做的'。"（见 GL, p. 82）简而言之，真理政制概念的变化能够体现福柯伦理转向通过真理问题的发展。本书将在后面的章节（第五章第一节"真理、主体与自我关系"）中详细讨论这一概念。在这句话中，福柯所说的真理政制还是知识—权力意义上的真理政制，但马上就会转向主体的讨论。关于真理政制概念的讨论，可参考 D. Lorenzini, "What Is a 'Regime of Truth'?", Le Foucaldien, Vol. 1, No. 1, 2015, p. 1。

[②] GL, p. 83。

第三章　说真话作为一种道德：坦白

研究就是为了反对对权力的意识形态认识，福柯也用对坦白技术的研究来反对对基督教中真理—主体关系的意识形态研究。之所以说信仰是对基督教中真理行为的意识形态式的理解，是由于在信仰中，真理被文本与教条固定，主体与真理的关系也止步于简单的接受—违背的逻辑中。具体来说，信仰的真理行为只是建立一种单一的真理—主体关系。在这种关系之中，真理是不可违背（inviolable）且已经显露（revealed）的真理，而主体在信仰中的真理行为只能是接受并且表现出自己已经接受了真理的内容。在这一点上，相信与认识有很严重的同质性：真理内容的显露与不可违背。现代的认知与信仰的同质性也从侧面体现了福柯所说的，现代社会是基督教的深化。

坦白的真理政制就与信仰完全不同。福柯说，关于基督教"我希望讨论的，是另一种真理政制，它被这样定义：个体所拥有的知识与他们自我关系（relationship to themselves）的义务，去发现那些深藏在他们自己内部不被注意的秘密的义务，最后，通过超出知识效果的具体的、具有解放效果的行为来显现这些秘密和个人真理的义务"①。这种真理政制的核心，或者说这种真理行为（truth act）的核心，正是坦白实践。坦白是一种特殊的真理实践，它并不在意真理的内容（文本、教条），或者说，坦白根本没有固定的内容，也不依赖固定的真理内容，因为坦白就是要挖掘那些隐藏于自身的内在真理。另外，有别于圣经文本与教会教条依赖的外在性，坦白是一种自我对自我的生产性言说，它通过主体的自我关系让真理显现。

在福柯看来，通过坦白而非信仰，我们能更好地理解基督教中的权力—主体关系，因为正是坦白连接了基督教中两种通往真理或上帝的途径：自我与教会。因此，福柯说："从坦白连接了信仰的政制（regime of faith）和自我坦白的政制（regime of confession of self）来说，基督教，从根本上来说，确实是坦白的宗教。"② 从坦白连接了自我、教会和上帝的角度来看，坦白也可以说处在真理、权力与主体——福

---

① GL, p. 83.
② GL, p. 84.

柯哲学的"三条轴线"——的交汇之处。

在认识到坦白在基督教中的重要性的同时，不能忽视的是，基督教的坦白仍然深陷于负面的权力关系之中，所以它还不是福柯晚期伦理中所说的正面的自我关系。坦白之所以负面，也正是因为在基督教坦白技术的发展历史中，坦白的真理政制始终与信仰的真理政治互相关联，而且在大部分时间中二者相互促进。比如在早期基督教中，悔罪式坦白（penitential confession）的快速发展得益于基督教正统与异教之间关于教义内容的争论，悔罪的坦白因此成为界定教义的关键；而在很长一段时间中，坦白实践都是为固定教义以及信仰方式而服务。也就是说，坦白虽然是一种完全不同的真理政制，但仍然与信仰紧密结合在一起。

从福柯的作品来看，他先行思考的是基督教坦白术在现代社会的移植，主要包括三个领域。第一个是现代司法体系。在其中，罪犯面对着司法权威，他们的坦白既是确认罪行的重要司法证据，也是允许司法权力与规训权力加在其身上的必要条件。[①] 第二个是早期的精神病学。精神病人面对着精神病院"坦白自己是疯子"可以用来证明之前精神病学加在自己身上的权力是正当的，也可以用来代表疯子自己认识到了疯癫现实，因此成为最终治愈的标志。在精神病学这里，坦白的强制性到达了极致，通过坦白形成的主体甚至会丢失主体性。第三个是性科学。坦白生产了关于性的知识，由于这种知识是来自主体自身的，所以性科学能够重新应用于主体之中，并配合关于世俗的性道德对性进行规范与矫正。也因为现代关于性的坦白都是坦白心中的"欲望"，坦白也创造出了"欲望人"。正是在这个意义上，福柯说他要做的是关于"欲望人的谱系学"[②]。

从福柯对以上这三个具体领域的分析中能看到，现代的坦白术处在知识、权力与主体的交叉点上。

首先，坦白生产了某种知识。在司法体系中坦白生产了作为犯罪

---

① DP, pp. 37–38.
② HS2, p. 5.

第三章　说真话作为一种道德：坦白

证据的知识，在精神病学中坦白生产了作为治愈证据的知识，在性科学中坦白生产了关于欲望的知识。这些知识是隐藏的，被主体自己挖掘出来的，虽然它们都不是证明的知识，不具备科学的实证性，但作为一种真理（verite）被社会认可。这就是坦白的真理政制（regime of truth），它的起点是创造一种知识："让主体拥有一个与自我持续的知识关系的义务。"①

其次，坦白必须依赖权力的介入。"必须坦白"的"必须"体现的并不是道德律令形式上的绝对性，而是来自权力命令的力量之绝对性。这种命令表现出的形式可以是强制性的讯问，也可以是以知识为名的非强制的引导，但这都不影响他者以权威的面貌出现在坦白之中，并作为坦白行之有效的保证。

最后，坦白一定需要主体的参与，而且坦白的知识与权力也会创造出特殊的主体。坦白创造出的关于主体的知识是"使主体分裂的知识"②，权力则要借用由坦白创造出的分裂主体中的一部分去统治另一部分。因此，现代的坦白术仍然是一种"知识—权力的形式"③，不仅将主体个体化，还创造出一个分裂的主体。

鉴于坦白处在知识、权力与主体的交叉点上，我们可以将坦白视为福柯"伦理转向"的线索。1980年后，福柯经常以"三条轴线"来解释自己的伦理转向，这"三条轴线"就是建构经验领域的知识、权力与主体。虽然从理论上说，任何一个经验领域都必然会包括这三条轴线，但在福柯的不同阶段的作品中，研究的侧重点也有所不同。④ 许多批评福柯权力理论的人认为福柯的权力研究忽略了主体，在某种程度上来说，福柯对监狱与精神病院的研究确实如此，虽然福柯的前提也是要进行一个"无主体"的权力研究。但是，在对坦白这项权力技术的研究中，主体的问题已经不可避免，并且超过了《规训与惩罚》中简单的"顺从的主体"，涉及了一定的自我关系

---

① GL，p. 83.
② HS1，p. 70.（法文版，p. 93；中文版，第47页）
③ EW3，p. 87.
④ HS2，p. 6.（法文版 p. 12 - 13；中文版，第109页）

87

从道德到伦理：论福柯的伦理转向

（虽然仍然不是完全自主的）。

坦白的特殊性迫使福柯必须处理权力中的主体问题，在 1980 年《对活人的治理》中，他问道："我们社会中权力的运行，作为对人的治理的权力运行，为何以及如何不仅要求顺从与屈服，还要求真理行为（acte de vérité）？在真理行为中，个体既是权力关系中的主体，也是真理显现程序中作为行动者、目击者与对象的主体。"[①] 福柯所说的真理行为一词本身也是借用中世纪基督教的概念，用来指主体与真理显现相关的部分，主体可以作为真理显现程序中的操作者（主导真理显现程序的人）、目击者（为真理显现提供在场证据的人）以及对象（真理通过其显现的人）。当作为真理显现的对象时，主体会通过发现关于自己的真理从而完成整个程序。福柯说，这就是反身性的真理行为（reflexive truth act），而在历史上最重要且最纯粹的反身性的真理行为，就是坦白（aveu）。

福柯对坦白的持续关注是权力研究时期的一条隐藏的线索，一直延伸到对于"伦理转向"最为关键的 1980 年。在 1973—1974 年的《精神病学的权力》（*Le Pouvoir psychiatrique*）中，福柯注意到早期精神病学的治疗必须依赖精神病人的坦白，但在强制之下的坦白只建构了一种被动的主体。在 1974—1975 年的《不正常的人》中，福柯认识到对性的坦白是不正常的人普遍化的必要步骤，而且还通过研究坦白在基督教悔罪（penance）程序中的谱系，展示了现代坦白术的形式与目的的历史性。1976 年《性史》第一卷中重要的"性科学"一章是以坦白为核心进行论述的：没有坦白就不可能建立起性科学。1977—1978 年的《安全、领土与人口》（*Sécurité, territoire, population*），16 世纪反牧领权力的方式就是反对教会已经固化的坦白程序。到了 1980 年，福柯则将坦白视为真理游戏的核心实践，并延续了《不正常的人》（*Les Anormaux*）中没有详细讨论的早期基督教赎罪仪式中非言语的坦白。在最后几年的法兰西学院演讲《主体解释学》（*L'Herméneutique du sujet*）、《对他人的治理》（*Le Gouvernement de soi et des autres I*）以及

---

① GL, p. 82.

第三章 说真话作为一种道德：坦白

《说真话的勇气》(*Le Gouvernement de soi et des autres II*：*Le Courage de la vérité*) 中最为核心的概念"坦言"（parrhesia），作为一种说真话的实践，恰恰对应着现代的坦白术。

虽然福柯将言语的坦白视为现代社会知识—权力运行的必要结构，但一如谱系学的方法论所要求的，福柯并不是要"将坦白的概念建构成一种结构，以至于所有事物都能归结为同样的坦白"[1]。当坦白的谱系被勾勒时，福柯发现现代坦白术只是一种特殊的赎罪（penance）方式，而在历史上，赎罪并不一定需要通过言语的坦白来实现。

在古希腊以及希腊化的哲学实践中，"说出关于自己的真理的义务只占据了非常小的位置"[2]。早期基督教（公元2—5世纪）继承了这一特点，在与赎罪相关的活动中，只需要非常少的言说。在最早的时候，赎罪甚至都不是一种行为，而是作为犯下罪过之人的一种状态，是为了避免被教会放逐而自己加在自己身上的一种长期的状态。[3] 处于这一状态之中的人并不必须进行公开或者私下的言语坦白，相反，赎罪是人们自己给自己施加的一种自我惩罚的状态，一个身份，只有自己施加在自己身上的惩罚之轻重才能决定罪过能否被赎清。这种自我惩罚在基督徒的一生中通常只能施行一次，以此来赎清自己犯下的巨大过错。赎罪者自愿地将自己以一种罪人的状态暴露在公众之下（古希腊称为 exmologesis；拉丁文为 publicatio sui）[4]，让大家都看见自己在穿着、表情、姿态以及身体上的赎罪状态，证明自己已经准备好在灵魂上的死亡，与过去堕落的自己决裂。因此，这种赎罪的状态也是主体对自身的一种抛弃与毁坏。[5]

在早期基督教的赎罪中，有以下三点值得特别注意。首先，赎罪

---

[1] "Confession of the Flesh", in PK, p. 217.
[2] "Subjectivity and Truth", in PT, p. 184.
[3] "Christianity and Confession", in ABHS, pp. 57–61.
[4] 关于早期基督教赎罪的公共性，可见 R. C. Mortimer, *The Origins of Private Penance in the Western Church*, New York：Oxford University Press, 1939；G. H. Joyce, "Private Penance in the Early Church", *The Journal of Theological Studies—XLII*, No. 1, January 1941, pp. 18–42.
[5] AB, p. 172.

作为一种状态的呈现不依靠坦白这种言语行为。主体并不需要说出什么，因此也避免了对自己的解释工作，这同时意味着在赎罪状态中，不需要自我知识，不需要认识自我，而只需要展示自我的存在状态，展示一种正在转变自我的状态。① 其次，相比于如今在忏悔室中与牧师一对一的坦白活动，赎罪必须展示在公共的场合，被大众所注视。这意味着牧师或教会的权威在这个时候并没有决定性的作用。最后，赎罪的目的是与过去的自我决裂，是一种自我的舍弃，而不是自我的解释。之所以强调以上三点，是因为在福柯看来，基督教的赎罪在之后的发展中会越来越依赖：（1）坦白的言语行为；（2）教会与牧师的制度性、规律性、私人性、重复性的坦白活动；（3）自我的解释学。

　　福柯说，从公元6世纪开始，基督教一生只有一次的赎罪将会从主体"转化自我与通往真理的事件，变成一套法律的司法体系，一套允许无尽地、重复犯错的法律"②。这就是话语坦白取代赎罪状态的深远影响，人们被允许通过言语的坦白来悔罪，而一套关于坦白的机制也保证了这种方式的有效性。在福柯看来，最早将言语的坦白与对自我的深度挖掘结合起来的是僧侣制度（monastic institution）。僧侣每时每刻处在一种通过苦行以寻求完善、以达到拯救的生活中，③ 在苦行的生活中，他们必须完全服从于导师（master）的指导，对自己内心的每一细微活动都进行检查，对上帝进行不断的沉思，并将其毫无隐藏地陈述给自己的导师。④ 僧侣制度中强调的言语坦白（ex-agoreusis）要求完全服从与毫无隐藏，这些特征也将由之后基督教的主体性所继承。

---

　① GL, p. 224.
　② GL, p. 195.
　③ 福柯认为，自我完善与拯救是存在于基督教中的问题，拯救是意味着自我完善，还是自我舍弃？事实上，基督教通过自我完善与自我舍弃这两种路径到达拯救。而僧侣制度代表了通过自我完善达到拯救的途径。见 GL, p. 259。
　④ GL, pp. 226, 258－275; "Christianity and Confession", in ABHS, pp. 62－73。这一章中对早期基督教以及僧侣制度的讨论将会尽量简略，只是为了和现代基督教坦白术做对比，以此凸显福柯对坦白所做的谱系学的特征。

第三章 说真话作为一种道德:坦白

到了公元 6 世纪,开始有一种不同于以往的赎罪指南(tariffed penance,即被规章确定的赎罪)。这种赎罪方式在本质上是基于司法和刑罚的世俗模式,在这种模式之下,人们必须找到一个牧师,告诉他自己所犯下的罪,而牧师根据罪过的大小、轻重而判断罪人要如何才能赎罪。在罪与赎罪之间建立起如司法定罪一般的对应关系,而赎罪者需要通过自己的表现来赎罪。随着这种系统的成功,通过说出自己的罪过(即坦白)来赎罪就成为必要,而且为了让牧师能够确定对应的赎罪惩罚,人们需要重复自己所犯下的罪行。福柯说,正是通过这种司法和世俗的赎罪模式,坦白的小核心才逐渐成形。除了确立这种一一对应关系之外,在当时,坦白没有任何自己的价值,也就是说,坦白并非赎罪,无法通过坦白这种言语行为赎清自己的罪过。渐渐地,到了9—11 世纪,通过言语坦白达到救赎目的逐渐成为赎罪的核心,半司法性质的定罪—赎罪成为象征性的形式。这相应地也削弱了牧师所拥有的定罪—赎罪权力。于是从 12 世纪到文艺复兴初期,教会为了重新建立起被坦白夺走的教会对于赎罪的权力,采用了以下手法。首先,人们必须做日常的坦白,因此在 12 世纪出现了常规、定时、制度性的坦白。其次,坦白必须要有连贯性与整体性,即从上一次坦白开始所犯下的每一项罪过都必须向牧师进行坦白。最后,这些坦白必须是全方位的,渗透进生活的每个细节。不仅要穷尽生活中可能犯下的每一种罪,还必须严肃地对其进行反思;而且要由牧师来判断哪些是可被原谅的,而哪些是不能被原谅的。①

伴随着这次变动,牧师拥有了更大的权力。首先,人们每年的坦白必须对着同一个牧师进行;其次,为了防止人们忘记自己以前的罪,还必须有一个范围更广的普遍坦白,重新聚焦于自己以前的罪过,对其进行坦白;最后,坦白的穷尽性是由牧师保障的,牧师通过良心检查,规定并且控制信徒应该坦白什么。一套审问的系统在 12 世纪发展出来。更重要的是,从这个时期开始,罪并不是通过与一套罪目表一一对应的方式被确定下来的,而是牧师根据个人、环境、所

---

① AB, pp. 173 – 175.

犯之事来决定赎罪的程度和方式。牧师现在成了唯一拥有解开罪过钥匙的人，甚至上帝也通过牧师而显现。通过坦白术，牧师对人们灵魂的治理已经能够与国家对身体的治理相提并论了，我们隐约看到了福柯之后关于牧领权力的重要论述："国家当时正在向自己提出作用于肉体的权力技术的问题以及通过何种手段人们可以确实建立作用于肉体的权力的问题，与此同时，教会在它那一边，将制造一种管理灵魂的技术，即教士守则。"[①] 所有这些并不仅仅是中世纪的特征而已，它一直持续扩展到我们现在的时代。也就是说，坦白成为赎罪的核心，范围扩大到生活的每个细节，以及牧师的知识与权力的扩张，这些都是我们现在的状况。从16世纪开始（从宗教改革到猎巫，经历特利腾大公会议），并不是去基督教化，而是基督教的深化。

伴随着基督教在社会的深化，现代人文科学都继承了坦白的主体解释的技术。但与基督教相比，现代人文科学不要求对自我的舍弃，相反，它们的主体解释学基于"理论与实践中自我的形成（emergence of self）……以人的积极形象来取代自我舍弃，这一基督教将自我作为一片可以无穷解释的领域的前提条件……"[②] 这说明，在福柯看来，虽然现代社会经历的是基督教的深化，但重现在人文科学中的主体解释学不是对自我的舍弃，而是将自我作为一种积极的、需要建构的形象。但是，坦白在现代社会的移植也并非直接到达了主体解释学的深度，而是在现代权力的运行中逐渐适应，并与人文科学的知识结合，逐渐成为如今看到的形式。

第二节　精神病学的坦白

这一节将要讨论现代精神病学的坦白实践，在这里我们将看到现代坦白术在主体身上运行时呈现的最极端的现象：规训权力在其中的极致运行让坦白中的主体性模糊不清，主体通过反身性的真理行为却

[①] AB, p. 177.（中文版，第196页）

[②] RC, p. 180.

第三章 说真话作为一种道德：坦白

丧失了主体性。

福柯仍然是从勒雷的"道德治疗"方法里发现了精神病学的坦白术。在"道德治疗"一节中，本书已经分析了"道德治疗"所使用的权力技术，其中，最后、最关键的一条，也是决定治疗是否完成的一条技术就是让病人进行真理的陈述（statement of truth）：病人必须自己说出关于自己的真理，认识到并且承认自己疯癫的现实，并且通过自述自己的生活经历来解释这一切。这就是精神病学中的特殊坦白术，说话主体是疯子，对象是精神病学家，目的是治愈。

无论如何，坦白主体并不是真正意义上自由的人，所以"道德治疗"中的坦白并不是现代坦白术的典型。但这一点并不妨碍"道德治疗"坦白的重要性。除了1973—1974年《精神病学的权力》之外，在"伦理转向"关键的1980年的《自我解释学的开端》与1981年《做错事、说真话》的开篇，福柯都描述了这样一段典型的精神病学的道德治疗案例。

病人 A 患有被迫害妄想症的精神疾病，有一天，精神病学家勒雷（Leuret）带着他走进浴室并让他站在淋浴下面，同时让他详细叙述自己的精神病症。在听完 A 对于自己幻觉的叙述之后，勒雷否认了 A 所说的一切，并要求他承认这些都只是疯狂而已，以后不许再出现幻觉了。A 犹豫着答应了，但这并没让勒雷放心，于是他让 A 接受冷水淋浴，直到他坦白（aveu）他的幻觉都只是疯癫的表现。经过数次矫正之后，病人终于自愿坦白道："没有女人辱骂我，也没有男人迫害我。所有这些都只是疯癫而已。"[1]

福柯通过引用勒雷的"冷浴"—坦白案例来进入真理与主体问题的讨论：除了通过言语的坦白，是否还有其他方式将真理与主体联系起来？在时隔7年后，福柯仍然选择从精神病学的坦白介入主体问题，这说明这一极端的坦白形式对"现代主体的谱系学"[2]来说仍然有重要的意义。精神病学的坦白展现了一个极度依赖权力对象与关

---

[1] WDTT, pp. 11-12；ABHS, pp. 19-20, 149, 215.

[2] ABHS, p. 21.

93

系、极度不自主的话语实践,这恰好能作为晚期伦理的自我关系建构的一个绝佳反例。

　　精神病学的坦白具备现代坦白术的普遍特征,也是规训权力在精神病院中运行所不可或缺的技术。对自己生活的陈述无所不包,这种类似于自传性质且产生关于自己真理的话语是规训技术的关键所在,如果没有它,对疯癫的治疗就不可能完成。它的特征在于:

　　首先,这些真理不是被医生观察到的真理,而是病人自己说出来的(avow)。关键的并不是病人感觉到了什么,而是他说了什么,说了什么为真,"仅仅是说某事为真本身就有一种功能"。疯子言说某事为真是"一种坦白,即使是被强迫的,也是比正确的想法,或者比一个有确切感知但保持沉默的想法更加有效的治疗方法。所以真理陈述在治疗游戏中有一种施行式(performative)的特征"。① 在这里,福柯借助了奥斯汀(J. L. Austin)的"施行式"来描述坦白这种言语所具备的行为性。但福柯所说的坦白的"施行式"显然超出了奥斯汀对言语行为的理解与期待。在《如何以言行事》中,奥斯汀强调,在施行式中,我们必须区分"话语行为"(locutionary act)、"话语施事行为"(illocutionary act)和"话语施效行为"(perlocutionary act)。其中,"话语施事行为"是奥斯汀所真正关注的施行式,它指约定俗成的意义上"在说些什么当中完成的行为"②。其"指涉与说出该话语时的特殊环境有关的话语施事语力量的约定"③。也就是说,奥斯汀的"话语施事行为"将言语的行动力局限在言说的当下,而且必须由约定俗成的词汇指示言语所拥有的行为效果(比如发誓、打赌、命令等)。"话语施事行为"显然不是福柯想要研究的言语行为,因为坦白产生的行为性不能通过句词本身的意义得到彰显。换言之,坦

---

①　PP, p. 159.

②　[英]奥斯汀:《如何以言行事》,杨玉成、赵景超译,商务印书馆2013年版,第95页。英文版见 J. L. Austin, *How to Do Things with Words*, New York: Oxford University, 1975, p. 100.

③　[英]奥斯汀:《如何以言行事》,杨玉成、赵景超译,商务印书馆2013年版,第108页。英文版见 J. L. Austin, *How to Do Things with Words*, New York: Oxford University, 1975, p. 115.

白的言语不会指向一个明确的行为后果，而且也不会局限于话语当下的言说。而奥斯汀所考虑的另一种更强调效果的"话语施效行为"看起来更适用于对坦白的研究。"话语施效行为"强调的是话语言说之后产生的效果，并不局限于当下的场合，也不要求有约定俗成的标志性词汇，它的一般公式是："经由说 x，我做了 y，或我正在做 y（By saying x I did y or I was doing y）。"[1] 在这种情况下，坦白所引发的任何后果和行为都可以被归为坦白所具有的"话语效果"。然而，即使是"话语施效行为"也没有完全覆盖福柯所说的坦白作为施行式的特殊性。因为奥斯汀强调的仍然是话语内容所暗含的效果，但坦白的效果却不是由话语内容决定的，而是由坦白这种被制度化的形式本身决定的。这样看来，坦白似乎介于"话语施事行为"与"话语施效行为"之间。一方面，基督教中的坦白可以被看作坦白者面对牧师的一个约定俗成的言语行为，坦白赋予了牧师进行下一步行为的权力。但另一方面，坦白的言语行为并没有完全在言语中完成，而是有更加长远的话语效果。

其次，是让病人将自己的疯癫与自己的过往经历结合，创造出一种对于自己的身份认同。精神病学让病人用自我经历建构自身、解释自我来产生关于自己的真理，进而产生治疗的效果。这是一种带有自传性质，且建立在病人之外的家庭、工作、社会地位与医生的医学观察之上的身份认同。

最后，病人并不是任意说出关于自己的真理，而是在医生作为一种权威的引导之下，以第一人称的身份对自己特定的经历进行建构。医生试图通过坦白，在主体与责任之间建立起联系。只要疯子能坦白（自己是疯子），看起来就已经作为有意识的主体给予了医生施加治疗的权利，医生也能从看似自主的坦白中获得有用的信息，从而实现对疯子的拯救。[2] 通过坦白，病人被困在了真理游戏的陷阱之中。规

---

[1] ［英］奥斯汀：《如何以言行事》，杨玉成、赵景超译，商务印书馆 2013 年版，第 113 页。英文版见 J. L. Austin *How to Do Things with Words*, New York: Oxford University, 1975, p. 122。

[2] PP, p. 273.

训权力不仅依赖空间的布置和意志的对抗建立起来的权力关系，而且依赖这样一种真理游戏对人的建构。这是一种典型的基督教的坦白术：通过某人进行言说关于自身的真理而获得拯救。

虽然精神病学中的坦白具有坦白的一些基本特征，但坦白在精神病学中的"移植"产生的效果又非常特别。精神病学中的这种反身性的自传陈述，并没达到主体解释学建构主体的深度，而只是让病人建构起了一种"行政的、医学的个体性"，一旦这种个体性成型，那么剩下的只有"那个叫我自己的人"（the person of myself），病人对自己就"只以第三人称称呼了"。① 问题就在于此，勒雷的道德治疗法对病人使用了一套自传性的陈述建构，但建立起来的却并非疯子的自我意识，而是疯子对自己的他者化。疯子完全没有意识到自己口中的"那个叫我自己的人"就是他自己本人。在这种规训的、非自主的、不以疯子自我为目的的自我陈述中，疯子甚至丧失了原本作为疯子的疯癫的自我意识，建构起来的仅仅是一个外在的第三人称的个体性，一种完全不属于自己的称呼。然而，这种道德治疗法却是有效的，因为它停止了病人的疯癫，并且以一套符合社会规范的认知建构了病人的自我陈述。或者说，这个时候已经不能叫作自我陈述了，因为疯子已经停止坦白自我，只在诉说"那个叫我自己的人"。福柯在此引用的是勒雷治疗的另一个案例②，但却点出了精神病学中坦白技术的关键所在。福柯说："在这个案例中，随着病人对自己以谁也不是的身份进行无尽的第三人称陈述，坦白变得不可能了。勒雷清楚地看到围绕着真理陈述的治疗进程已经不再可能。当一个人在进入撒贝特里耶（Salpêtrière）医院之后丢弃了自己的名字，并且在精神病院中除了是'那个叫我自己的人'之外什么也不是的时候，并且因此，当一个人不再叙述他的童年记忆，并且承认自己被规定的身份的时候，那么对于精神病院来说，这个人就无疑是好了。"③

---

① PP, p. 161.
② 这里说的是一个叫作凯瑟琳 X（Catherine X）的女精神病人接受勒雷的治疗。她患有幻想症，并在勒雷的治疗下逐渐开始用"那个叫我自己的人"称呼自己。见 PP, p. 160。
③ PP, p. 161.

"好"并不意味着病人健康了,而只是停止了疯狂的话语与行为。也就是说,比起重构健康的自我意识,停止疯狂的自我意识更为重要,但停止疯狂的自我意识并不意味着就此拥有了正常的自我意识,精神病学的真理陈述的方法与目的并没有这层意思。

从 1973 年福柯对此案例的分析来看,此时的福柯也没有很清楚地意识到坦白对于主体的特殊性。福柯只是一再地强调这个时候的精神病学依靠的仅仅是规训的配置,而非医学知识,因此福柯仅仅将精神病学中的坦白程序看作规训权力的一个配置而已,还没有从自我关系的角度来看待精神病学的坦白。但福柯此处分析的精神病学的坦白仍然有以下不可忽视的特殊性。

首先,精神病学的坦白不要求自我对自我的解释,因为疯子只是接受与承认,并不解释。所有可能的解释都来自医生对疯子家庭、社会关系、童年经历等档案的正常理解,对自我的解释在根本上是外在于疯子的。初看起来,精神病学的坦白术很难被称为主体解释学,但精神病学的坦白却能代表一种极端化了的主体解释学。基督教的坦白从根本上也只是在牧师或教会所规定的内容与制度之下,依照特定的主题(比如说欲望)进行的自我解释,只不过强制性更少罢了。

其次,精神病学的坦白不试图重构一个真正的自我,它建构的自我完全是外在的。在这一点上,它与基督教的坦白区分开来。基督教坦白术要求信众在牧师面前对自我进行挖掘,发现日常的每一个细节,分析每一个可能的罪恶,进而对自我进行解释与建构。因此基督教的坦白虽然仍然是负面的,但至少可以从主体的自我关系方面来理解。但精神病学则恰恰相反,它的目的只是通过规训权力摧毁作为疯子自我的愉悦感,来建构一个第三人称的自我,以摧毁并取代疯癫的自我。通过疯子对自己过往自传性的陈述以及医生对他的家庭与社会状况的了解,医生塑造出了一个不属于我的我。"那个叫我自己的人"并非完全捏造,而是疯子正常的历史档案塑造起来的虚拟人格。由于二者的相似性,"那个叫我自己的人"能在疯子的语言中对疯癫的自我产生某种话语上的替代效应,从表面上停止疯癫的语言。

最后,我们惊奇地发现,这种直言的坦白,主体与真理最直接的关联，最早却是出现在疯子的疯言疯语中。疯子原本是能够对自己进行言说的人，而且他以疯癫自我进行的自我陈述简直是无穷无尽的。疯子不停地诉说着自己的主体与世界，直接且坦诚，甚至都无须解释，也无须依靠任何公众与私人的可见性。疯子的主体与真理如此紧密地连接起来，但这些疯狂的自我陈述是不被接受的，它不被看作关于自己的真理陈述。真理的位置要让位于一个由权力建构起来的第三人称自我陈述。权力对主体的影响在这里到达了一个无法超越的极端。

勒雷的"冷浴"—坦白程序的道德治疗就是这样一种典型的规训与特殊的坦白技术的结合。在《精神病学的权力》中，福柯除了以上对坦白进行技术分析之外，并未涉及坦白的主体面向，只是将这种技术归为规训权力的一种策略而已，甚至还不自觉地将精神病学的坦白排除在传统坦白之外。

我们不妨暂时跳出章节的限制，看一看面对同样的坦白技术，福柯晚期是如何解释的。在 1980 年《自我解释学的开端》(*L'Origine de l'herméneutique de soi*) 中，福柯说，这种道德治疗中的坦白技术很明显是司法与宗教机制的坦白的移植，也可以被理解为当时愈演愈烈的社会对疯狂的归罪（《古典时代疯狂史》的主题）。但他现在想要深入研究的是"我们社会中个体、话语、真理与强迫之间奇怪且复杂的关系"，而这属于一个更广阔的主题——"现代主体的谱系学"。[①] 福柯想要通过精神病学引入对现代主体的谱系学的讨论，也就是讨论为何西方主体如果想要获得拯救（以及取得类似的效果），就必须对他人说出关于自身的真理。坦白如今不仅仅是一种规训技术，而是处在了理解西方现代主体的核心位置。这一方面是因为基督教的坦白技术在很长时间内塑造了西方的主体，西方主体在很大程度上就是基督教文化的主体，因此研究牧领的历史也就意味着研究西方主体的历史。[②] 但另一方面，也是因为坦白作为一种关于主体的真理显现方式，与古希腊、古罗马的自我技术，甚至是基督教早期悔罪中的真理

---

① ABHS, pp. 20 – 21.
② STP, p. 184.

显现形式形成了鲜明的对比。因此，福柯从坦白切入西方现代主体，是一种谱系学，也是一种批判哲学。

与此类似但更加深刻的分析出现在 1981 年的《做错事、说真话》(*Wrong-Doing, Truth-Telling*)的开篇。福柯说，病人承认自己是疯子的坦白行为相当于给自己签署了一份与精神病院的契约：我给予你关押我并治疗我的权力，但当我坦白自己的疯狂时，也能解除这份合约。[①] 从勒雷到弗洛伊德的精神病实践，医生都需要病人形成一套关于自己的真理话语，这是医生展开治疗的基础与治愈得以可能的前提。19 世纪的精神病学就站在长久以来西方坦白的传统与现代医学的交叉处，这促使福柯去研究"说关于自己的真话的义务"。

福柯在此对勒雷道德治疗的分析已经与《精神病学的权力》中完全不一样。

首先，福柯想要强调坦白赋予主体的特殊状态和危险性。勒雷的道德治疗虽然要求坦白，但并不试图从疯子那里得到一种承认错误的坦白。疯子的病症已经很明显了，坦白并不增加或减少他的疯狂症状，也不能让我们增进对疯子的了解，同时也不能改变我们对疯子疯狂的判断。坦白是主体是否让自己接受权力关系的标志：拒绝坦白意味着撕毁与精神病院的合同，但接受坦白则意味着要接受之后一系列他人施加于其身的治疗。福柯在此仍然将坦白放入权力关系中，但重点已慢慢转移，他开始特别注意坦白对主体的影响，即使这种坦白是在精神病院中发生的。所以，福柯在此没有如《精神病学的权力》中那样，分析精神病院的空间与医生人格所建构的权力配置，而是特别强调坦白赋予主体的危险性。福柯说："将坦白与声明(declaration)区分开的，并不是那些将未知和已知、可见和不可见区分开的东西，而是它是否可能与宣告(enunciation)的代价联系起来。"并非所有来自我的行为或话语都属于坦白，我的声明(declaration)就不属于坦白，只是对事实性的一种再次确认、申明或承诺。坦白的独

[①] WDTT, p. 13.

从道德到伦理：论福柯的伦理转向

特性在于，它让主体具备了一种言说赋予的状态与危险："如果当它冒着陷入代价高昂的风险时，这个声明是一种坦白。"① 在此，我们非常惊讶地看到，福柯晚期重要概念"坦言"（parrhesia）的危险性提前在他对坦白的分析中出现了。坦白与坦言分别处在权力与伦理关系之中，然而都面临着言说的风险。这说明福柯已经开始在坦白中分析主体的问题。

其次，坦白在本质上必须是自由的。福柯的这一分析让人颇感意外，因为他也意识到，在勒雷与其病人的交谈中，病人曾经很明确地表达过"因为我是被迫的所以才坦白"的意思。1980 年的福柯认为，即使是疯子，也有拒绝或同意坦白这项行为的自由。但福柯并不是在盲目地猜测，或做一种人道主义的判断。福柯的意思是，坦白与自我并非简单的观察—表达关系，而是"言说者承诺成为他（在坦白中）确认的自我，只是因为他就是如此这样"②。坦白意味着对自我的介入（engagement），意味着坦白者答应成为他所坦白的那种自我。因此，福柯说，在坦白中存在一种内在的冗余（redundancy）。福柯所说的冗余就是坦白程序中自我的冗余，因为在这个过程中需要重新确认自我，并自愿重构自我。在这个场景中自我不仅多次出现，而且新、旧自我交叠出现，从而构成了坦白中自我的冗余。即使是疯子在被迫的情况下坦白自己是个疯子，也出现了疯子开口许可将来可能加诸其身的权力关系，以及由此而来的疯癫自我的改变。因此，这里关于自由的判断，涉及福柯权力研究中的关键思想，即权力的双方必须是自由的才能展开权力，不然就只有单方面的统治。同时，坦白通过自愿的言说进行自我确认，让主体依照自己坦白的言语进行自我建构。坦白会改变坦白者的自我关系。当勒雷强制疯子接受自己疯癫的身份与状态时，并没有期望疯子就此停止疯癫的状态，而是，不仅仅希望重塑医生—病人之间的权力关系，更试图改变疯子"疯狂的方式"，因为坦白中发生的自我的冗余意味着自我关系的变更。权力与

---

① WDTT, pp. 14–15.
② WDTT, p. 16.

伦理问题同时出现在坦白之中。

总而言之，坦白是一种奇怪且特殊的真理展现形式（veridiction），"是一种言语行为（verbal act），通过它，主体确认自我，将自我与真理连接，将自我放在与他人的依赖关系之中，并且同时改变他与自己的关系"①。可以说，对比起1973年的《精神病学的权力》，福柯在1981年《做错事、说真话》中对精神病学的分析让人惊讶。在1973年，勒雷的道德治疗依赖的仅仅是规训关系本身的治疗效果，而到了1981年，面对同样的案例，规训权力似乎弱化为一种自我与他人经过自由的坦白而形成的权力关系，更多的重点放在了坦白塑造的新的自我关系之上。更关键的是，福柯对精神病学中的坦白的认知完全改变了，它不再是一个最终只形成第三人称的自我陈述的言语行为，也不再是一个让关于自我的真理陈述最终停止的活动。它变成了即使在疯子这里也拥有的自由，也能引发自我关系变化的言语行为。也就是说，不管在什么情况下，坦白都指涉了自我，而非第三人称；改变了自我关系，而非与他人的权力关系。通过对比福柯在1973年与1980—1981年对同一段精神病学案例的分析，我们能很清楚地发现他思想的转变。这也从侧面印证了他在1980年《主体性与真理》（*Subjectivité et vérité*）中对自己权力研究时期的真理问题的判断。②

第三节 性与坦白

除了监狱与精神病院中的坦白，现代的坦白主要是对性的坦白，或者说，主体关于性的坦白是现代坦白术的典型。性之所以成为坦白的主要对象，是因为基督教长久以来都将性摆在坦白的首要位置，而现代精神病学作为"基督教的深化"的主要对象，则继承了对性的关注。在基督教中，关于性的真理被认为是"最根本的、最有用的、

---

① WDTT, pp. 15–17.
② 简而言之，福柯认为自己在研究疯癫、病态和监狱的时候，将真理与主体视作一种否定关系。真理总是在排斥性地建构主体，对主体是一种反向建构。同时，这些真理往往在主体之外起作用，真理通过权力关系来建构主体。

最危险的、最珍贵的或是最顽固的"，基督教与现代精神病学都将肉体—性看作"我们最深处的真理被解读与被表达的最佳地点"。[①] 换言之，正是将我们自己建构为性的主体，我们才能获得对自己真正的认知。

在《不正常的人》中，福柯以基督教的核心问题从巫术（witchcraft）转移到着魔（possession），分析了基督教对肉体的坦白如何被精神病医学继承。在16世纪，基督教的坦白就已经变成了一种对肉体（chair）的坦白，"针对灵魂和身体、身体中的灵魂、携带着快乐和欲望的身体"[②]。拥有欲望的身体（corps）就变成了肉体，而肉体也因为附带了欲望、本能、动念等概念而摆脱了身体的物质性。关于肉体的话语重构了坦白，坦白实践也通过问题化肉体，使其成为一种必须通过坦白才能清除的罪与异常。坦白的肉体化在一个新的维度之下建构了坦白，但也同时引发了新的问题，那就是着魔。由于将身体肉体化，一切细微的感官与举动都被认为是危险与罪恶的，在这种情况下，着魔现象，也就是身体出现异常的晃动、战栗、抽搐等种种行为，就会被认为是由肉体引发的极端邪恶的问题。又因为肉体问题是每时每刻都在出现的，这些行为也被认为是恶魔持续不断地对人进行的渗透与入侵。

这与在身体肉体化之前的巫术（witchcraft）完全不一样。之前教会面对的难题是巫术，它的核心是巫女与恶魔签订了一个一劳永逸的协约，从魔鬼那里获得力量，因此，这是一种契约式的明确同意。可以认为，基督教中巫术—契约式的问题类似于福柯所说的主权—法律式的宏观权力。这种法条式的权力赋予让巫女确实"获得"了权力，并依靠它进行杀伐惩戒。但着魔完全不一样，恶魔是未经主体明确允许，通过细小的感觉、肉体的快感进行入侵。在肉体的坦白逻辑之下，由于细微的快乐而被入侵一定会被认为是人们自身的薄弱——因为肉体的感官快乐而放弃神圣转而接受邪恶的现象。在新的逻辑之

[①] FL, p. 214.
[②] AB, pp. 192–193.（中文版，第211页）

102

下，每个人、每一刻的动念与感官活动都可能引发魔鬼的入侵，这种入侵通常不可见，因而需要坦白说出并进行清除。当肉体的坦白已经无法解决问题，魔鬼现身之时，上身之人表现出的仍然是身体（肉体）的紊乱：惊厥（convulsion）。惊厥表现为身体上怪异的抖动，行为言语中对宗教信念的侮辱，以及"反坦白"地否认自己做过的事。面对时刻都会发生的危险，需要时刻进行坦白，但着魔问题却仍然无法根除。福柯从惊厥中看到了坦白者对肉体坦白的反抗："惊厥的肉体是被检查的法律贯穿的身体，是服从彻底坦白义务的身体，以及奋起反抗这个检查的法律、奋起反抗这个彻底坦白义务的身体。"[1] 正是在这种新的坦白理念中，惊厥展现为一种对指导导师的反抗，一种反控制。

着魔问题以及它以惊厥形式的爆发是基督教在肉体的坦白逻辑之下面临的极为棘手的新问题。为此，教会使用了三种方法来解决这一问题。第一种方法是设立一个内部缓冲机制，也就是所谓的审慎规则（discretion）。之前所说的肉身的坦白原则不变，人们同样还是要说出一切问题，但导师必须让其符合一定的修辞学规定。通过不给罪恶命名、侧面描述与尽可能宽恕等方法，来削弱肉体坦白引发的进一步的欲望。[2] 但修辞术只能起微弱的预防作用，对于已经出现的着魔现象并无太多帮助。第二种方法试图将惊厥排除出教会能理解与解决的范围，将其转移到医学的话语中来解决。历史上的医学与教会就曾就这些教会中的异常人员的处理问题发生过争执，双方都想要争取对这些人的掌控权。而着魔问题的不易解决开始动摇教会的权力，并让医学介入肉体的紊乱，比如之前已经提到的"举动、感觉、快感、思想与欲望"所引发的肉体的异常。福柯说，医学正是通过继承教会对肉体的权力，才开始能"以科学的地位声称其对性进行卫生的（hygienic）掌控"[3]。肉体的坦白与精神病学在这里合流，并解释了精神病学的典型（也是权力的典型）逐渐细化的过程。这也呼应了

---

[1] AB, p. 213.（中文版，第 237 页）
[2] AB, pp. 217–227.（中文版，第 237—241 页）
[3] AB, p. 223.（中文版，第 247 页）

从道德到伦理：论福柯的伦理转向

福柯之前所说的，精神病学已经不再以疯狂为对象，而是以肉体的本能为对象，因而完全脱离了疯狂的真理领域。第三种方法则是寻求纪律与教育权力的帮助。为了摆脱教会之中特有的着魔问题，社会开始将良心指导与坦白的实践广泛应用到其他规训机制之中，让规训权力形成的时空来观察、研究与管控这些肉体。

肉体的坦白所引发的着魔（possession）问题建构了坦白术、精神病学与规训机制的交会地带。在福柯看来，正是细微的肉体坦白将坦白与性更紧密地结合在了一起，而无力解决着魔问题让精神病学得以介入肉体的坦白的领域，从而继承了肉体概念的一切负重。在精神病学中，对性的坦白的普遍化是在儿童的手淫问题上完成的：既然每个人在小时候都曾经有过手淫的经历，那么在成年之后的所有疾病就都可能得到解释。正是儿童手淫的普遍性，肉体的罪恶，加上"性"强大的解释力让精神病学的知识获得了确定性。[①] 而通过肉体这个新问题，坦白术也得以在家庭、医院以及整个社会蔓延，性科学与规训技术也随之扩张。

性的坦白从基督教中分离出来之后，主要是在性医学中被应用。在19世纪，性被纳入了两种迥然不同的知识领域之中，分别是繁殖生物学与性医学。前者符合科学的生物学标准，是西方一贯以来的证明的知识，来源于认知的意志；而后者则来源于一种"非认知意志"（will to nonknowledge）。虽然福柯所说的性科学看似包括了两者，但他完全没有处理作为严格的科学的繁殖生物学，而只讨论了性医学，并且主要是精神病学。[②] 生物学只是为性医学提供表面的认知意志与知识证明，但实际上完全不能为性医学提供任何科学证明。性医学不仅拒绝看、拒绝听，还在最后故意掩盖它所发现的事实，因此它不仅不诉诸理性的真理逻辑，反而阻止该逻辑在性领域的出现。这并不是说性医学不诉诸真理，恰恰相反，福柯说，性医学选择不去认知也是

[①] AB, p. 305.（中文版，第344页）

[②] HS1, pp. 43, 63.（法文版, pp. 60, 85；中文版，第29、86页）对比《性史》第一卷的这两处，福柯在性科学的坦白中提到的代表人物大多是所谓的19世纪的精神病学家。

第三章 说真话作为一种道德：坦白

一种真理意志的体现，① 这是在指性医学事实上不属于传统的认知意志，但通过另一套真理意志来生产真理。或者说，真理意志并不局限于认知意志。

由于性医学通过一套看似科学的程序声明了其科学性，它便获得了关于性的真理话语，并能够对性进行各种事实以及价值评论。不仅如此，站在真理一边的性科学还很快地与权力结合，这让它"更多地对秩序的权力奴颜屈膝，而不是听从真理的要求"②。性科学服从于权力体现于它与社会规范的结合。福柯认为，19世纪的性科学"是一门本质上服从道德律令的科学，它是以医学规范的形式重复了这些道德律令"。并不是因为性医学检查发现了某种性倒错，社会才将其看作不道德的，恰恰相反，正是已经存在的道德律令让性科学对性异常进行了定向的解释。从而，人们将性的本能与功能联系在一起，将一种意义混合在性之中。③ 也因为性科学与道德规范的紧密关联，它还被公共卫生制度借用来"确保社会机体的物质活力和道德洁净；它承诺要清除那些有缺陷的个体、退化的和变态的人口"④。在对身体的规训方面，性科学是政治运作所依赖的重要权力。19世纪以来，性展现出来的面貌也是如此，它并不是一种简单的关于器官或任何生理系统的科学对象，而是另一种混杂了政治考量的权力—知识。⑤

福柯认为，不依赖证明知识的性科学之所以能发明一套关于真理的话语，关键在于它借用了一套坦白的程序，以言语的方式产生关于性的真理。性科学所注重的，"只有坦白"。在基督教那里，性一直是坦白的主要对象，但性科学的特殊性在于，它把对性的坦白与科学的话语结合在了一起。坦白的内容成了科学研究的对象，但这二者在根本上是矛盾的，因为这相当于肯定了"构建关于主体的科学的可

---

① HS1, pp. 54-55.（法文版，pp. 72-73；中文版，第35—36页）
② HS1, p. 54.（法文版，pp. 72-73；中文版，第35—36页）
③ HS1, p. 154.（法文版，p. 203；中文版，第100页）
④ HS1, pp. 53-54.（法文版，pp. 72-73；中文版，第35—36页）
⑤ 这还涉及性在生命政治中起到的作用，那就是对人口的调节。在广义上，这当然事关道德，但本章关注的坦白问题主要涉及的还是具有生产性的规训权力。

能性"、"内视的有效性"、"个人生活经验（vécu）的自明性"或"自我在意识上存在"的自明性。① 也就是说，如果科学探讨的是关于物质的客观性，那么性科学以坦白的内容为对象，构建起来的便是关于主体的"科学"。坦白只是一种自我对自我的内视，预先肯定了自我意识的有效性，看到的是自己的内在经验。而性科学通过将坦白产生的内容与科学的话语结合，从而将自己伪装成一种科学知识。

　　既然性科学拥有一套真理话语，那么它是怎样形成的呢？它所依赖的仍然是坦白的机制，具体体现在以下五点。② 第一，通过一种"刺激说话的临床规范"（codification clinique）。医生会进行一些看似中立的检查与问询，让病人开口对自身进行陈述。但所有的问题都已经设立好了规范的方向，敦促病人以特定的角度与顺序对自己进行再编码。而这些特定的问询程序看起来正是科学中立的话语。第二，通过"普遍且扩散的因果假设"。性科学假设关于性的真理是"最根本的、最有用的、最危险的、最珍贵的或是最顽固的"。性成为所有事情的原因，这就是为何福柯说这种因果假设不仅是普遍的，而且是弥散（diffuse）的。如此重要的性知识，唯有依赖坦白才能获得。这样，性科学就假设了坦白能够拥有揭示秘密的效果，而对性的坦白则能够揭露人最内在、最真实、最宝贵的秘密。第三，"通过性自身具有潜伏性的原理"。在这里，性科学假设了性是难以说出口的，本质上是要逃避坦白的。同时，这个假设也暗含着另一个假设，性是隐藏起来的，如果不通过坦白，关于性的秘密就永远不会被揭示。第四，"通过解释的方法"。也就是说，坦白的内容必须通过科学的解释才能理解。这意味着坦白不能独自进行，因为自我坦白是不能解释坦白可能揭示的秘密。而坦白的目的不是寻求情感上的安慰或对自我关系的完善的指导，而是要寻求科学的解释。只有通过科学的权威才能够获得真理。第五，"通过坦白的治疗效果"。由于性是一个极其容易引发疾病（不管是身体或是心理）的问题，所以对性进行坦白，对

---

① HS1, p. 64. （法文版, p. 86；中文版，第43页）
② HS1, pp. 65–67. （法文版, pp. 87–90；中文版，第43—45页）

坦白的内容进行科学的分析就理所应当地具备了治疗的效果。这也意味着，对于那些与性相关的疾病，只能通过坦白才有可能获得治疗。

由此可知，以精神病学为代表的性科学不仅从基督教那里继承了对"举动、感觉、快感、思想与欲望"的关注，还继承了基督教以坦白来发现这些细微对象的方法。通过看似科学中立的规范，肉体的坦白具备了科学的客观性。于是，性科学就为根本上"主观"且"内视"的坦白活动赋予了客观性。这让从基督教诞生以来对性的坦白就具备的普遍解释性又增添了科学保障，而科学也符合了社会一直以来对性的认知。这样就造成了，一方面，坦白主体生产的真理话语允许带有道德目的的权力在主体之上运行，因为通过性科学的坦白产生的话语已经被笼罩在社会规范之下。而另一方面，主体通过对性的坦白会构建起一个"欲望主体"。肉体的坦白在这个程度上继承了基督教的欲望概念对于性问题的重要性，只不过现代社会是以建构而不是舍弃的方式来处理欲望。对欲望的言说会产生原本不存在的欲望，同时也证成了对欲望的管控与引导。

第二部分
关心自己的伦理

在本书的第一部分中，福柯权力研究中隐藏的关于现代道德的谱系学已经得到了讨论。现代社会通过诉诸知识的必要性来制造"道德"概念，并且利用规训技术与坦白技术来塑造道德主体。这些都体现了福柯在伦理转向之前对主体所做的研究。由此可见，福柯在伦理转向之前已经进行过主体的研究。这个时期福柯的作品中出现的主体概念主要是作为被道德塑造的个体。而需要特别注意的是，在他对于坦白术的讨论中，坦白主体已经非常接近于其晚期所讨论的主体概念，即通过真理建立的自我关系。只不过在坦白术中，主体生产出的关于自我的真理过多地陷于权力与知识建构的框架中，因而丧失了主体性，主体也失去了与真理的连接。

从福柯思想的实际变化来看，福柯正是在对坦白术的持续关注中看到了对主体进一步讨论的必要性。坦白术给福柯提出的挑战是，是否存在另一种主体生成的可能，在其中，主体能更自由地与真理连接，以积极的自我关系的方式建构自身。沿着基督教坦白术的演变轨迹，福柯追溯到早期基督教的悔罪以及古希腊、希腊化、古罗马时期的自我关系。坦白与自我关切的伦理之间存在极其相似的内在构造，它们都处在与他人的权力关系之中，都通过真理来建构自我关系。然而，福柯将二者完全对立起来恰恰说明了他在晚期的伦理关切：福柯晚期的作品并不是一种无差别的对不同的伦理体系的客观分析，而本身就是一种伦理的谱系学。

伦理的主体化方式要求积极地生成自我，这对福柯的哲学提出了方法论上的新要求，也就是说，谱系学如何不仅仅是一种批判，而且必须是积极的批判。对比福柯1978年的《何为批判》与1984年的《何为启蒙》之间的差别，能为我们揭示福柯逐渐在其哲学中做出的方法上的伦理区分，尽管福柯的方法论一直都具备着深刻的伦理特质（第四章"批判的伦理"讨论的问题）。对于福柯晚期的伦理学，本书不会试图在细节上重述福柯对古代哲学的研究，特别是他在《性史》第二、第三卷中大量的关于古代"性"的细节讨论，而将着重讨论伦理的主体化形式，即主体与真理的关系。问题将是：福柯在晚期如何引入了主体问题？主体与真理的关系如何成为一种普遍的自我关系生成的形式？认识自己与关心自己这两种不同的自我关系有什么伦理区别？（第五章"建构自我关系的两种方式"讨论的问题）在借助主体与真理的关系进入伦理讨论之后，福柯搭建了一个伦理的四元结构：伦理实体的规定、服从的方式、伦理操练的形式、道德主体的目的。除了解释福柯的四元结构，本书还将着力论证：与一般的道德形而上学将实体和目的视作伦理理论的核心不同，在福柯的这个四元结构中，"伦理操练的形式"是这个结构最基础的因素。也就是说，伦理实践超越了伦理实体和伦理目的成为伦理结构中最重要的一环。要理解福柯伦理学的要义，必须理解伦理实践的重要地位（第六章"伦理的四元结构"讨论的问题）。在所有的伦理实践中，福柯特别讨论了"坦言"（parrhesia）这种言语实践。坦言具有独特的伦理属性，它处在真理、权力与主体这三条轴线的交汇点上，并与"现代道德的谱系学"中的坦白术形成了直接的对比。坦白与坦言的对比也最能体现福柯伦理转向前后不同的主体化形式，即"道德"与"伦理"的区分（第七章"说真话作为一种伦理：坦言"讨论的问题）。

第四章　批判的伦理

　　福柯思想的伦理转向对福柯哲学的方法论本身提出了新的要求。如果说权力（道德）的谱系学不仅是描述，还是一种批判的话，那么福柯在晚期提出一种"积极"的伦理就要求他的哲学还必须是一种积极的批判。问题的关键在于，如果说福柯在"权力时期"对道德的研究不仅仅是对道德概念生成以及演变的话语分析，还是对泛道德化的人道主义的一种批判的话，我们必须解释，福柯基于何种立场来批判现代道德规范？① 这种批判是否也是一种道德批判？批判的道德基础是否也需要面对来自批判道德本身的批判？换句话说，福柯呼吁的对权力进行抵抗，在什么道德基础上是必须且正当的呢？

　　同为批判理论家的哈贝马斯也对福柯提出了类似的问题：如果放弃规范性的话，我们为什么要反抗权力而不适应它呢？② 也就是说，如果在权力分析之外没有一个何为对错的规范标准的话，对权力的异议为何可能呢？出于对相对主义与虚无主义深渊的恐惧，哈贝马斯反对没有基点与目标的批判。③ 这也让哈贝马斯对福柯的批判类似于黑

---

① Stephen K. White, "Foucault's Challenge to Critical Theory", *The American Political Science Review*, Vol. 80, No. 2, 1986, pp. 419–432.
② Jürgen Habermas, *The Philosophical Discourse of Modernity: Twelve Lectures*, tr. by Frederick Lawrence, Cambridge: Polity Press, 1987, p. 283.
③ 哈贝马斯对福柯的权力谱系学提出了三个质疑，都是基于对相对主义的恐惧。哈贝马斯质疑谱系学家的工作是一种还原论，然而同时又难以具有客观性："（1）历史学停留在原始情境当中，因而在无意之中具有一种在场论的特征；（2）针对现实的分析只能把自己看作是依赖语境的实践，因而难免会具有一种相对论的特征；（3）批判无法阐明其（转下页）

格尔对康德的批判，即康德"批判哲学"的批判依据并不明晰。如果不对理性的批判能力先进行批判，那批判本身也是可疑的，哈贝马斯的"交往行为理论"（Theory of Communicative Action）就可以被视为以黑格尔的辩证法解决批判来源问题的尝试。福柯的批判真的缺乏标准吗？这其实是对批判理论本身的提问：批判的工作只能按照法兰克福学派的认知—反思通道来进行吗？批判理论确实需要手段与目标。南希·弗雷泽就说："据我所知，还没有人推进过马克思在1843年提出的作为'斗争的自我净化和对时代的期许'的批判理论的定义。"① 可是，自我净化与对时代的期许可能并不一定按照马克思提供的方式进行。所有批判哲学都试图通过批判到达启蒙状态，但启蒙在根本上仅仅是一种认知状态吗？

对这一系列问题的回答首先涉及福柯对他自己的哲学事业的定位。既然福柯已经对知识进行了考古学分析，又对权力进行了谱系学研究，那么他的哲学是以什么为目的的呢？在1978年的一篇著名演讲《何为批判》中，福柯非常合乎逻辑地（这亦是当时大家对他哲学的看法）将自己定位为"批判者"（a critic）。福柯说："我自己并不是一个哲学家，而只能被称为一个批判者。"② 在这个阶段，福柯作为一个批判者的核心问题是："如何不以这种方式被统治？"③ 在福柯看来，在经过了一系列"社会的治理化"进程之后，批判的态度就是不可或缺的了，或者说批判的态度就从里面生成了。批判是与"社会的治理化"相伴而生的一种反对态度，它并非表现出一种乌托邦

（接上页）规范性基础，因而具有任意的偏颇性特征。"（Jürgen Habermas, *The Philosophical Discourse of Modernity: Twelve Lectures*, tr. by Frederick Lawrence, Cambridge: Polity Press, 1987, p. 276）哈贝马斯的第一个质疑认识到了福柯的谱系学需要一种事件性的发生作为历史的在场，但却未能意识到谱系学的在场不同于现象学的还原，并不停留在任何意义的源始情境之中。相反，情境的历史性与在场成为哈贝马斯这个法兰克福学派传人的批判对象，颇令人困惑，但这也恰恰体现了哈贝马斯与霍克海姆（以及阿多诺）的分期。第二个与第三个质疑都是针对权力批判的出发点，是对相对主义的质疑。

① Nancy Fraser, *Unruly Practices: Power, Discourse and Gender in Contemporary Social Theory*, Cambridge: Polity Press, 1989, p. 113.
② "What Is Critique", in PT, p. 49.
③ "What Is Critique", in PT, p. 44.

式的"完全不被统治（或治理）"，而是"不以这样的方式被统治（或治理）"。福柯在此就已经拒绝了为批判寻找一个乌托邦目标的做法。

事实上，批判被福柯视为15—16世纪以来现代文明特有的态度。在这段历史中，宗教上的批判来自对牧领权力在灵魂治理上的不满，对此的批判并不是完全背弃信仰，而是越过教会、重新回到《圣经》来寻求救赎。政治的批判来自对主权合法性的不满，对此的批判不是无政府主义，而是诉诸自然法，将普遍且不可剥夺的自然权利镌刻进每一个政府合法性的根基之中。知识的批判来自对知识权威的不满，对此的批判不是放弃一切认知的可能，而是重新在理性的原则下确认知识的有效性。福柯在历史的经验中既看到了"社会治理化"的普遍进程，也看到了多种多样的对治理术的反抗。这些反抗之所以有效，是因为它们都是基于"权力、真理与主体"之间关系的不同的可能性，所以批判就体现为"一场运动，通过它，主体给予自己权利去质疑真理的权力效果以及权力的真理效果。这样，批判就成了主动不服从的艺术，成了充满倔强的反思艺术。批判将从根本上保证主体能在真理政治中解除自己的屈从（desubjugation of subject）状态"[①]。我们能看到，在这个时期，福柯虽然提出了"权力、真理与主体"的关系作为思考批判概念的框架，但仍然是以权力为核心来探讨批判的本质以及形式。批判所充当的角色多少仍是消极地解除"屈从"的状态，解除加在主体身上而不被主体认可的真理与权力的连接。

在《何为批判》中，福柯看似仍然拒绝为批判寻找一个原因，一个支撑批判的理性基础。为此，福柯在论证自己的批判态度时，特意参考并批判了康德在谈论启蒙时所涉及的批判态度。福柯认为，在启蒙的概念之下，康德的批判成为对知识及其界限进行认知的勇气。康德批判的首要责任是了解知识的边界，只有在这个基础上，主体才能获得真正的自主（autonomy）。因此，康德的主体不排斥在理性与知识的基础上让主体保持服从的状态，所以康德的批判既是对知识界

[①] "What Is Critique", in PT, p. 47.

限的思考，也是有限度的批判：批判在知识面前停了下来。① 在福柯看来，批判的态度在某个地方停了下来是非常危险的，尤其是在知识的面前，因为知识与权力的普遍连接会让权力依靠知识逃脱批判的审查。

　　对于康德的批判止于知识与理性所引发的权力问题，福柯在几年后发表的《何为启蒙》② 中提供了更进一步的两点说明。首先，福柯认为，康德启蒙具备的批判性体现在，他坚持人们不应该服从理性之外的权威。在这一点上，康德继承了启蒙运动以来的批判传统。然而，服从理性也意味着，当某种命令或法则合乎理性时，人们就一定需要服从。康德为此区分了人们使用理性的个人性（private）与公共性（public）。个人层面使用的理性，是将自己作为"机器中的一个齿轮"，在社会中扮演一个角色所需要服从的理性。这种理性之所以是个人的，是因为人们被限制在一个特定的环境中，因此只能服从特定的理性规则。在公共层面使用理性，是指一个人超越自身的限制，作为理性的人类普遍地使用理性。在这个时候，人们可以摆脱所处环境，而做出普遍的理性思考，这种理性的使用是自由且公共的。③ 按照康德的说法，没有任何权力能让一个理性人服从，除了他自己的理性。因此当理性在个人层面使用时，人们是处在服从理性的状态；当理性在公共层面使用时，人们则处于自由使用理性的状态。在理性使用的公共层面，启蒙具有两种形态：一种是每个个体自由地使用理性；另一种则恰恰相反，普遍、自由且公开的公共理性会被"强加"（superimposed）在每个人身上。④ 其实"强加"是福柯对康德词汇的"误读"，因为在康德看来，理性的公共性不会造成强加的效果。但福柯在理性的公共性中看到了批判止步于此的危险性，看到了启蒙摆

---

　　① "What Is Critique", in PT, p. 50. 福柯在《何为启蒙》中补充说明了这一点，康德批判的界限性本身是需要批判的，见"What Is Enlightenment", in EW1, p. 315。
　　② 福柯的《何为启蒙》正式发表于 1984 年，但在 1982—1983 年的法兰西学院演讲《对自我与他人的治理》的前两课，福柯也专门讨论了康德的《何为启蒙》。两篇文本可以结合对照来看，前者比较系统，而后者有更多的细节论述。
　　③ "What Is Enlightenment", in EW1, p. 307.
　　④ GSO, p. 36.

116

脱监管的成熟状态所面临的严重问题，那就是：人们如何确定理性使用的公共性呢？以及如何保证理性使用的公共性呢？这是一个政治问题：当理性与知识涉及普遍的使用时，总会需要权力的介入。在福柯看来，这就是知识和理性的问题所在，它们不能被太过自然地看作所有人类的共同进程，不能被看作所有人类都自由使用且有义务服从的普遍义务，因为任何以普遍性规定所有人的尝试，遇到的不是理论上的人性问题，而是实际中的政治操作问题。

这就涉及福柯批判康德的第二点，那就是康德在《何为启蒙》的结尾，对君主腓德烈二世的赞美以及提出的政治建议："对于康德来说，自主与服从君主（the sovereign）完全不冲突。"[①] 腓德烈二世被康德称为已经是启蒙了的君主，他安排好了个人以及公共层面的对理性的使用，"使每个人在任何有关良心的事务上都能自由地运用自身所固有的理性"[②]。而且，腓德烈二世不仅是得到启蒙了的，还拥有训练有素的军队来保证公共秩序，保证人们自由使用公共理性。在福柯看来，这相当于政治与理性之间签订了一个契约："公共和自由地使用自主的理性将会是服从最好的保证，然而这也是在政治原则让自己服从于普遍理性的条件下才能成立。"[③] 换句话说，如果政治保证了运作的理性，那么个人在公共层面自由地使用理性也会确保最完全的服从。这就构成了一个严重的问题，那就是启蒙想要摆脱的不成熟状态、不想被监管的批判性，反而在每一个层面都面临着对理性的服从的要求。如果说康德设定了在个人层面对理性的服从，在公共层面是自由地使用理性。那么公共的使用理性在其实现的政治可能性上，也已经陷入了对政治服从的状态。这是福柯对康德批判界限的不满。

康德的批判在知识和权力的界限上停了下来，而权力研究时期的福柯，作为一个批判哲学家，则试图最大化批判的深度。这个任务首先基于考古学研究——对"现在"（present）的经验性研究。考古学

---

① PT, pp. 49–50.
② ［德］康德：《历史理性批判文集》，何兆武译，商务印书馆1990年版。
③ "What Is Enlightenment", in EW1, p. 308.

研究有利于了解我们所处的现实，并且根据实际情况调整批判的对象与态度。其次，批判也依赖谱系学研究：考察知识—权力如何建构了这个历史性的现实，现实存在的历史性、经验性的条件是什么。① 事实上，福柯所说的谱系学方法，就已经暗示了批判的态度，因为谱系学从来不假设任何先天或者内在的条件，也不假设任何因果的连续性。取而代之的是以单一性的事件来解释现实的出现，福柯将之称为事件化（evenementialisation）的分析方式，为的是研究"出现"的异质性与多元性。

那么福柯的考古学与谱系学批判能为反抗提供根据吗？按照雷蒙·盖斯（Raymond Geuss）对意识形态批判的分类，谱系学研究是在"发生学进路"上对意识形态进行的批判。发生学能解释某种信念形成的历史性，然而即使我们了解了某种观念是如何出现的，它的历史性也不能为我们提供拒绝此观念的理由，因为拒绝此观念必须基于认识或道德上的恰当—不恰当的分界。盖斯说："这个因果历史可以解释为什么它不恰当，但这个因果历史本身却不是拒绝它的理由；它的不恰当才是。……通过揭示信念是怎么产生的，我们并没有揭示出关于它的真理或谬误的任何东西，我们必须清楚地区分'发生的语境'（context of discovery）与'证成的语境'（context of justification）……'发生学谬误'在根本上并不必然是关于意识形式的谬误。"② 也就是说，盖斯认为，如果谱系学除了给我们展示事物的出现之外，没有再提供一个评判它的标准与基础，那么批判也不能形成。与福柯看似缺乏批判根基形成对比的是法兰克福学派。虽然学派内部存在分歧，但他们都基于马克思主义认为存在一个应然的状态，能够提供批判的出发点。

问题是，批判必须拥有一个认知或道德的基础吗？或者说，批判一定要在一个认知或道德的基础那里停下来吗？福柯已经在康德的批判中看到了此种危险，因而暂时只想做一种历史性—经验性的探讨。

---

① "What Is Critique", in PT, pp. 61-64.
② ［法］盖斯：《批评理论的理念：哈贝马斯及法兰克福学派》，汤云、杨顺利译，商务印书馆2018年版，第37页。

他对自己的批判态度的解释其实已经在一定程度上回应了哈贝马斯的"为何要反抗而不是服从"的问题。

在福柯看来,批判或反抗首先就是一个历史的经验性问题,因为在"社会治理化"的历史进程中,确实出现了各种反抗的形式。不是为何要反抗,而是权力必然伴随着反抗,这不是一个应然的道德问题,而是一个实然的现实问题。不存在没有抵抗的权力,而对权力的无抵抗想象恰恰就代表了一种意识形态修饰下的不反抗。福柯认为,必须从根本上拒绝想象一种不可反抗的权力。一旦现实地、经验地对待权力,就一定会发现其反面。

其次,正是经过了宗教改革与启蒙运动这样的反抗活动,反抗才成为一个对于现代文明来说非常重要的问题。所以,在福柯看来,我们身处的现在是被反抗活动塑造的,我们已经被历史赋予了反抗的必要性。

再次,现在的反抗需要更加了解我们所处的现在,也需要采取新的形式。如果说康德的批判在他的时代可以止于理性的话,那么由于过去几个世纪理性与知识的泛滥,以及它们与权力的结合方式,当下的批判要对批判的界限本身进行思考,不断地重新定义批判的界限。福柯的规训权力与生命权力理论就是重新定义界限的分析。

最后,福柯还认为,批判的动力来自每个人都有不被如此统治的"意志"(will)。"不被统治的意志,总是不以这种或那种方式、以这些代价被这些人统治的意志。"[①] 在某种程度上,这是跟随尼采所做的哲学判断。既然尼采说每个人都有"权力意志"(will to power),那么对于福柯来说,反抗的意志也同样普遍。然而,这种普遍性并非来自形而上学式的预先判断,而是面对权力的历史性、经验性反应。任何一种对现有统治方式的"不满"或"修正",即使它非常微小,都能构成反抗。

如果说在"权力时期",福柯仍然在批判的层面界定自己的哲

---

① "The will not to be governed is always the will not to be governed thusly, like that, by these people, at this price." 见 "What Is Critique", in PT, p.75。

学，那么在伦理转向之后，福柯在批判的基础上，又给自己的哲学提出了新的任务：帮助主体形成一种风格（ethos）。通过培养一种风格，或者说建构一种生存美学，福柯晚期的思想一方面继承了之前对认知意志的批判，体现为美学对抗认知；在另一方面，则对之前未涉及的批判主体进行了新的讨论。

从批判视角继续解读福柯晚期著作时，应该特别注意以下两个问题。第一，虽然所有批判都导向启蒙，或者导向马克思所说的自我净化，然而启蒙作为主体成熟的状态并不局限于一种认知状态。法兰克福学派的意识形态批判通常假设，一旦主体认识到意识形态的虚假，那么他就会从其中脱离，并走向启蒙。[1] 然而无论如何，仅仅认识到"虚假性"并不能达到启蒙主体的要求，也就是说，单纯的认识达不到马克思所说的自我净化目标。正如基督教的受洗仪式依赖水作为媒介，水本身不具备任何净化功能，只提供了一个模拟死亡的仪式环境。而受洗所拥有的重生的意义，只有在主体自身发生深刻改变之后才是可能的。启蒙也是同样的道理，主体如果不在批判中改变自身，而只是认知到虚假性，他便不可能真正到达启蒙。第二，虽然启蒙代表着主体的改变，但进一步的问题是：这种改变是否有一个终点？批判是否有界限？革命之后是否需要继续革命？不断批判（革命）对于主体来说意味着什么？这些问题也涉及当代法国哲学不断讨论的"域内"与"域外"问题："域内是否可能比所有内在世界更深邃，正如域外比所有外在世界更遥远一样？"[2] 对这个问题的回答标志着两种完全不同的对待知识、权力与主体的态度。哈贝马斯的交往理论以为自己通过主体间性摆脱了现代主体哲学的内在性，但其实仍然落在"域内"之中；而福柯的权力批判虽然每每"预设"了权力的先

---

[1] 盖斯在《批评理论的理念》中总结了三种证明意识形态虚假性的方法，分别从"认知属性""功能属性""起源属性"的角度出发。但这三种证明都与福柯所说的主体的自我批判无关，也就是说，这些启蒙状态在本质上都是某种认知的改变，与主体自身的改变无关。

[2] G. Deleuze, *Foucault*, tr. by Sean Hand and Paul Bove, Minnesota: University of Minnesota Press, 1988, p. 96. 中译本见［法］德勒兹《德勒兹论福柯》，杨凯麟译，江苏教育出版社2006年版，第100页。

在性,但他的域内都是域外的褶皱。福柯哲学中始终存在的域外意味着批判是一个不可停止的任务。

福柯晚期的哲学在批判的基础上又更进了一步,这仍然是对康德哲学的回应,具体来说,是对康德《何为启蒙》的进一步回应。福柯已经在《何为批判》中界定了启蒙所赋予的否定的批判性,在《何为启蒙》中进一步定义为对启蒙本身的批判性。首先是拒绝启蒙的敲诈。我们的态度不应该是要么支持要么反对启蒙,而是在认识我们所处的历史性的基础上来继承启蒙的遗产。其次是拒绝将人道主义视为启蒙的唯一遗产。也就是说,虽然人道主义在历史上的确发挥了很强的批判作用,但人道主义所依赖的对"人"的解释已经从宗教、人文科学、政治学中借鉴了人的概念,因而人道主义变成了对既有的人的概念的辩护。因此,我们不应该将其看作启蒙运动给我们留下的唯一方案。[1]

这些期待仍是否定的,除此之外还要寻找启蒙的积极意义。也就是说,仍然需要寻找批判的积极意义,即批判对自我的建构作用。福柯正是在这个层面将自己的哲学定义为"关于我们自身的批判的本体论"(the critical ontology of ourselves)[2]。其积极性的批判体现为:(1)将我们自身作为批判所要建构的对象,让我们摆脱普遍性与必然性带来的固化,让主体形成一种可能的僭越;(2)必须基于新的特殊的历史现实对自我进行批判性建构;(3)必须接受一直批判的必要性。总而言之,"我们当然不能将关于我们自身的批判的本体论视为一种理论或学说,甚至也不能把它看作是一套不断积累中的永恒的知识体系,而是应该把它理解为一种态度、一种精神气质、一种哲学生活。在这种态度、精神气质或哲学生活之中,对我们所是之内涵的批判同时也成为关于强加给我们的界限的历史考察,成为逾越这些界限的可能性的实验"[3]。

一种态度或一种气质的定义仍然有些不太清晰,特别是当福柯将

---

[1] "What Is Enlightenemnt", in EW1, pp. 312–313.
[2] "What Is Enlightenment", in EW1, pp. 315–316.
[3] "What Is Enlightenment", in EW1, p. 319.

从道德到伦理:论福柯的伦理转向

波德莱尔作为这种气质在现代社会的代表时,波德莱尔否定、僭越的诗人气质特别容易被误解。然而,这种风格除了要符合以上所说的否定与肯定的批判以外,容易被人忽视的是,个人风格的塑造需要苦行(asceticism)与劳作(labour)。[1] 苦行并不只是指基督教中个人对自我否定式的工作,而是自我对自我的操练(askesis)。在福柯看来,苦行这个词已经被基督教"污染",丧失了建构自我关系的积极功能,以至于被哲学遗忘了。操练对于主体风格的形成是不可或缺的。操练本身是对主体的培养,但这种培养并不是对真理的认知,而是对真理的实践。操练是自我给自我施加的一系列的精神性锻炼,只有通过它们,主体才能真正生成。而且,操练本身就有批判的功能:一是对自我的批判,因为操练是以自己的无知或无能为基础的自我改进;二是对自我所处的世界的批判,操练作为对真理的实践必然会引起主体对社会的反思。[2]

于是,所有批判的目的都指向了主体。是主体通过认识他所处的现在,通过对自身进行精神性的操练形成属于自己的风格,来完成哲学的批判任务本身。由于福柯的批判最后需要诉诸主体自身的建构,这也让我们能更好地理解为何福柯晚期将论述的重点转向了伦理主体上。主体的自我关系正好处在批判对权力进行抵抗的最核心之处。福柯说:"如果真的只有在自我关系中才存在抵抗政治权力的起点和终点,那么建立一种关于自我的伦理就是最紧迫、最根本和政治上最不可或缺的任务。"[3] 通过对权力的批判,福柯进入了伦理领域。而且,福柯的批判最后诉诸的主体,并不是否定一切的消极主体,而是通过自我操练建构的"积极"主体。

---

[1] "What Is Enlightenment", in EW1, p. 311.
[2] HOS, p. 93. (中文版,第74页)
[3] HOS, p. 416. (中文版,第197页)

第五章 构建自我关系的两种方式

第一节 真理、主体与自我关系

对于读者来说，福柯晚期的文字更加清晰易懂，既没有《词与物》中晦涩难懂的话语实践分析，也没有《性史》第一卷中复杂的权力配置分析。然而，读懂文字本身变简单了，但理解福柯晚期思想却更难了，难点主要在以下两点。第一，福柯晚期谈论了伦理问题，这本身不成问题，但他是为何突然开始谈论伦理问题以及如何谈论的？第二，福柯晚期对古希腊、希腊化以及基督教的伦理进行了许多描述性的细节研究，但在这些文本中出现的主体、自我关系、伦理等概念背后，是否存在一个更统一的线索——这个线索不仅能串联起福柯晚期的众多概念，还能将福柯权力与伦理研究连接起来？本小节将初步考察这两个问题，讨论福柯晚期进入伦理讨论的原因，即真理—主体关系，以及真理—主体关系是如何成为理解福柯晚期思想的关键线索。

福柯晚期伦理研究的不是道德规范或个人品德，而是自我关系。福柯对自我关系的解释比较简单，其字面意思就是自我与自我的关系，是关于主体如何建构自身的问题。福柯认为，自我关系并非先天所赋予，也非外界的强力能够塑造，而是需要主体与真理建构一定的关系才能建立起来。自我关系的形态取决于真理与主体相互关联的方式。在描述自己的伦理转向时，福柯说："为了在自我与自我的关系和自我将自我作为一个主体塑造中研究真理游戏，我现在必须做出第

从道德到伦理:论福柯的伦理转向

三个转向,将其纳入我参考和研究的领域,即'欲望人的历史'之中。"① 在这句标志性的宣言之中,福柯不仅提到了自我关系,更说明他转向主体的原因:研究"真理游戏"问题。

主体与真理的连接是一个值得注意的问题。福柯晚期之前的作品中讨论过主体与真理的联系吗? 讨论过自我关系吗? 突然出现的主体与"自我关系"可能有些让人摸不着头脑,但如果对福柯作品中的真理线索进行追溯,那么就不难理解为何福柯会选取"自我关系"作为其伦理研究的核心问题。在西方的历史上,主体与真理相连的方式有许多种,福柯已经研究过至少两种。

第一种是他早在 1970—1971 年法兰西学院演讲《认知的意志》中提到的,以亚里士多德为代表的认知主体。福柯认为,亚里士多德在《形而上学》的开篇就奠定了西方哲学中主体与知识的关联:"求知欲(le désir de connaitre)是人的本性,其证据是由感觉(sensations)引起的快感(plaisir; agápēsis),因为即使脱离了感觉的实用性,我们仍然因其本身而喜欢它们,尤其是视觉。"② 存在一种以知识为对象的欲望,这种欲望在人类中是普遍的;感觉的快感证明了求知欲的普遍性,这种证明不依赖实用性。在福柯看来,亚里士多德为认识论建构了一条从欲望到快感的证明链条。其中,快感(agápēsis)是介于伴随着所有活动的快乐(Hēdonē)和只存在于沉思的快乐(eudaimonia)之间的快乐:它既是感官带来的快乐,又指向将来的沉思带来的快乐。③ 通过这一系列的叠加,亚里士多德将求知欲印在了人的自然本性之中;将求知欲与身体、感觉与快感联系在了一起;最后将求知欲与沉思的快乐连接起来。哲学因此完成了从欲望到感觉到沉思的证明链条,也让沉思从高处指引欲望与感觉。福柯认为,这一系列的叠加与上升过程,求知欲在人的本性与最后的沉思中

---

① HS2, p.6. (法文版, pp. 12 - 13; 中文版, 第109页)
② 《形而上学》980a; 吴寿彭先生翻译的《形而上学》中, 此句为:"求知是人类本性。我们乐于使用我们的感觉就是一个说明; 即使并无实用, 人们总爱好感觉, 而在诸感觉中, 尤重视觉。"(见[古希腊]亚里士多德《形而上学》, 吴寿彭译, 商务印书馆1997年版, 第1页)但福柯的理解侧重的是对 desir 和 plaisir 的强调, 根据法文对译文有所修改。
③ WTK, pp. 11 - 12. (法文版, p. 13)

得到了证明并找到了归宿,但同时,欲望与(身体的)快感本身却因为最终归属于沉思而处在尴尬的境地。"欲望被囚禁在知识之中,但知识却并不完全接受欲望"[1],这让欲望(和身体)"既不在知识之中,又不在知识之外"[2]。所以,亚里士多德用一种同义反复的方式"取消了苏格拉底—智者的问题:为什么我们有求知的欲望?"换句话说,亚里士多德以纯粹的认知主体排除了认知本身的复杂性,让认知(savoir)简化为仅仅依赖认知主体自身就能形成的知识(connaissance),从而驱逐了主体除了知识之外的意志(vouloir)、斗争(lutte)、统治(domination)以及欲望(desir)。[3] 而真理(vérité)则作为认识论的基础"保证了欲望到知识的过渡;此外,就像回馈一般,它奠定了知识对于欲望的优先性;并且,它赋予了主体在欲望和知识中的身份"[4]。认知最后能通往沉思,通往真理,这才是整个认识论的保障。真理固定了知识和欲望的等级,固定了一套认知循环的程序,也固定了认知主体本身。在这种由真理固定的认知主体中,福柯看到了知识的危险性,因此在《认知的意志》接下来的讲座中,他分别讨论了古希腊的智者学派、悲剧(《俄狄浦斯王》)以及司法体系中知识产生的不同方式,并结合尼采——第一个对亚里士多德知识—真理观进行挑战的哲学家——的非真理知识反思知识(savoir)的其他可能性。

对于本书来说,需要特别提示的是,亚里士多德的认知主体并非无关道德,相反,尼采提醒我们,"在知识的核心之处,即在我们必须谈论真理之前,我们就发现了现实、知识和谎言的环链。这也允许了真理作为道德的插入(l'insertion de la vérité comme morale)"[5]。对于福柯和尼采来说,始终要警惕单纯由真理保障的知识,因为真理之所以能保障知识与认知主体,并不是仅仅因为它的客观正确,而是它

---

[1] WTK, p. 15.(法文版,p. 16)
[2] WTK, p. 13.(法文版,p. 14)
[3] WTK, p. 17.(法文版,p. 18)
[4] WTK, p. 24.(法文版,p. 24)
[5] WTK, p. 213.(法文版,p. 205)

已经是现实、谎言和知识的结合。因此，作为纯粹知识保障的真理，它的出现已经是一种道德。或者说，正是道德保证了知识的建构，知识的同一性是因为道德与权力意志。知识问题成了道德问题。从亚里士多德以来的传统知识与真理的链条在尼采这里断裂了。真理此时已经不再是对知识的绝对保障，而是作为一种扮演为真理的道德，或者扮演为真理的权力关系在发挥作用。

第二种真理—主体关系，是本书在第一部分已经论述过的，福柯从《精神病学的权力》中就已经开始涉及的，经过权力媒介建立的主体与真理关系。具体来说，是在早期精神病学的治疗中，由医生与精神病患者之间的权力关系所塑造起来的主体与真理的关系。在这种关系中，我们罕见地看到主体与真理的关联基本完全断裂，福柯说，早期精神病学的治疗中完全没有真理的运作。然而，这是权力运作的极端情况。总的来说，《性史》第一卷《认知的意志》中的分析比较有代表性。那就是，一方面，科学作为一种认知的真理建构了对主体的权力关系，而权力借助作为知识（connaissance）的真理统治主体。另一方面，通过对司法制度的真理形式，以及基督教坦白技术的历史考究，福柯也挖掘出了一种主体与真理关系中"他者"的权力，即主体在说出真理时与始终在场的他者所构成的权力关系。但福柯在这阶段考究的坦白实践太过"制度化"，其说真话的伦理面相始终被权力掩盖，仍然只作为主体服从权力的真理实践。

由上面两种真理—主体关系，我们也能看到，福柯对真理的关注一直隐藏在知识—权力的问题之下。在某种程度上，真理的问题被忽略了。而到了1980年前后，真理开始作为主要问题重新回归到福柯的哲学中。福柯在研究知识与权力时逐渐发现，人们并不仅仅是简单地"相信"知识或"屈从"权力，而是将知识或权力作为一种真理看待，并将自己作为真理的主体接受并参与到一套真理程序之中。正是在与真理构建的主动关系之中，自我关系得以形成。

福柯说，"我们社会中权力的运行，作为对人的治理的权力运行，为何以及如何不仅要求顺从与屈服，还要求真理行为（acte de vérité）？在真理行为中，个体既是权力关系中的主体，也是真理显现

第五章 构建自我关系的两种方式

程序中作为行动者、目击者与对象的主体"[①]。也就是说，治理术的运作背后依赖的权力并非一种无名的强制力，而是由真理支撑的施行权力的理由。真理对主体有三种不同的影响方式：主体可以是真理显现程序中的操作者（主导真理显现程序的人）、目击者（为真理显现提供在场证据的人）以及对象（真理在其身上显现的人）。通过一套真理显现的程序，真理能束缚、限制或驱动、鼓励人们的思想与行为，让主体像服从/实践义务一样服从/实践真理。"真理在本质上是一套义务系统"[②]，真理对主体会产生一种将主体与真理连接起来的效果，福柯将之称为真理化（veridiction）。[③] 将真理看作一种拥有力量的配置，也延续了福柯一贯的风格。但这并不是说真理是一种由法律或权力规定的强制义务，恰恰相反，将真理视作一套义务系统只是意味着真理有一种塑造主体的力量，也有让主体主动塑造自身的力量。这种力量通常能让主体"心悦诚服"地接受真理的指引，让主体觉得自己有义务去发现、认识、实践真理，让真理在他们身上显现。一个话语或一种权力必须被人们看作是真的，它才能发挥效果，而这就是真理效果：通过真理，主体主动与话语或权力建立了联系。在与真理发生联系的过程中，自我关系也通过真理被构建起来了。于是，真理开始作为主体生成（不管以何种方式）的关键环节，以表面上独立于知识—权力的问题形式出现在福柯晚期的作品中。[④]

需要注意的是，在思考福柯的真理—主体研究时，不能误以为真理对主体的影响是因为真理本身的"真实性"。真理具有的效果与它是否在事实上为真没有关系，福柯的"非本质主义"在这一真理问

---

① GL, pp. 81–82. 关于主体在真理显现程序中的真理行为及这三种角色，福柯其实借鉴了中世纪基督教神学的用法。

② STP, p. 12.

③ 笔者将 veridiction 译为"真理化"。福柯经常将 veridiction 与 truth（verite）通用，特别是在 game of truth 与 game of veridiction 上。福柯在强调真理不是一种理论，任何一种真理都必须从真理的效果——真理化的角度进行理解。关于真理化（veridiction），见 STP, pp. 12–14, 221；GL, pp. 94–96。

④ 这里所说的"以表面上独立于知识—权力的问题形式"，是说真理这个词开始逐渐被单独使用，但实质上，福柯对真理的思考，还是处处参照着知识—权力的真理体系。

题上体现得淋漓尽致。"一个话语的现实、它的存在、它作为声称其传达了真理的特殊存在与它所言说的事实没有根本的本体论联系。"① 真理的效果与它的内容无关，不管它是宗教祭祀的话语还是科学理性的话语，只要它能对主体产生真理效果，它就能被看作真理，就必须从它具有的真理化（veridiction）效果的角度来研究。貌似福柯对真理采取了一种虚无主义的态度，但实际上并非如此，福柯并没有讨论真理是否"存在"，而是搁置了某个话语在本体论上之"真/假"形式的存在："让我们假设普遍性是不存在的。"② 而更重要的是，福柯切断了话语在本体论上的真假与它的功能之间的关系。在一些人看来，只有当一个命题或话语为真时，这个命题/话语才能"真正地"产生真理效果。而如果它在根本上不是真的，就只能采用强迫的方式强制人们屈从。然而在福柯看来，不同时期的知识型（épistémè）就已经说明了真理的历史性，每个时代都有属于它自己的真理，一种话语产生真理效果不需要它的内容符合一种外在的标准。但是，仍然要注意福柯的历史性也是有限度的，福柯强调真理的历史性，但并没有更进一步说"因此，真理不存在"。相反，正是因为真理的历史性，真理才切实存在。福柯想做的只是搁置永恒不变的真理，只有当我们搁置话语的真/假问题，才能弄清楚话语的真理效果，才能弄清楚一种真理究竟与主体建立了怎样的关系。当真理与它内容的真实性分离之后，"真理游戏"就成了一个单一的历史事件（évènement），而围绕着真理话语建构起来的一系列配置就是真理存在的现实本身。所以，与其说福柯在真/假问题上是个虚无主义者，不如说福柯是一种另类的现象学家：搁置任何意义上的"本体"的现象学家。

福柯借用古希腊单词 alēthourgēs（说真话的人，真诚的人）③ 创造了一个新的词汇 alēthourgia（alethurgy）来描述真理产生效果的方式。Alethurgy 是指真理显现的方式："一系列可能的言语或非言语的

---

① STP, p. 221.
② BOB, p. 3.
③ 我们将会看到，alēthourgēs 这个词将成为 1982—1984 年法兰西学院演讲的核心词汇：作为伦理的说真话——坦言。

程序，通过它们，一个人能揭示那些以真与假、遮蔽、不可说、不可测或遗忘的对立所规定的东西。"① 所有的真理话语都拥有一套真理显现的方式，在其中，真理总是以对立的概念显现的。概念的对立不只是事实或命题上的真与假，还有比如现象学所说的遮蔽/无蔽，佛教以"空"构建的"真"。围绕着这些对立的概念构建起一套话语与非话语的配置（即真理游戏），真理就能显现并发挥作用。福柯想要研究的就是真理游戏对主体产生的真理化效果。

在澄清了真理与主体的关系之后，自我关系所处的维度就比较清晰了。主体在真理显现的仪式中可以有三种角色：真理的操作者、目击者、对象。以第三章分析过的早期基督教的赎罪（penance）为例。赎罪是赎罪者自己给自己施加的一种状态，他将自己以罪人的状态展现在公众面前（publicatio sui），让大家都看见自己的穿着、表情、姿态，以此展现自己已经准备好在灵魂上的死亡，与过去堕落的自己决裂。经过了这一套程序，真理就会在罪人身上显现，他也能得到净化与救赎。在整个过程中，真理的操作者是赎罪者自己，施加的对象也是自己，除了需要大众作为目击者之外，赎罪者自身同样也是自己赎罪的目击者。因此，在赎罪的真理程序中，赎罪者自己一个人履行了三个真理主体的角色。福柯将这种情况称为反身性真理行为（reflexive truth act）②，也就是自己将自己摆在真理显现的仪式之中，目睹真理在自我中产生，并让真理最后在自我中显现。在反身性真理行为中，主体与真理的结合最为紧密，主体最能感受到真理确实运行于自我之中，于是主体也能够通过这种真理行为搭建自我关系。

在福柯晚期的研究中，主体与真理的关系基本上是从自我关系的角度来理解的，因此，主体在真理程序中的三个角色通常都是自己，也就是说，反身性真理行为是形成自我关系的主要方式。在福柯看来，如果要抵达自我的层面，真理程序必须经过一定程度的内化。虽

---

① GL, p. 7.
② GL, p. 82. 福柯说，历史上，最为重要且纯粹的反身性真理行为，就是坦白（l'aveu）。

然在形成自我关系的过程中一定会有他人的参与，比如说导师作为真理程序的操作者与目击者，通过搭建一定的关系，辅助真理在对象中显现。但是真理到最后一定是反身性的：自己作为操作者、目击者，让真理在自己身上显现。因此，虽然福柯并没有明确表达，但可以看出，自我关系的建构一定会涉及反身性真理行为。同样，在"认识自己"与"关心自己"这两个主要的自我关系原则中，"自己"同样也是反身代词，既属于主体，又属于对象。[①] 而"认识"与"关心"是两种让真理在"自己"身上显现的实践方式。因此，福柯伦理的关键不在于呼吁必须回归自我以抵抗权力，而是讨论应该建立怎样的主体与真理的关系，并且如何基于主体—真理关系来面对权力。

通过上述分析，我们就更能理解为何福柯不从道德史的角度，而是从真理史的角度来研究主体问题。不管是哪种主体，哪种自我关系，都需要从它与真理的关系来思考。福柯认为，在哲学（真理）史中有两种切入主体—真理问题的方式。[②] 一种是从柏拉图到康德的哲学传统，针对主体与真理的关系，他们提出的问题是：在什么条件下，主体以怎样的方式能认识真理？这是关于真理对于普遍主体如何可能的问题。[③] 这种主体—真理模式从属于"认识自己"的传统。而另一种则是福柯总结出的古希腊—希腊化—古罗马—早期基督教的传统所提出的问题：主体必须经过怎样的改变才能通往真理？这是关于主体通往真理的条件问题。这种主体—真理模式从属于"关心自己"的传统。

"认识自己"与"关心自己"的区分是福柯从古希腊文化中提取的主题，这两个概念互相交织构成了自我关系的历史谱系。德尔菲神

[①] HOS, p. 53.（中文版，第43页）

[②] 在1980—1981年的《主体性与真理》中，福柯其实提出了三种主体与真理关系的模式。其中有两种与这里所说的一致，另外还有一种是怀疑主义的，提出的问题是：主体的真理可能吗？以及对于一个主体来说可能的真理，如何对于所有人都是可能的呢？见STP, pp. 10 – 11. 关于这一种模式，福柯并没有进行详细讨论，可能是因为这种怀疑主义仍然只在认识论层面质疑了柏拉图—康德的传统。如果说康德问的是"知识如何可能"，那么怀疑主义问的则是"知识是否可能"，他们的重点不在于自我关系（甚至比他们批判的"认知意志"更加不在意），而他们能构建的自我关系也只会是处在怀疑状态下的认知自我。

[③] STP, pp. 10 – 11.

第五章 构建自我关系的两种方式

庙的"认识你自己"已经成为西方哲学的奠基石,从根本上构建了主体与知识的关系。然而福柯认为,"关心自己"是一直存在于古希腊社会的传统,比"认识自己"的原则出现得更早。而且"认识自己"在一开始并没有之后人们赋予它的知识论的意义,它是在更为一般的"关心自己"的原则之下运作的。虽然经过了概念内涵与实践方式上的变化,但"关心自己"的传统还是从古希腊、希腊化、古罗马社会一直延续到基督教,成为这些社会中人们建构自我关系的主要方式。"关心自己"在基督教新兴的神学传统与牧领权力的影响下开始没落,并在经历了现代哲学的"笛卡尔时刻"后逐渐为"认识自己"所取代。"认识自己"对"关心自己"的取代不仅体现在哲学的认识论与命题化的分析方式上,而且还伴随着科学的兴起与治理术的新形式(规训权力与生命权力)。如今"关心自己"的传统在哲学中已经被完全忽视,被"认识自己"的"求真意志"排除在严格的哲学之外了。但是,这福柯也特别提醒,这种取代并不是完全的。即使是在笛卡尔与康德那里,也存在主体为了通往真理而必须改变自己的"关心自己"的要求,只是相对而言处在边缘位置。而且,在19世纪以来的黑格尔、谢林、叔本华、尼采、胡塞尔、海德格尔、马克思、弗洛伊德、拉康等哲学中也能看到"关心自己"的原则。通过对古代哲学的研究,福柯试图抽出一条不同于认知主体—真理的线索,重新思考西方哲学的传统。[①]

福柯伦理学对"关心自己"的原则的分析时刻对照着"认识自己"的原则。这样看来,《性史》第一卷的标题《认知的意志》(volonté de savoir)恰巧成了《性史》第二、第三卷以及1980年后伦理转向所讨论的"关心自己"的对照。从20世纪70年代起,福柯开始继承尼采对西方"求真意志"传统的批评。"求真意志"并不局限于认识论层面,而是从一开始就是权力与主体的问题。它体现在知识中是一种主客观相符的认识论,体现在权力中是以真理为名进行的统治,

---

① 福柯在多处以主体与真理的关系重新描绘了西方哲学的谱系。见《主体解释学》"1月6日第一小时与第二小时";"Return of Morality", in PPC, p. 246;以及1980年达特茅斯学院与伯克利大学演讲《主体性与真理》,"Subjectivity and Truth", in ABHS, pp. 23–27。

体现在主体中则建构了认知和权力的主体。在这种主体中，不仅主体与世界的关系被完全认知化与工具化，而且由此形成了一个被知识与权力规范化的自我。福柯在伦理转向之前就已经通过"知识—权力"研究了与"认识自己"同质的"认知意志"，只不过自我关系并没有被放在最核心的位置。这一缺憾可以通过福柯伦理转向之后对"认识自己"的论述得到一定的弥补，帮助我们进一步了解现代"认知意志"究竟基于且建构了一种怎样的自我关系。另外，对"认识自己"的谱系的叙述本身就构成了对"认知意志"的批判。这体现在，最初古希腊的"认识自己"的原则并不带有任何科学或形而上学的保证。换言之，在自我知识与自我关系之间能够建立起一种非认知的联系，因此通往真理的主体就不必是认知的自我。

　　在进入"认识自己"与"关心自己"的对比讨论之前，有必要先解释一下用以区分二者的"精神性"（spirituality）概念。精神性是福柯用来区分"认识自己"与"关心自己"的重要概念。精神性并不是作为与物质性相对的概念，而是指那些"探寻、实践和体验，主体为了能到达真理而通过它们在他自己身上进行的必要转变"。也就是说，精神性指的就是一系列主体为了达到真理而改变自己的实践，比如说基督教中的洗礼、僧侣的禁欲，道教中修炼的打坐、辟谷，儒家的工夫论等。这些实践并不是认知活动，但却是主体为了到达真理所必须完成的活动：要获得真理，必须改变自己。主体通过精神性到达真理的方式有三个特点。第一，主体并没有天生的权利或者能力能够到达真理。福柯既否认事实上有人能直接通向真理，也否认任何意义上的"潜能说"。不过，福柯并不是在事实与潜能上讨论真理问题，而是想要略过这个形而上学的问题，去思考人们在实践中如何到达真理。福柯强调的是，主体不能因为他是人，而人有普遍的认识结构（能力），所以主体（在理论上）就能在不需要改变自身的情况下，凭着这些先天的设定就通往真理。借此，福柯拒绝了康德以及之后各种版本的人道主义对人的先天规定。第二，精神性要求主体经过一些自我实践改变自己的存在状态，然后真理的通道才能开放。第三，人们通过精神性达到的真理会让主体发生最本质的改变，主体最后能完成自己，获得拯救或超脱等真理所赋予的状态。①

福柯认为，比起"认识自己"，"关心自己"的传统更加注重主体与真理以精神性的方式发生连接。"关心自己"要求自己对自己的关注，并通过一系列的实践活动来改变主体自身以获得真理，而真理最后也会给予主体一种状态，让主体成为真理显现的对象。与此相比，在"认识自己"的原则中既有精神性的要素，也有逐渐将精神性排除出去，以认识作为唯一通向真理的通道。因此，我们不妨以是否需求精神性来将"认识自己"的原则分成两个部分。一个是"关心自己"原则下的"认识自己"，这种情况下，"认识自己"仍然是"关心自己"原则中的一个部分，是"关心自己"的最高形式。其代表是接下来我们将讨论的《阿尔喀比亚德》中柏拉图主义的"认识自己"。而另一个是完全不需要精神性的"认识自己"，是以形而上学、现代科学与规训技术为主导的认识传统，也可以称为"认知意志"。在"认知意志"的模式中，主体不需要改变自己，只要通过认识就能够到达真理。与精神性相比，认识的前提不是主体的改变，而是主体一方面遵从"认知活动的各种内在条件和法则"，另一方面遵从外在于认知活动但支撑认知活动在社会中运行的"文化条件"（必须学习、遵从某些科学共识）与"道德条件"（必须理性、努力、诚实并将认知与生产活动联系起来）。② 在真理的现代史中，我们看到的"认知意志"的道德条件恰恰是上一部分福柯的"道德谱系学"计划的一个方面。

总而言之，围绕着主体与真理，以主体获得真理是否要求精神性为标准，福柯区分了"关心自己"与"认识自己"的两个传统。这两个传统在柏拉图那里还相互纠缠，但在笛卡尔之后，"关心自己"逐渐被"认识自己"所取代，主体到达真理不再需要精神性的实践。

---

① HOS，pp. 15 - 16.（中文版，第 13—14 页）
② HOS，p. 17.（中文版，第 15 页）

第二节 认识自己（Gnothi Seauton）

一 古代哲学中的认识自己

福柯参考了历史学家与考古学家的研究成果，认为在德尔菲神庙上刻的"认识你自己"最初并不具备任何关于自我的伦理意义，而只是对前来祈求的民众的审慎的劝告：对神的祈求要合理，不能太过分；或者是对人们的提醒：不要错估了自己的力量，以致与神对抗。从苏格拉底开始，"认识自己"出现在哲学中，并开始具有关于自我的伦理含义。福柯对"认识自己"的分析主要依据的是柏拉图的《阿尔喀比亚德》（Alcibiades）。① 福柯认为，在《阿尔喀比亚德》中，"认识自己"被包括在"关心自己"的原则之中，并且在最后才作为解决关切对象——"自己"——究竟是什么的问题，以及解决关心自己具体包括什么内容的问题出现。② "关心自己"原则在《阿尔喀比亚德》中有几个特点。第一，阿尔喀比亚德作为将来要在城邦中参与并掌控政治的年轻人，面临着统治他人的问题，如果要行使权力，就必须先"关心自己"。"关心自己"在阿尔喀比亚德这里是作为统治的特权能够行使的前提条件。第二，阿尔喀比亚德之所以要关心自己，还因为他自己没有受到良好的教育。没有好的老师，而且

---

① 关于《阿尔喀比亚德》的真伪学术界一直都有争论，见梁中和翻译与注疏的《阿尔喀比亚德》"前言"（[古希腊]柏拉图：《阿尔喀比亚德》，梁中和译，华夏出版社2009年版，第6—15页）。福柯也在《主体解释学》（英文版，pp. 72 - 74；中文版，第58—60页）中讨论了这个问题。他认为这篇对话的真伪无法判断，但很明显既有符合早期柏拉图作品的要素，也有之后修改的痕迹，因此单从这篇对话中就能看到柏拉图哲学发展的方向。福柯认为，《阿尔喀比亚德》的真伪与诞生时间不是最重要的，因为即使它不是柏拉图的作品，也展现了古希腊思考"关心自己"时带有的政治、教育、爱欲的特点。而且根据福柯对话语的分析，《阿尔喀比亚德》确实在历史上产生过非常重大的影响，它一直被广泛阅读与引用，作为进入柏拉图哲学的门径（见 Nicholas Denyer, *Plato: Alcibiades*, Cambridge: Cambridge University Press, 2001, p. 14）。所以只要文本在社会中产生了话语，它的真伪就是一件次要的事情了，重要的是分析这本著作有何种影响，是怎么被理解与传播的。作品的价值并不取决于其作者的身份。

② HOS, p. 5. （中文版，第6页）

追求者只是迷恋他的身体而不是真正地关心他。阿尔喀比亚德在教育上既没有好的老师也没有好的追求者，因此他需要关心自己。"关心自己"的前两个原因都与统治的必要性联系在了一起：阿尔喀比亚德没有得到良好的治理，而治理他人需要先治理自己，所以"关心自己"成为必要。第三，阿尔喀比亚德处在年龄的拐点上，即将脱离别人的教导而去统治别人，然而一旦阿尔喀比亚德过了年纪，就会完全丧失他现在被教育与被爱者的地位，所以这正是关心自己的时候。一旦年龄太大，就没有必要再关心自己了。第四，既然关心自己成为必要，那么阿尔喀比亚德无法关心自己的原因，在于他对他要关心的对象——"自己"的无知。[①] 这里就出现了《阿尔喀比亚德》篇中第一次也是第一层"认识自己"的需要，福柯认为这是苏格拉底对阿尔喀比亚德的审慎劝告：对比自己的无知与敌人的强大，要好好反省一下自己，要认识一下自己。这有点类似德尔菲神谕对前来祈求的人们的一种劝告，还不涉及更加深入的内容。

苏格拉底给阿尔喀比亚德提的建议是先不要急着学习（特指推理与类比得出结论的能力），而是要先关心自己，而关心自己的首要任务是要"认识自己"。这是"认识自己"原则出现的第二层含义：解决"关心自己"的对象到底是什么。必须关心自己，但为了了解这个自己究竟是什么，所以就需要认识"自己"。福柯在这里看到的是"自己"作为反身代词的重要性：既作为施加关心活动的主体，又作为对象。真理与主体一定会在"关心自己"这个反身性行为上得到显现。

按照苏格拉底的传统，这个"自己"也就是"灵魂"，必须"关心自己"也就是必须"关心自己的灵魂"。但关于"灵魂"，福柯的解读仍然与众不同，他认为，在《阿尔喀比亚德》中，"灵魂"不是作为实体，而是作为主体被讨论的。福柯注意到，在苏格拉底的提问方式中，苏格拉底总是在行为本身和施加行为的主体之间画一条线。[②]

---

① HOS, pp. 36 – 39, 43 – 45. （中文版，第 30—33、36—37 页）
② 在《阿尔喀比亚德》中，苏格拉底在分析匠人的知识时也使用了这种方法：匠人使用他们的工具，正如灵魂使用他的身体。见［古希腊］柏拉图《阿尔喀比亚德》，梁中和译，华夏出版社 2009 年版，129c5—130a5。

比如，总是有修鞋的技术与使用这项技术的鞋匠。因此，总是存在"自己使用"（se servir）[1] 这种活动，而且这种活动必然会产生使用主体与使用对象的差别。使用工具进行修鞋活动的是手以及身体，而使用身体的则是灵魂。这个推理对于人的任何一种活动来说都是有效的。在身体与灵魂之间，存在我的灵魂对我的身体的使用，一个反身性的"使用"方式。福柯认为，正是"使用"这个活动连接了各个层级的对象、工具与主体，并最终将"自己"导向了灵魂。另外，古希腊的"使用"（khrēsthai）除了有工具的意义之外，还表示主体的一种态度。比如 ubriskhos khrēsthai 虽然用了"使用"这个词，但不是"使用暴力"的意思，而表示举止粗鲁。类似的情况也发生在对自己的态度中，比如 epithumiais khrēsthai 不是"使用情绪"而是"被情绪左右"。[2] 因此，福柯认为，当苏格拉底借由"使用"表达主体对他人以及自己的态度时，他所说的关心自己的"灵魂"并不是那个与身体对立、进行"回忆"的形而上的实体，而是能够使用自己的身体，并且对自我以及他人有一种态度的主体。因此，要关心自己，必须认识自己的灵魂。

在通过"认识自己"确定了灵魂是"关心自己"的对象之后，"认识自己"在"关心自己"原则中出现的第三层意义，是为了知道"关心自己的灵魂"必须如何去做。在这一部分，柏拉图通过著名的眼睛比喻来论证：要认识自己的灵魂，就必须自己看自己的灵魂。柏拉图的眼睛比喻说明，自己要能够反观自己的灵魂，必须依赖观看者与看到的东西之间本质上的同一性（identical nature）。镜子的反射能让自己看见自己，这是因为在光的帮助下，镜子能呈现出与自己一样的影像。自己与自己的倒影之间的同一能够让自己有可能看见自己。另一种看见自己的方式是从他人的眼中看见自己。从他人的眼中能看到的自己也是依赖着他人与自己的眼睛，或者更准确地说，是通过他

---

[1] se 在法文中是反身代词，表示这个行为是行动者自己做出的。福柯也指出古希腊语中对应的词：khrēsthai（动词）与 khrēsis（名词），认为法语 se servir 的结构是对这个古希腊语的贴切翻译。

[2] HOS，pp. 56 – 57.（中文版，第 45—46 页）

人的视觉与我的视觉的相同本质来实现的。然而，不管是在镜子还是他人的眼中，自己所看到的并不是自己的全部，不是普遍的自己，只是特殊的自己。按照相同的逻辑，如果要看到自己的灵魂，也必须寻找与灵魂在本质上相同的东西，那就是神。灵魂中的美德与智慧的部分需要通过认识和思考获得，而通过认识比灵魂更高等级的神，自然也能认识自己的灵魂，从而最后达到关心自己的目的。

福柯认为，虽然《阿尔喀比亚德》篇的真伪有待确定，特别是最后关于神的论述，但它仍然代表了古希腊社会中"关心自己"的一些普遍问题。首先，关心自己并不是面向所有人的原则，而是特别针对统治者的原则，是为了让统治者成为一个拥有智慧与美德、与他人不同并在城邦中治理他人的人。其次，关心自己有特殊的年龄要求，只有在年轻的时候关心自己才有用。最后，对年龄的要求也与男童之爱联系在一起，通过这种特殊的关系，关心自己的原则得以付诸实施。

《阿尔喀比亚德》也展现了柏拉图对自古就有的"关心自己"原则的发展，那就是"认识自己"作为"关心自己"的最完美的方法：通过认识灵魂、认识神、认识灵魂中的神性，就能够认识自己（灵魂中的真理）且关心自己。[①] 福柯认为，思想史上的"柏拉图主义的悖论"可以被这样理解。一方面，柏拉图主义确实要求"关心自己"，并提出只有通过认识自己灵魂才能认识到真理（神），从而达到关心自己的目的。在这个层面上，它确实为历史上许多精神性运动奠定了基础，甚至理性作为内在于人的本质这一理念也是基于柏拉图主义。而另一方面，由于认知活动的纯粹性（不管是真理、理性还是神），柏拉图主义的"认识自己"逐渐摆脱"关心自己"的框架，变成了一种不依赖精神性的纯粹的认知活动。所以，所谓的"柏拉图主义的悖论"，也即柏拉图将"认识自己"作为"关心自己"的最高形式，既对认识自己提出了精神性的前提，也在消解认知活动的精神性本身。

---

① HOS, pp. 74-78.（中文版，第60—63页）

二　"认识自己"的"认知意志"

如果说福柯的知识—权力研究中存在自我关系的研究，那么这种关于自我关系的研究不是体现在规训权力塑造的个体上，而是存在于"认识自己"中的"认知意志"。在这种"认知意志"式的自我关系中，"大多数人觉得，如果他们如此这般地做一件事，或者如此这般地生活，只是因为他们知道了关于欲望、生活、本性、身体等的真理"[①]。福柯已经在《性史》第一卷中解释了这种现代"认知意志"的运行逻辑。关于自己的真理来自两类"客观性研究"：一方面是科学研究所创造的关于世界的客观真理，另一方面是人文科学通过坦白技术让人们自己生产的关于主观的客观真理。[②] 客观科学与人文科学都只是一种真理政制（regime of truth），也是一种真理在主体之中显现的形式。在现代社会，一件事情、一种生活方式、一种被治理的模式能够得到主体的认可，是因为它是通过认知得到的真理，是符合认知主体内在结构的真理。而权力之所以能借助这两类真理进行治理，是因为人们已经构成了认知的自我关系。在福柯看来，现代"认知意志"的最大问题就是只通过认识活动搭建主体与真理的关系，主体不需要自主地改变自身，也因此更容易受到权力以认知为名的影响。福柯勾勒了一幅"认识自己"逐渐取代"关心自己"的谱系，而"认知意志"的谱系就是另一个角度的真理史，在其中，人们将自己塑造成知识的主体与客体。[③]

除了我们已经很熟悉的"认知意志"与权力的相互关系外，福柯还证明了"自我关系"在哲学传统中是如何逐渐被固定在认知活动中的。笛卡尔与亚里士多德的哲学是他研究认知的自我关系如何建构的主要文本。福柯认为，自笛卡尔以来，真理与伦理就逐渐分离

[①] H. L. Dreyfus and P. Rabinow, "On the Genealogy of Ethics", in *Michel Foucault: Beyond Structuralism and Hermeneutics*, Chicago: University of Chicago Press, 1983, p. 236.
[②] 见 HS1, "性科学"一章。
[③] GL, p. 101.

了，因为主体被设定为一个不需要任何其他条件、单凭自身就能先天地获得真理的存在，而在此之后才作为一个伦理主体出现，也就是说，可能出现这样一个情况："我可以是非道德的，并且知道真理。"[1] 获得真理不需要其他条件，特别是不需要关于自我的修行，主体总是在知道了某种真理（作为理论原则）后才改变了自己的存在与行动方式。真理变为一种能够被认知（connaissance）的东西，并且是伦理生活的前提，这是现代哲学的基本特征。

"真理史上的现代是从只有通过认知才能使人达到真理的时期开始的。"[2] 而笛卡尔就是开启真理的现代史的关键时刻。笛卡尔将"自明性"（l'evidence）作为哲学的可靠起点，在获得"自明性"之前，主体并不知道一切是否可靠。"自明性"是直接被给定的、不被怀疑的自我意识，而主体自身的存在就在这种自我意识的自明性中被肯定，且作为其他知识的根据。福柯认为，自明性以一种精神认知的经验让主体能够达到真理[3]，而不需要再诉诸"关心自己"的原则。在不需要改变主体存在状态的情况下，只通过认知活动就能认识并得到真理，这是"认识自己"中自我与真理的根本关系。主体与真理的关系已经在认知中被固定了，更重要的是，这种认识是自明的，是"内在于认识的条件，且外在于个体的条件"[4]。内在于认识的条件就是那些形式的条件、客观的条件、认知方法的形式法则以及事物本身的"理性"结构。要认识真理，那个人必须不是疯子。[5] 这些条件、结构与法则都保证了认知活动最后的终点一定是真理。但是，这还不是全部，所谓的内在于认识的条件不只包括这些先天的理性设计，还包括外在于纯粹认识活动的特殊的文化条件：必须依照特定的方式，

---

[1] H. L. Dreyfus and P. Rabinow, "On the Genealogy of Ethics", in *Michel Foucault: Beyond Structuralism and Hermeneutics*, Chicago: University of Chicago Press, 1983, p. 236.
[2] HOS, p. 17. （中文版，第 15 页）
[3] DTP, p. 42.
[4] HOS, p. 18. （中文版，第 15 页）
[5] GL, pp. 98 - 99. 认知与疯子的问题，也涉及福柯与德里达的争论。福柯的回应，见"My Body, This Paper, This Fire", in EW2。疯子能够展现真理，是福柯在《古典时代疯狂史》中讨论的问题。

从道德到伦理：论福柯的伦理转向

在对科学的共识之下进行学习；符合特定的道德条件：为了了解真理必须真诚，真理不涉及任何利益而又有利于所有人，因此各方的利益都必须服从这个利益无涉的真理法则。然而，所有这些认知的条件都与主体毫无关系，人们不需要真正改变自己以获得真理。与此对应，人们也无法通过真理获得拯救。

除此之外，福柯并没有否认在笛卡尔哲学中存在一些自我实践的因素。福柯认为，笛卡尔的沉思并不是主体对他所思的内容的不断检查，而是主体对他自身的实践与改变。① 早在1972年，在回复德里达对他在《古典时代疯狂史》中所探讨的笛卡尔的"沉思"时，福柯就说，笛卡尔沉思的方法是一种主体化的过程："在沉思中，主体被他自己的沉思活动不断改变……沉思暗示了一个不断移动的主体，通过（思想中）发生的话语事件的效果而被改变。"② 也就是说，在沉思中强调的并不是主体对某个内容的审查，而是让主体处在时刻怀疑的状态去检查所有事情。这属于精神性传统的"怀疑训练"，即创造一个架空的理想环境，让主体处于其中去经受考验。这样看来，笛卡尔的确继承了部分古代哲学所说的沉思作为一种精神实践所拥有的对主体改变的能力。另外，福柯还认为，笛卡尔对"自明性"自我的肯定是一种坦言（parrhesia），"他这么做是想要首先与以教会的、科学的和政治的权威为名而对人施加引导（conduct men's conduct）的权力结构建构起一种关系"③。在另外一个地方，福柯也说道："我不认为我们能够理解笛卡尔定义他的哲学方法时的细致度，除非我们对于笛卡尔要批判的对象很清楚，那就是他想要将自己与基督教通常使用并且来自古代（特别是斯多亚学派）的精神锻炼区别开来。"④ 牧领权力与笛卡尔的"我思"都会要求主体处在一个怀疑的状态之下，然而当牧领权力要求主体通过对牧师进行坦白、对自我进行解释、生产关于自己的真理来解决自我内心中诸多的可疑之罪，笛卡尔

---

① HOS，p. 358.
② "My Body, This Paper, This Fire", in EW2, pp. 405–406.
③ GSO，p. 349.
④ HOS，p. 294.

第五章　构建自我关系的两种方式

则对这种方式表示拒绝，因为在所有可怀疑的事物中唯一不可怀疑的，就是我思。因此，笛卡尔以第一人称的"我"的沉思重新建立哲学基础，摆脱了传统精神锻炼中必须依赖精神导师的操练方法，因而是对充满权力关系的牧领权力的有力挑战。在某种程度上，笛卡尔的我思确实能被看作一种自我实践。①

然而，笛卡尔以"我思"建立起来的自我关系仍然是"认知的意志"。虽然不否认沉思会令主体发生改变，但仍然需要考虑的是：笛卡尔的沉思以什么方式给主体带来了怎样的改变？福柯认为，笛卡尔建立起来的是一种"理智的方法"（intellectual method），"它给我们提供一套对表象连续性的自主和系统的规则定义，并且只有在表象之间存在充足的、限定的和必要的联系，而且以逻辑的方式、毫无怀疑或犹豫地从第一个表象过渡到第二个表象时，我们才能在思想中接受它们"②。虽然笛卡尔的沉思需要对各种表象进行思考与怀疑，但是他的方法是检查表象之间是否存在理智的、逻辑的与知识的连接。沉思对表象依照尺度（la mesure）与规则（l'order）进行差异与同一性方面的比较，让它们能够被确定下来。当涉及表象的连续出现时，从一个表象到下一个表象的过渡也只有在理智的比较中才能确定其有效性。③ 因此，"理智的方法"在本质上仍然是认知的规则与表象的秩序。主体处在沉思的怀疑状态之下发生的改变证明了"认识自我"同样也能塑造一种主体性，然而，这种塑造的方式只是让自我符合理性原则的规定。相比之下，主体使用精神性的方法在面对表象的连续性时，则让表象自由地在思想中流动，并且在这种表象的流动中把握它。也就是说，表象的连续出现不在严格抽象的逻辑关系中被把握，而是在日常的生活与交往中被理解。由此可见，二者虽然都对主体

---

① 麦吉欣就认为，从福柯晚期的著作来看，笛卡尔的沉思可以被看作是一种精神性实践，而且是从个人的沉思发起的对于牧领权力的反抗，他以此拓展并重新理解了福柯早期对笛卡尔的研究。见 E. F. McGushin, *Foucault's Askesis: An Introduction to the Philosophical Life*, Evanston: Northwestern University Press, 2007, chap. 5; E. F. McGushin, "The Role of Descartes's Dream in the Meditations and in the Historical Ontology of 'Ourselves'", *Foucault Studies*, October 2018。
② HOS, p. 293. （中文版，第 228 页）
③ OT, pp. 55–64. （法文版，pp. 64–72；中文版，第 52—61 页）

141

自身有要求，然而笛卡尔的沉思是一种逻辑与知识的方法，不同于精神性的锻炼。可以说，笛卡尔借鉴了精神性的怀疑训练的方法，让主体在怀疑的思考中产生改变，但是这些都是在"理智"或者"认知"的框架中进行的主体化活动，因而区别于福柯晚期定义的精神性实践。

第三节 关心自己（Epimeleia Heautou）

"关心自己"是福柯伦理学的核心主题，也是与"认识自己"相对的另一种伦理传统。福柯之所以特别重视"关心自己"，一方面是因为，他发现在古希腊社会，"关心自己"是比"认识自己"更为基础的原则，而且是"认识自己"得以开展的背景。另一方面，比起之前的"性史"计划，对"关心自己"原则的探讨能在更一般的层面上研究主体与真理关系。福柯说："爱（eros）和操练（askēsis）是西方的精神性中理解主体为了最后能够通往真理而必须改变自己的两个主要方式。"① 爱在古希腊社会中就是福柯在《性史》第二、第三卷中分析的存在于男童以及其追求者之间的关系；而操练，它与后来基督教所说的苦行是同一个词，指的是一系列需要经过努力才能完成的自我实践，是福柯在最后三年的法兰西学院演讲《主体解释学》《对自我与他人的治理》《说真话的勇气》中讨论的主要对象。初看起来，爱和操练是同一层次的两种自我实践的方式，但考虑到福柯将操练视作一个普遍的自我实践概念，操练其实包括了爱的活动。这也是"关心自己"比"性史"计划更具普遍性之处。

从"性史"计划中对养生法、家政学与爱欲的特殊讨论到更普遍的"关心自己"，显示出了福柯晚期研究重点的变化。在福柯最后的岁月中，有两条主要的研究方向。一条是以《性史》第二、第三卷以及 1980—1981 年的《主体性与真理》为主的"性史"研究计划。经过伦理转向的"性史"计划是围绕在一系列的修身技术中展开的。

---

① HOS, p. 16.（中文版，第 14 页）

第五章　构建自我关系的两种方式

而另一条研究方向,则是在"性"领域之外更加普遍地讨论主体与自我技术等伦理问题。这一想法是在1983年福柯于美国伯克利大学接受访谈时提及的。福柯说:"我必须承认,相比于性,我对自我技术的问题更加感兴趣……性很无聊(sex is boring)。"出于这个原因,福柯在写《快感的使用》时很矛盾,一方面不得不写性,但另一方面却想脱离性的主题,只写自我与自我技术,于是这本书最终做出了一个出于平衡的妥协。更加让人感到惊讶的是福柯的另一个"性史"计划。福柯准备将《快感的使用》(*L'Usage des plaisirs*)作为整个《性史》的第一卷,用来处理古希腊以及古罗马的两种不同的性经验。第二卷是《肉身的忏悔》(*Les Aveux e la chair*),关于基督教的自我技术。随后,有一本独立于《性史》系列,专门处理自我的问题,叫作《关心自己》(*Le Souci de soi*)。[①] 然而,这个《性史》的计划最终并没有付诸实践,福柯将古希腊与古罗马的内容分成了两本书,分别是我们现在看到的《快感的使用》与《关心自己》。在《关心自己》一书的第二章"自我修养"中,福柯将"关心自己"作为一个普遍问题进行了处理。福柯说:"在公元初的几个世纪中,文献出现的——比对性行为的新约束方式更多的——是一再讨论必须关心自己。"[②] 但是限于《性史》的主题,仅仅一章完全不能解决原本想用一本书来讨论的问题,于是1981—1982年的《主体解释学》就充当了主要的补充研究。[③] 由此可见,福柯晚期的"关心自己"并不完全局限于"性"领域,而是事关根本的自我关系。

与"认识自己"一样,"关心自己"构成了主体与真理关系的另一根本维度。福柯认为,由苏格拉底开启的"认识你自己"经过柏拉图与亚里士多德,形成了一种自我知识的传统,基本上贯穿了整个西方历史,在这个传统之中,自我知识是认识的结果。而与之对应的是"关心自己",这种传统指向一种"精神性"(spirituality)。在比

---

① H. L. Dreyfus and P. Rabinow, "On the Genealogy of Ethics", in *Michel Foucault*: *Beyond Structuralism and Hermeneutics*, Chicago: University of Chicago Press, 1983, pp. 230–231.
② HS3, p. 41. (法文版, p. 58; 中文版, 第328页)
③ HOS, p. 514. (中文版, 第398页)

较广泛的意义上来说,"关心自己"是关于自身、他人以及世界的一种正面态度,是以自我为对象的注意或看的方式,也是以自我为对象的实践活动。

福柯之所以想要唤醒"关心自己"的传统,主要是因为"关心自己"这一传统在西方已经完全被遗忘,或者已经变成完全负面的概念。即使大家都认为现代性已经塑造且肯定了个体的优先性,但福柯却反问道:"所有这些要求赞美自己、崇拜自己、反省自己、服务自己的命令,它们还在我们的耳边回响,它们是什么呢?像是一种挑战和抵抗,一种想在道德上进行极端改变的欲望,一种道德时髦,是对固定的审美和个人主义阶段的断然超越。或者它们听起来像是,对不能坚持或依附于集体道德因而被取消的个体的一种忧郁或悲伤的表达,而且,面对集体道德的瓦解,他除了专注于自身之外无能为力。因此,这些表达产生的最初、最直接的含义与言外之意都是要让我们不要以为这些(关于自己的)准则有什么正面价值。"①

在福柯看来,个人主义只是一种尼采所说的消极的虚无主义,无力去肯定任何正面的价值,最终只能将自己局限在自我之中。然而在希腊化时代,哲学家们提出的诸多严格的道德要求从不涉及任何的政治强制力,也不关涉对不道德行为进行普遍的立法。相反,他们都坚持要把目光转向自我,通过对自我关系的改变来达成道德目标。这听起来有点类似于现在的"个人主义":与公共事务脱离,越来越关心自己的"私人"事务。但这与现代意义上的"个人主义"有很大的区别。首先,个人化并不是希腊化时期关注自我的方式,因为人们是通过关心自我重新建立与家庭或政治的联系。其次,所谓的"个人主义"不等同于关心自我,因为"个人主义"可以代表个人被赋予了绝对的价值、私人生活得到的绝对推崇,以及改变自我关系的强度(以自我为对象的改变、修正、净化、拯救等等)。②"个人主义"的这三种含义在历史上可能相互交叉重合,也可能没有太大关联。现代

---

① HOS, pp. 12 – 13.(中文版,第 16—17 页)
② HS3, p. 42.(法文版, pp. 58 – 59;中文版,第 328—329 页)

社会就在赋予了个人与私人生活绝对价值的情况下，丧失了自我关系的维度。因此，我们必须在非传统意义的"个人主义"中讨论"关心自己"的自我关系。

对比现代的"个人主义"式的关心自己，古代的"关心自己"从来都不是一种利己主义的或负面的原则，而是构成了严格意义上的道德之基础的正面原则。"关心自己"的正面价值体现在两个方面。第一，它是一种对主体的建构性原则。"关心自己"确实提出了一系列的理念与实践方法进行主体的建构，就其试图对主体进行建构的层面上来说，它是正面的原则。第二，它建构的是肯定的"自我"，而非对自我的否定。也就是说，在对自我进行建构的基础上，"关心自己"要对自我进行肯定，试图在自我中建立起肯定自我的因素，这不同于基督教（或佛教）最终对自我的舍弃。从肯定自我的层面来说，它是拥有正面价值的原则。在福柯看来，历史上一直有一些传统在阻止我们赋予"关心自己"以正面的价值，特别是不让"关心自己"成为我们的道德基础。这些传统包括了基督教的传统，也包括了哲学形而上学和科学认识论的传统。因此，福柯重提"关心自己"的伦理原则，不仅是出于一种道德史的追溯，更是出于真理史的需要，因为"关心自己"以一种独特的方式重构了真理与主体的关系。那些曾经宣称任何一种道德对于福柯来说都是不可能的研究者，那些批评福柯是相对主义、虚无主义的研究者，看到这里肯定会大跌眼镜。可是，福柯确实是从完全正面的角度来思考"关心自己"的伦理原则。

福柯对"关心自我"的讨论主要集中在希腊化时代和基督教普遍传播之前的古罗马时代，因为这个时期是"关心自己"的黄金时期。[1] 在摆脱了《阿尔喀比亚德》中所说的"关心自己"所需要的身份（统治者）、年龄（青年）、目的（治理城邦）和方式（只能通过认识自己的灵魂）之后，这个时期的"关心自己"变成了一个对于所有人的无条件的普遍原则：没有身份与年龄的要求，任何人在任何时候

---

[1] HOS, p. 81.（中文版，第65页）

都必须关心自己；不是为了治理城邦，自我就是目的；不局限于认知活动，而是将许多实践方式（医学、司法实践等）都纳入其中。"关心自己"成为一种生活艺术（l'art de vivre）①，也就是将自己作为一件作品进行雕琢与打磨，进行各种以自我为对象的实践来完善自己。

---

① HOS，p. 86.（中文版，第69页）

第六章　伦理的四元结构

在上一章中，本书已经讨论了"认识"与"关心"两种将自我建构成道德主体的方式。如果说"认识自己"与"关心自己"是自我关系漫长谱系中的宏大主题，贯穿了西方主体性的整个历史，那么在这两种自我关系之下仍然存在更细微的伦理分支，即不同的认识与关心自己的方式。为此，福柯搭建了一个四元结构来区分不同的伦理体系。四元结构的构成分别是：伦理实体的规定、服从的方式、伦理操练的形式、道德主体的目的论。福柯的伦理（l'éthique）特指自我与自我的关系（le rapport a soi）。自我关系并不是"对自我的意识"，而是个体将自己塑造成道德主体的方式。[1] 四元结构就是福柯用来研究道德主体自我建构方式的分析工具。

第一节　伦理实体

伦理实体的规定（la détermination de la substance éthique），"也就是个体把自己的这一部分或那一部分构造为道德行为的主要内容的方式"[2]。福柯认为，道德律令不是简单地外在于人，主要是因为人们可以选择一个道德律令对自己身体/灵魂产生效力的部分与方式。比如，"非礼勿看"这一道德律令可以只是对于一个人视觉的道德行

---

[1] HS2，p. 28.（法文版，p. 40；中文版，第 124 页）
[2] HS2，p. 26.（法文版，p. 37；中文版，第 123 页）

为要求，但人们在内化这一律令时，可能涉及对欲望、情感、意志、血气或其他身体/灵魂部分的控制，它们的强度、连续性与相互关系都能构成问题。因此，伦理实体就涉及我们究竟将身体的哪一部分看作伦理的对象，它们的哪些性质会成为伦理问题。福柯说，相比于外在的道德行为，这些内在于主体自身的灵魂斗争（les mouvements contradictoires de l'ame）才是道德实践的主要内容。这是伦理结构中的"本体论"（ontologie）。

福柯的"本体论"讨论的是伦理活动在自我之中的对象，也就是自我中的哪一部分的哪种态度或行为应该被看作一个伦理问题。在讨论福柯伦理学的本体论时，首先要避免将本体论的范围扩大的危险。比如，何乏笔将福柯的本体论看成"某种价值等级，此一等级乃确定修养过程的方向、运转方法和目标。例如，健康/生病、强壮/虚弱、雅/俗、纯/浊、邪/正，或野蛮/文明、身体/心灵、感性/理性等区分"[1]。可是，本体论首先并不是以对立概念为出发点的价值等级，而是要确定自我中的哪一部分成了伦理的对象。福柯所说的西方伦理谱系学的几个本体——古希腊的快感（aphrodisia：爱的活动）、基督教的肉体（chair）、现代性科学的欲望（desir）——都是内在于或属于自我的某一部分。本体论的首要目的是对自我之中的伦理实体进行确定，究竟是快感、肉体还是欲望，即确定哪一部分的自我可能会成为伦理实践中的主要问题。因此，对作为伦理对象的实体的确定是区别于价值等级的确定的。

其次，理解福柯的伦理本体论时另一个必须避免的危险，就是即使确定了伦理实体，在对这个伦理实体进行界定的时候，也不意味着一定需要确定一套价值等级，尤其是二元对立的价值等级。因为一旦将本体论理解为一套价值等级，那么就等于将自我关系的伦理理解成了以规范为导向的道德。然而，自我关系的伦理并不一定需要一套严格区分的价值等级。特别是对于福柯所说的古希腊的伦理来说，它的

---

[1] 何乏笔：《从性史到修养史——论傅柯〈性史〉第二卷中的四元架构》，《欧美研究》2002年第3期。

伦理实体是快感，但"事实上，古希腊人在理论反思和实践思考中，都没有表现出对精确定义 aphrodisia 的持续关注——不管是确定它的本质、界定它的范围，还是列出一系列关于它的要素的清单"①。也就是说，关于"快感"这个伦理实体，古希腊的伦理所关注的重点不是给它定义、揭露它的本质、搭建价值次序来对包含快感的活动进行分类与排序，所以对性行为以及快感本身的关注并不产生纯洁/肮脏的二分价值。相反，快感成为伦理实体的对象是因为在自然的状况下，性行为、其所引发的快感以及可能的欲望，这三者构成了一个互动的循环整体。需要考虑的是三者之间产生了何种互动，人们通过三者的互动获得了什么力量（force），应该如何掌控这种力量，而不是何种行为、快感、欲望是合乎人性、合乎道德规范的。这是"将行为、快感与欲望关联起来的力量本体论"②，而不是快感或欲望是否符合某种本质的本体论。因此，当何乏笔说，"不同修养模式出于不同的人性论，福柯所谓'伦理实体'乃指人性问题"③ 时，他误解了福柯的力量本体论的特殊意涵。

古希腊性伦理中的"力量本体论"正是福柯寄希望能够突破传统道德思考中"善—恶"二分思维的古代资源。如德勒兹所说，在福柯展现的古希腊的伦理中，希腊人"褶皱力量，却不致使力量不成为力量。他们将力量联系到自我，他们绝不是对内在性、个体性或主体性无知，相反，他们发明了主体，但只是作为一种衍生物、一种'主体化过程'（subjectivation）的产品"④。在性行为、欲望和快感中出现的力量问题，既是这些活动本身产生的力量问题，又由于这些活动都是在自我的层面上发生，也是主体如何处理这些力量的问题。而古希腊人的道德主体，并不是根据某一本质定义或价值的二分而来，

---

① HS2，p.38.（法文版，p.53；中文版，第131页）
② HS2，p.43.（法文版，p.60；中文版，第134—135页）
③ 何乏笔：《从性史到修养史——论傅柯〈性史〉第二卷中的四元架构》，《欧美研究》2002年第3期。
④ G. Deleuze, *Foucault*, tr. by Sean Hand and Paul Bove, Minnesota: University of Minnesota Press, 1988, p.101；[法]德勒兹：《德勒兹论福柯》，杨凯麟译，江苏教育出版社2006年版，第105页。

从道德到伦理：论福柯的伦理转向

而只是作为主体与力量关系的衍生物被发明的。在福柯看来，古希腊的伦理主体在面对性行为、快感与欲望产生的力量时，考虑的是两个因素：强度和角色。强度涉及的是主体在性活动中力量的大小问题，性本身没有问题，关键在于主体是纵欲的还是节制的；而角色涉及的是主体在性活动中是主动的还是被动的，是施展力量的一方还是接受力量的一方。[①] 关于性的伦理是对力量的掌控，是对"快感的使用"。

如福柯用规训技术和治理技术，而不是司法—主权概念来分析权力一样，福柯也是通过对力量本体的分析，而不是本质本体的分析，找到了一种更具可操作性的切入伦理问题的方法。这种方法仍然是对技术和力量运行的分析，而不是对规范与理念的分析。从这个角度来看，古希腊的伦理恰好提供了一种能够契合福柯一贯以来的思维方式的伦理形式：不是通过伦理概念与规范，而是通过力量的互动与具体实践的技术来塑造主体。因此，福柯对伦理实体概念的规定并不是无关紧要的，它让伦理实体可能超越本质主义（essentialism）的规定，超越价值的二分，变得更加自由且具有可操作性。在这个意义上，福柯的"偏好"继承了他一贯以来的分析风格。

出于对"力量本体论"的执着，福柯将"伦理实体"的概念看作一种分析工具：通过询问某个伦理体系中的"伦理实体"，我们能够确定这个体系中诸多力量的交汇点。因此，"伦理实体"的重点就不在于"快感"或"欲望"有什么本质，而是这些实体引发了怎样的力量活动。然而同时，伦理实体的问题在福柯哲学中并未完全历史化或相对化。也就是说，福柯并不认为所有伦理实体都同样地好。相反，福柯对于伦理实体是有所偏好的。基督教的"肉体"与现代社会的"欲望"都将主体之中某种最隐秘的东西作为伦理实体，这样不仅在主体内部要求对自我的剖析与改变，而且还纵容了权力对主体的过度解释。福柯意识到，虽然"伦理的四元结构"是一种分析工具，但四个元素之间并不能随意拼接，某种"伦理实体"一定会对"伦理义务"、"伦理实践"以及"伦理目的"形成约束与引导。如

[①] HS2, pp. 44-45.（法文版，pp. 61-63；中文版，第135—136页）

第六章　伦理的四元结构

果将隐秘的"欲望"看作现代伦理最重要的对象，那么"主体解释学"的危险就是难以避免的，即使在具体方法上可以有所调整。因此，福柯晚期之所以关注古代社会的"快感"（aphrodisia），也是因为它就处在较为平衡的位置。快感来自身体的愉悦，是自然感官的活动所带来的，其本身并不存在好坏的问题，也不需要过于深入的解释。相比于肉体，快感的问题在一定程度上被"外化"了，展现为强度与角色两个因素。其中，快感的过度是一个量的问题而非质的问题，而且也并不存在一个严格的规范（如现代科学中的剂量）以刻度的形式控制过度的快感。至于角色，则主要涉及快感的使用中两性的主动—被动关系，是主体是否将自己看作以及是否有能力作为（主动的）伦理主体的问题，而非我们通常所理解的符合某种规范的角色伦理。① 总的来说，福柯希望通过快感这个与主体有关但又不过分深入的伦理实体，探讨一种不同于肉体与欲望的主体解释学的伦理是否可能。

第二节　伦理义务

服从的方式（le mode d'assujettissement），"也就是个体是如何确定与这一规则的关系，并且认识到有责任实行这一规则"②。它主要处理的是人们通过什么方式确认自己与这条道德律令相关，并且因此必须要实践它的伦理问题。比如，"不能说谎"这条被康德视为绝对命令，但对于不同时代、不同身份的人来说却有不同的"服从方式"。"不能说谎"可能是犯人在面对严刑逼供时需要屈从的原则；也可能是一群人在玩"真心话大冒险"的游戏，所以大家都通过游戏一开始的"宣誓"遵守游戏规则来服从这一律令（"宣誓"的行为或者状态作为契约的普遍形态）③；或者如康德那样，视它为无论如何

---

① HS2，pp. 40–52.（法文版，pp. 53–71；中文版，第131—141页）
② HS2，p. 27.（法文版，p. 38；中文版，第123页）
③ 这类游戏虽然并不一定有一个宣誓的流程，但在游戏开始时，主办者通常都会强调：不许说假话哦，大家都会有所应答或以默认的方式来接受这一规则，以进入这个游戏。这类似于洛克契约论中的默认同意说。

151

都符合道德理性的绝对命令；或者就像《权力的游戏》中兰尼斯特家族的"族语"——"兰尼斯特有债必还"一样，是族人将其看作家族的高贵精神传统而以身作则地实践这一命令；或者如基督教中信徒面对神父或者上帝时，因为信仰而服从他们的命令。无论是以上例子中的哪一种，伦理主体都以不同形式与一种伦理准则产生了联系，并产生了履行它的义务。这是属于伦理结构的"义务论"（déontologie）。

在晚年的一篇访谈中，福柯更详细地解释了"义务论"处理的对象："我把自我关系的第二个方面称作服从的方式，即引发或促使人们认识到其道德义务的方式。例如，在文本中已经揭示的神圣法则，是不是自然法则，一种对每个生物都一样的宇宙秩序？是不是理性法则？是不是赋予存在以美的形式的意愿？"①

在福柯所描述的自我关系的谱系中，"神圣法则"指基督教《圣经》文本中已经给出的道德义务；"自然法则"与"宇宙秩序"指由斯多亚学派的世界秩序（理性）赋予个人以道德义务的方式；"理性法则"指康德绝对命令的理性的普遍性；"生存美学"指由古希腊的自己将自己看作一种有待完成的作品而产生的道德义务。除了这些之外，在福柯的作品中能够产生"力量"的"义务"还包括但不限于："科学知识"让个体通过认识而产生的认知服从；"君主—法律"通过宏大的主权权力形成的屈从；"规训权力"通过时间与空间的治理让个体服从正常的社会规范；"生命权力"通过统计学中一系列数据的变量对人口产生的规范化（normalization）效果。

但是，单单列举这些义务系统还没有抵达主体的伦理"服从方式"的内核。要理解福柯作品中讨论得如此多的义务系统，一方面需要认识到，福柯是在这些义务话语对主体产生"力量"的方式上，而不是就其本质上的真实性来讨论伦理义务的。福柯的义务论与本体论一样，都是出于分析"力量"的考虑：义务是一种"力量关系的褶皱"②。虽然神圣法则与自然法则从概念上来看都是普遍的法则，

---

① H. L. Dreyfus and P. Rabinow, "On the Genealogy of Ethics", in *Michel Foucault: Beyond Structuralism and Hermeneutics*, Chicago: University of Chicago Press, 1983, p. 239.
② [法]德勒兹：《德勒兹论福柯》，杨凯麟译，江苏教育出版社2006年版，第108页。

然而它们产生力量的方式、让主体服从的方式却完全不一样。这也是福柯强调的，在很多时候道德原则表面上不发生改变，然而它与主体之间的互动关系却已经产生了变化。比如关于古希腊的性伦理，普遍的法则有三类，分别关于身体的消耗、对妻子的忠诚、与男童的触摸关系。福柯认为，一直到早期基督教，关于性的三个主题以及法则并没有经过很大的变化，但主体服从伦理原则的方式，即这些原则产生义务的方式已经大不一样，古希腊是"快感的使用"（chrêsis aphrodisiôn），而基督教是对欲望的检查与禁止。快感的使用强调的是要以适当的时间、强度以及符合地位的方式来进行满足需求的性活动。这里的"适当"与"符合"虽然都涉及一些理性的法则，然而"使用"规定或者限制了法则影响主体的方式，那就是"个体不是通过把自己的行为准则普遍化，而是通过一种态度和追求来个性化并调节他的行为"[1]。这种态度就是使用，不是消除快感，而是引发适当的欲望延续快感，在对性活动的需求、快感、欲望之间保持良性的循环。

除此之外，福柯在义务产生时所考虑的不只是它的力量效果。如果我们还记得福柯分析真理时曾说过的"真理本质上是一套义务系统"[2]，我们就能更深刻地理解伦理的义务论。也就是说，义务论的重点不仅在于某种知识或权力能产生力量效果，还在于这些知识与权力被主体当作真理而认可，因此才在主体的自我之中自动产生了义务的向心力。不管是神法、世界秩序、普遍理性还是生存美学，它们都是通过福柯所说的真理化（veridiction）的过程才能在主体的自我关系中产生效果。主体通过一定的真理行为（truth act）参与到真理的运作之中，主动让真理体现在自己的行为以及存在状态之中，伦理的义务系统也通过真理得以施加于主体之上。

从真理化的角度来理解福柯伦理中的义务论，也有助于将主体与权力的运作方式区分开来。如果说君主也能产生让人们服从的义务，

---

[1] HS2, p. 62.（法文版，p. 84；中文版，第147页）
[2] STP, p. 12.

从道德到伦理:论福柯的伦理转向

那是通过其作为主权者享有的力量,依靠的是法律与惩罚的强制力。在"规训权力"中,权力的运行产生的义务效果不再像主权权力那么赤裸。规训产生的"顺从的主体,服从于习惯、规则与命令的个体"[①] 已经更少依靠强制力,而是臣服于更加温顺的管制,以及伴随监狱产生的一系列关于人的知识。人们通过将犯罪的动机、人性的知识以及关押、规训、改造的知识认可为必要的真理而服从于权力。因此规训权力产生的义务系统既来自微观权力的治理效果,又来自知识的真理效果。它所产生的顺从的主体也是权力和真理的混合体:被治理的被动服从与认知真理的主动服从。

在古希腊的"生存美学"中,福柯看到了一种"关心自己"的义务。它来自真理而不是屈从的权力,但又区别于"认知意志"的真理形式。同时,"生存美学"作为"关心自己"传统中的一个分支,也与基督教的真理显现方式有着不一样的义务效果。那么"必须关心自己""必须将自己作为一件艺术品雕琢"等伦理义务是如何产生效果的呢?福柯说,生存美学的关键"不是在真理话语中客体化(objectification)自我,而是通过自我实践与操练将真理话语主体化(subjectivation)"[②]。这句话点出了生存美学中主体确定一种真理话语对他产生义务效果的方式。主体是通过自我实践将真理话语变为自己(facere suum)的,从而让真理对自己产生义务效果。

然而,将真理话语变为自己的仍然需要进一步解释与区分。在福柯的理解中,与古希腊的生存美学相对照的是基督教早期的赎罪,二者都是一种存在的状态因而可以直观地比较。赎罪者通过将自己作为罪人的存在状态展现在大众面前,让真理在自己身上显现。福柯认为,真理在赎罪者的主体上显现是客体化了自我,他并不是获得了真理,而是让神圣的真在其身上显现。换而言之,虽然赎罪的主体经过了一系列的转变,并且展现了其作为罪人的状态,但当赎罪的状态最后被上帝认可并免去,真理显现时,他只是作为神圣的真理所显现的

---

① DP, pp. 128 – 129. (法文版, p. 132)
② HOS, p. 333. (中文版,第 257 页)

对象，他不拥有真理，或者说没有"主体化"真理。因此，神圣的真理在赎罪主体身上产生的义务效果，是通过主体在真理中被净化、被豁免、被拯救的"客体化"方式实现的。主体在真理显现之后确实产生了改变，但真理并不属于主体，他既不因此拥有说真话的能力，也不能在此之后成为真理的主体。而对于古希腊的生存美学来说，主体面对关于伦理命令的真理话语时，主体服从"必须关心自己"的伦理义务的方式是"主体化"的。抛开自我实践不谈（在下文"伦理操练"一节中将予以讨论），他是将真理话语变成"自己的"而让真理产生了义务效果。真理话语能够产生效果不仅是因为主体内化了该原则，还因为他用这个原则来建构自身，让自己真正成为真理的主体，成为伦理的主体。由此可见，同样是真理作为义务系统，但是生存美学的"主体化"与基督教赎罪的"客体化"有着完全不同的服从形式。

如果将生存美学与现代法条式的伦理做对比，那么它并不是一套关于生活的规则，而是生存的艺术。因为除了一些规定之外，更多的是主体能够选择他所需要的练习方式，而别人只是给予建议。生活成为一项有待完成的作品。福柯说，重要的是，"如果技艺（tekhne）是一套人们必须从头到尾、时时刻刻遵循的规则，那么如果主体没有那种能根据他的目标、欲求和意愿来使用他的技艺的自由以完成作为作品的自己的话，那么根本不会有完美的生活"[1]。因此，技艺（tekhne）不是去遵循一种规则，而是去遵循一种方式或风格，因为服从规则或服从某人都不能"主体化"自身。

综上所述，福柯已经列出了各种法则来解释伦理的服从方式，但是这些法则的内容却不是最关键的。问题在于主体服从这些法则的方式是使用还是禁止。而真理作为义务系统则指出，主体服从法则的方式关乎主体与真理的关系：主体是通过"主体化"了真理还是被真理"客体化"了，从而让自己服从义务。

---

[1] HOS, p.424.（中文版，第327页）

第三节　伦理目的

　　道德主体的目的论（la téléologie du sujet moral）是主体通过道德实践最终要达到的状态。由于"伦理操练的形式"最为重要，会占据较长篇幅，所以在这里先讨论"目的论"的部分。福柯这里所说的目的论其实不局限于"伦理"，而是道德规范、行为和伦理都指向的那个最终目的。但福柯之所以将目的论特别放在自我关系中讨论，似乎是因为福柯想要强调，这个目的不仅仅是一种通过规范和行为就能达到的"符合（道德规范）"状态，而是更偏向自我内在完成的存在方式。当然，福柯并不否认完全按照道德律令来生活可以是最终的目的，但在理论与事实上都存在其他形式的目的，这个目的可能是"幸福""不动心""顿悟""不朽""上帝的救赎"等等。伦理的目的论关注的更多的是当主体成为道德主体时，他是以什么样的方式存在。这是福柯伦理学中的"目的论"（téléologie）。

　　在《快感的使用》中，福柯论述了古希腊社会中伦理的两个目的：自由与真理。结合福柯在《主体解释学》的分析来看，古希腊的自由是关于男性能治理好自己，以让他最终能在家庭生活与政治生活中治理他人的理想目标。这种自由受到身份与地位的限制所以并不普遍，但并不妨碍它是伦理的最终目的。同样，在古希腊哲学中，主体最终到达真理也是对于特殊身份与地位的人的要求。真理是"逻各斯"（logos）所规定的东西，其与主体的关系有三种。一是"逻各斯"规定了灵魂中理性、激情与欲望的结构；二是"逻各斯"规定了具体实践的方式；三是"逻各斯"规定了自我对自我本体论的认识。[1] 达到伦理的目的意味着主体能以"逻各斯"所规定的方式行事，并在存在的方式中体现"逻各斯"。

　　从福柯作品中所用的篇幅能够看出，"目的论"并不是福柯论述的重点，但却是很容易被误解的地方。误解的地方主要在于，"上帝

---

[1]　HS2, pp. 87–88.（法文版, pp. 117–120；中文版, 第 165—166 页）

第六章 伦理的四元结构

死了"之后的现代社会所处的道德困境正是因为缺乏一个确定的道德目的,而福柯自己就是一个持此种态度的非本质主义者,他的哲学强烈反对一种目的论。那么,在这种情况下,福柯对古希腊及希腊社会中伦理目的论的论述意义在何处呢?比卢埃(Billouet)就认为,福柯所说的基于"逻各斯"的伦理已经被康德的批判理性摧毁,因此缺少了目的论支撑的伦理不能作为现代伦理困境的可选项。[①] 而著名哲学家皮埃尔·阿多(Pierre Hadot)在回应福柯对他著作的援引时说,福柯对古代存在美学的理解由于忽视了"逻各斯"的普遍性而可能变成一种时髦主义。[②] 这两种理解一种认为福柯对古代伦理的研究因为其目的论而不能适用于现代社会,而另一种则认为福柯为了对照现代社会而对古代伦理中的目的论还不够重视。看似矛盾的两种解读体现的其实是同一个问题:如果没有了目的论的支持,福柯晚期的伦理学还有多少意义呢?

本书认为,对上述质疑的回应并不依赖一种"回到古代"的解释,因为福柯并不认为我们可以照搬古希腊的伦理模式,或者说可以重新建立伦理目的让现代伦理回到那个关心自我的"黄金年代"。[③] 事实上,对福柯伦理目的论研究的质疑误解了目的论在福柯伦理学中的位置。一如福柯作为"非本质主义者"(或者被误解为"虚无主义者")所体现的,福柯在任何时候都不认为存在一个最终的目的,依赖对它的认识我们就能得到真理或者救赎。因此,福柯对伦理目的的研究很多时候只是描述性的:事实上古代哲学中存在以自由与真理为目的的伦理,基督教存在以救赎为目的的伦理。由于最终目的在古代伦理学中占有重要的位置,所以福柯对其的论述不可避免。但即使在这种情况下,福柯也只用了很少的篇幅,并给予目的论以边缘的位置。不同于亚里士多德在《尼各马可伦理学》开篇第一句就赋予实

[①] Pierre Billouet, *Foucault*, Paris: Les Belles Lettres, 1999, pp. 199–200.

[②] Pierre Hadot, *Philosophy as a Way of Life: Spiritual Exercises from Socrates to Foucault*, Oxford: Blackwell, 1995, chap. 7.

[③] 福柯在多次访谈中都提及他研究古代哲学的目的并不在此。见 H. L. Dreyfus and P. Rabinow, "On the Genealogy of Ethics", in *Michel Foucault: Beyond Structuralism and Hermeneutics*, Chicago: University of Chicago Press, 1983, p. 232。

践以目的:"每种技艺与研究,同样地,人的每种实践与选择,都以某种善为目的。"① 福柯没有将幸福(最高善)看作伦理的最后目的,而是仅仅将伦理目的作为四元结构中的一环而已,目的论并不是首要的研究对象。在福柯看来,他之所以要研究古希腊的伦理,不是由于自由与真理是人类本性应该追求但在现代社会被遗忘的东西,而是在于古希腊的伦理提供了一种独特的主体与真理的关系。于是,重点不在于真理的内容,而在于主体与真理的连接方式。古希腊伦理的独特之处不在于"逻各斯"的目的,而是主体与它的互动,对它的实践,主体如何通过它建构自我。因此,在福柯的伦理学中,指明主体如何操练以到达真理的"实践论"是最重要的,涉及真理如何对主体产生力量的"义务论"次之,规定主体的哪一部分成为真理对象的"本体论"再次,而真正告诉主体什么是真理的"目的论"则排在最后。

福柯对目的论的处理也显示了他对自由与真理的态度。不过分强调真理的内容,不是因为真理内容对古希腊的伦理不重要,而是福柯担心对真理的内容过多描述,会让现代的"认知意志"误以为,只要认识了真理是什么,主体就能够获得真理。由此可见,虽然真理作为目的也作为规则,出现在伦理的每一处位置,但它确实是最不重要的,福柯的非本质主义也在他处理目的论问题上凸显得淋漓尽致。

第四节 伦理操练

伦理操练的形式(formes du travail éthique)是自己加在自己身上的那些练习,一些关于节制、控制、理解、记忆或者听、说、读、写的技术。这些"工夫"也是福柯所说的"自我实践"(la pratique de soi)或"自我技术"(technologies de soi)。用中国哲学的术语来说,

---

① [古希腊]亚里士多德:《尼各马可伦理学》,廖申白译注,商务印书馆2003年版,1094a。

第六章　伦理的四元结构

这属于"工夫论"的范围。① 需要注意的是，虽然这种实践是自己施加给自己的，但并不意味着这是一种独自的修行，也不意味着它脱离了权力关系，因为在进行自我实践的时候，往往有他人的参与，他人甚至是不可或缺的。这属于伦理学中的"实践论"（ascetique）。

在传统的伦理学中，相比于伦理知识，伦理实践往往是边缘性的。伦理实践被看作服从于伦理知识或者实践理性的活动。但伦理操练却取代了知识与目的成为福柯伦理的核心，对福柯伦理的许多质疑只能在实践论这里找到答案。伦理操练成为福柯伦理的核心有多方面的原因。

首先，在福柯试图在性领域之外、以更普遍的形式研究主体与真理关系时，"关心自己"是主体与真理关系的基本模式。而在"关心自己"的原则中，精神性（spirituality）又是最重要的，精神性就是自我的伦理实践，是那些"探寻、实践和体验，主体为了能到达真理而通过它们在他自己身上进行的必要转变"②。精神性要求主体在自我实践中改变自己的存在状态，以这种改变作为主体通往真理的前提。正是通过精神性的操练，福柯区分了"认识自己"与"关心自己"。"认识自己"凭借的是先天的认识能力或者认识结构，不要求主体通过精神性的操练改变自己，即使当主体需要改变时，也只是让自己遵从认识的内在条件与法则。"主体通往真理的条件是在认识之内被界定的"，同时也是在主体之外的社会现实之中被界定的。③ "认识自己"的外在性体现了其不依赖伦理实践而是依赖认知来连接主体与真理的缺陷。福柯对古希腊伦理的研究正是要破除"认识自己"的"认知意志"在哲学话语中的连续性话语，因此，

---

① 何乏笔将 ascetique 译为"工夫论"，贴合中国语境，见《从性史到修养史——论傅柯〈性史〉第二卷中的四元架构》，《欧美研究》2002 年第 3 期，注释 35 指出："希腊文 askēsis 的本义为'练习'（exercice）（包括心灵上的修持与躯体的锻炼在内），因此将 ascétisme 译成'工夫论'、ascèse 译成'工夫'。在中国传统儒释道各自的语言体系中，修养工夫可分成修身、修行及修炼三种。当然，'工夫论'翻译的究竟意涵必须从跨文化修养史的考虑来理解。于此便略而不谈。"
② HOS, p.15.（中文版，第 13 页）
③ HOS, p.17.（中文版，第 15 页）

从道德到伦理：论福柯的伦理转向

伦理操练成了福柯取代"认知"作为主体与真理连接途径的概念。

其次，从福柯伦理的四元结构来看，伦理实践是连接伦理对象（本体论）与伦理目的（目的论）的途径，也是主体产生伦理服从（义务论）的场所。因此，自我实践是连接主体与真理的关键所在，是让主体产生改变的必经步骤。在伦理实践中，主体总是"通过一种态度和追求来个性化并调节他的行为"[①]，因而产生一种非普遍化的个人风格。于是，我们在福柯对伦理实践的描述中能看到一系列自我实践的技术（听、说、读、写等），也能看到一种态度（关心自己），但最后的目的（自由、真理）与有德性的主体通常被虚化了。实际上，如果说福柯伦理学的主体是有待建构的，而真理的目的论又是虚设的，那么伦理的操练则是福柯认为真正能改变主体的场所。或者说，主体在伦理操练中真正产生了变化，并且通过这种变化慢慢成为伦理主体。正如福柯在"道德谱系学"层面讨论社会道德化时，并没有将工人的耐心、勤奋、节制、守时看作工人依其定义就必须具备的道德目的，而是探讨了资产阶级采用了何种道德化的技术让工人的道德得以生成。同样，在自我关系的伦理中，福柯也淡化了伦理目的，反而强调主体是通过哪些自我技术来成为伦理主体。通过借用伦理实践来淡化目的论在伦理结构中的重要性，福柯其实也部分地回答了现代伦理中目的论缺乏的问题。如果说福柯认为的现代伦理原则是"关心自己""将自己的生活作为作品雕琢"从而达到自由的目的，那么"关心自己的原则是在 tekhne tou biou（生存美学、自我技术）的普遍问题中形成的"[②]。在关心自己的生存美学中，将自己作为对象进行伦理实践才是伦理的重点，而各种伦理实体和目的虽然各有优劣，但却是可以选择与变动的。

最后，福柯晚期将哲学本身看作一种伦理操练。在福柯看来，哲学活动并不是对知识的认识与积累，而是"通过对一种陌生知识（savoir）的实践，去探索自己的思想中有什么是可以改变的。这种

---

① HS2，p. 62.（法文版，p. 84；中文版，第147页）
② HOS，p. 447.（中文版，第346页）

第六章 伦理的四元结构

'尝试'……是哲学的本质,至少当我们假设哲学仍然如以前一样,是一种'操练'(ascèse),一种思想中的自我练习"①。这里所说的陌生的知识包含了各种学说、理论,但福柯强调的不是学习或鉴别这些理论的真假,而是通过思考它们来改变主体存在的状态。思考本身就是一种自我实践,是改变主体的精神性实践,而哲学就是一种通过对自己思想的练习而改变主体自身的实践活动。

为了深入理解至关重要的伦理实践论,必须先讨论知识与实践的关系。讨论的必要性在于以下几个问题:在伦理实践中是否必须接受知识的指引呢?如果是的话,那么对于伦理实践来说,最重要的不仍然是去认识哪些才是对的(真的)吗?如果说福柯真的认为必须区分"认识自己"与"关心自己"的原则,那么就需要解释认识与实践之间的关系——解释在主体与真理的连接方式中,实践与认知究竟各自扮演了什么角色。

福柯讨论了希腊化时期三个学派的知识问题,以此来回答"关心自己"是否必须依赖一种将自我作为对象(客体)的知识。首先是犬儒学派(Cynics)的德梅特里乌斯(Demetrius)。他认为,必须区分有用的知识和无用的知识,只有对人有用的知识才是值得认知的。由于大自然会把对人有用的知识呈现出来让人们看到,而无用的知识是那些被大自然隐藏起来的,只有通过因果关系才能得到的知识(knowledge through causes)。诸如潮汐现象的发生和双胞胎的生产等都是由隐藏的原因所导致的结果,即使认识了这些被大自然所隐藏的原因,也与人们的生活毫无关联。因此,在德梅特里乌斯那里,因果知识是无用的知识。有用的知识是关联性(relational)的知识。这种知识之所以有用,是因为它们能被立即转化为伦理规定(prescriptions),将人与世界、神联系起来。"它们既是对于真理的根本陈述……也是我们无论如何也应该遵守的行为准则。"② 福柯强调,德梅特里乌斯对知识的分类并不取决于它的内容,而是取决于知识的形式:是关联性的还

---

① PS2,p. 9.(法文版,p. 16;中文版,第 111 页)
② HOS,p. 236.(中文版,第 186 页)

161

是因果性的。关联性的知识让主体知道如何去做，并且能够改变主体。福柯认为，德梅特里乌斯对知识经验性的区分在希腊化时期具有普遍意义，那就是如果一种知识能影响人们的行事风格（ethos），那么这种知识就是有用的，即使这种知识是稍显"遥远"的、关于世界或神的知识，而不是关于自身的生物学知识。

伊壁鸠鲁学派（Epicurean）则用一个概念覆盖了通常所说的知识，这就是能赋予人们以风格（ethos）的知识——ethopoetic，这种知识也是与自我实践相关的自然知识（phusiologia）。自然知识（phusiologia）是与教养（paideia）对立的，后者能提供一种大众所羡慕的、值得骄傲与炫耀的知识，而前者则能用来：（1）为自我的将来做准备（paraskeue），为"主体和灵魂装备和准备，让主体能恰当地、充分地、有效地武装起来以面对人生中可能会遇到的境况"[1]；（2）成为自立（autarkeis）的人，依赖自己就能够很好地生活；（3）能够从自我那里感到骄傲，而不从周围的事物中获得认可。福柯同样在伊壁鸠鲁学派这里看到了自然知识之所以为知识，是因为它能给主体提供行为的方向，并且改变主体存在的方式。并不存在关于自然的知识与关于人的知识的对立，因为知识的重要性不在于对象和内容，而只在于知识是否能够与主体的自我实践相关。福柯说：真理"并不是将灵魂或者自我作为对象去研究的知识（connaissance）。而是那些能改变主体存在的关于事物、世界、神和人的知识（savoir）。真理必须影响主体"[2]。

斯多亚学派（Stoics）则将所有的知识都在 tekhne tou biou（生存美学、自我技术）的原则之下组织起来。福柯首先研究了塞涅卡的《自然问题》中自我知识与自然知识的关系。自我知识并不脱离于自然知识，相反，只有在恰当地了解了自然知识之后，才能正确地确定我们在自然中所处的位置。这说明关于自我的知识并不是内在于人自身的，而只是自然知识的一部分。对自然知识的掌握能够帮助我们得到自由，但这种自由不是拯救式的或完全脱离这个世界，而是能更好

---

[1] HOS, p. 240. （中文版，第 189 页）
[2] HOS, p. 243. （中文版，第 191 页）

第六章　伦理的四元结构

地审视自己以便与自然更好地联系起来，并且能让自己退后一步，从高处审视我们所处的世界。自我与世界的关系也让世界知识成为一种精神知识。[①] 而奥勒留的《沉思录》中的精神知识则从最细微的观察开始，先观察事物的内部，理解它的性质和价值，并总是定义与描述意象（phantasia）在自我的心灵中展现的对象。为了进行这些实践，必须在心灵中保持一些必备的原则（parastema）。这些原则既是真理，又是行为的准则，为主体定义善、自由和实在。福柯认为，虽然塞涅卡与奥勒留的精神操练方式各有不同，但在世界知识与自我知识的一致性上是相同的，那就是他们都将世界知识"模态化"（modalization）了。福柯所谓的"模态化"，就是将世界知识变成一种能够转化主体的形态，成为一种与自我相关的精神知识。这种"模态化"的精神知识：（1）要求主体必须改变自己才能够认识这种知识；（2）改变后的主体能更恰当地认识事物的实在性和对于自己的价值；（3）要求主体根据自己的实在状况来反思自己；（4）给主体指出了幸福的存在方式。[②] 在福柯看来，与伊壁鸠鲁学派相比，斯多亚学派虽然强调对世界的认识，但最终世界知识要以"模态化"的方式转化为与主体相关的精神知识，主体为了能够认识需要改变自己，但同时，主体也通过认识改变了自己。改变主体的存在状态，这就是精神性知识的真理性所在。

从福柯对希腊化时期三个学派的知识论的分析可以看出，首先，不管是犬儒学派排斥无用的因果知识，还是奥勒留观察事物最细微的性质，他们的目的都不是确定作为客观对象的世界知识，而是确认那些能够作为伦理规则对主体行为进行指引的精神性知识。如果说世界知识是有意义的，那仅仅是因为它关乎自身，能改变主体存在的方式。福柯想要强调的是，世界知识与自我知识在这里是一致的，或者说，世界知识被自我知识模态化、精神化了。其次，伦理主体的形成确实需要理论知识，也就是那些能给主体提供伦理原则的知识。对于

---

① HOS, pp. 271–287.（中文版，第212—224页）
② HOS, p. 308.（中文版，第239页）

主体来说，这些原则的确是"真的"，只有它们确实是真理的情况下，才能为主体提供伦理指导。然而福柯的论证重点并不在于主体是如何"确认"这些知识是真的，而是强调这些知识对于主体来说确实产生了真理效果。而之所以有真理效果，不是因为这些知识在"客观"上是真的，而是因为精神性的知识对主体提出了前在的要求：如果要认识真理，就必须先改变自己。对主体的改变就是真理的效果，但"认识"某种客观的知识，仅仅"知道"一些关于主体的知识也不能被称为拥有真正的真理效果，因为真理必须改变主体的存在方式。同理，在认识真理的过程中，主体被真理影响而改变了自己，只有在这个层面上，才能说真理真正被主体"认识"了。最后，由于关于主体的所有知识都不是客观知识，所以只有在主体与这种知识建立了联系之后，这种知识才能称为真理，才能产生真理效果。而要建立主体与真理的联系，仅仅依靠理论学习（mathēsis）是不够的，必须依靠实践（askesis）。

事实上，如果不依赖实践，任何知识都不能成为主体的知识。在福柯对奥勒留的精神知识进行分析时就谈道，为了能够在精神中保存 parastemata（真理原则和行为准则），必须对自己进行精神训练，依照这些原则对出现在自己思想中的意象进行界定、考察与检验。因此，福柯对于伦理知识的看法应该是：独立于主体的知识不能产生真理效果，没有经过主体实践的知识不属于主体。

如果说主体的伦理实践是主体与真理连接的关键所在，那么实践是否只是对精神性知识的应用呢？福柯也反问道："当我们停止从学习（mathēsis）—知识（connaissance），即世界知识的角度来思考自我转化，而是从实践的角度，从自我对自我的操练的角度来思考自我转化时，我们难道不会发现我们自己不再处于真理的领域，反而处在法律、规则和规范的领域中吗？"[①]

福柯认为，这种印象只是现代人的一个误解，以为真理只能通过认识获得，而到了实践领域，就只是对法律、规则和规范的遵守与应

---

① HOS, p. 317. （中文版，第 245 页）

第六章　伦理的四元结构

用。但在古代哲学中，情况则恰恰相反，自我实践并不是对法条的简单服从，而是主体内在化真理的过程与场所。当古希腊人说"伦理实践是一种真理实践"时，并不意味着存在一个真理，我们服从它并对其应用，而是说真理实践本身就是主体获得真理的必经之路。伦理实践是将主体与真理连接在一起的活动，是真理显现在主体身上的过程，是主体获得真理的途径。在福柯看来，从古代到现代，在历史上存在一个从实践真理到服从律法的转变，从精神性知识（savoir）到客观知识（connaissance）的转变。这种转变将主体与真理连接的方式固化为"认识自己"的"认知意志"，让道德变成一种对规范的服从。

在作为更普遍的主体与真理关系的"关心自己"中，伦理实践是最重要的。尤其是希腊化时期的伦理实践，它不同于柏拉图主义对灵魂的认知性回忆，也不同于基督教时期舍弃自我的苦行，它是以建构伦理自我的积极原则为指导，为主体将来所面对的事件做准备的自我实践。操练能够让主体真正内化真理，从而给予主体以能力应对一切可能的情况。

为未来做准备（paraskeue）是操练的实际目的，而操练作为真理实践则能保证准备的有效性。福柯认为，在希腊化哲学中，"准备"有以下几个特点。①

首先，为生活做准备"更像是摔跤而不是舞蹈"。相比于舞蹈中姿态锻炼目的的不明确性，练习摔跤就是为了防止被外界力量击倒。这说明了这种准备应对的是外在的事件而不是对自我的聚焦。这与基督教的苦行中对自己的警惕完全不一样。在福柯看来，基督教的苦行因为是对内心隐藏的、有待自我解释的东西的警惕，所以是无穷无尽的。且不说基督教最后的目的是引导人抛弃自我，只考虑基督教的自我修行常常处于教会或牧师的制度化指引之中，主体就陷入了固定的权力关系之中，也因此，伦理主体便无法积极建构起来。"准备"在对象和目的上都与苦行相反，它是对自我的练习以建构自我来预防外

---

① HOS, pp. 321-327.（中文版，第249—253页）

在的事件。

其次,最简单与最有效的准备是告诉主体一些 logoi(话语),让主体通过话语迅速地装备起来。但仅仅将 logoi 看作真的命题、原则和公理是远远不够的。因为这些真理话语虽然都是以"逻各斯"为基础的,但并不代表它们能够不经过练习就被主体吸纳。福柯强调这些话语并不是被抽象地理解的,而是通过"物质性的陈述"(statements with a material existence)而被主体获取的。也就是说,主体需要认真聆听这些话语,并集中精力记住、回忆且复述它们。话语如果不通过锻炼,不通过"物质性"的媒介,就无法装备到主体身上。

最后,"准备"的完成意味着主体与真理产生了永久的连接。一旦事件发生,主体便能通过自己已经获得的真理来应对,主体可以"退回自身,因为人就是逻各斯"。在这里,福柯看到了"退回自身"的积极意义,它不同于个人主义的"道德时髦",不同于集体主义的瓦解后的洁身自好①,也不是萨特式的成为真实的自我(to be truly our true self)②。而是凭借自我操练,让主体和真理产生联系,以便随时能够依赖自身应对外界发生的事件。

总而言之,伦理操练是一种准备活动,"一整套有规则的、可计划的,让个人能够形成、确定、定期地重新激活、一旦有需要就加强这种准备的一连串步骤"③,是主体为了让真理能够成为自己行为准则的必要过程。为了让真理从一种理性原则(logos)变为主体的伦理风格(ethos),主体必须在精神性的操练中转化真理话语,让它变成自己的。通过操练活动,主体成了真理的主体。

---

① HOS, p. 12. (中文版,第 11 页)

② H. L. Dreyfus and P. Rabinow, "On the Genealogy of Ethics", in *Michel Foucault: Beyond Structuralism and Hermeneutics*, Chicago: University of Chicago Press, 1983, p. 237.

③ HOS, p. 327. (中文版,第 253 页)

第七章 说真话作为一种伦理：坦言

第一节 坦言的概念

坦言（parrhesia）[①]就是上述伦理操练（听、说、读、写）中"说"的伦理实践，能提供最快以及最有效的为主体未来做准备的话语（logoi）。坦言最早出现在古希腊文本中——παρρησία，在词源学上意味着"说出一切（坦率、敞开心扉、直白地说、公开地说、自由地说）"[②]。然而福柯认为，词源上"说出一切"的意义"并没有真正地或根本地，遗传给坦言"[③]。因为坦言并不是简单地说出一切，在坦言中，言说者作为说真话的主体将自己与真理联系起来，同时也

[①] parrhesia 中文有多种翻译，佘碧平将其翻译为"坦白"[见《主体解释学（法兰西学院演讲系列，1981—1982）》，佘碧平译，上海人民出版社 2005 年版，第 283 页]，但是翻译成坦白无法将其与基督教的"坦白"（忏悔）区分开来。钱翰、陈晓径将其翻译为"直言"（见《说真话的勇气》，钱翰、陈晓径译，上海人民出版社 2016 年版，第 8 页），但是很快我们就能看到，parrhesia 不仅有"直接言说"这个层面，翻译成直言无法表达出 parrhesia 的伦理内涵。赵灿将其翻译为"诚言"（见赵灿《诚言与关心自己——福柯对古代哲学的解释》，上海人民出版社 2017 年版），但由于"诚"在中文语境中一般理解为真诚无妄，加上其在儒学中"反身而诚"的丰富内涵，翻译为诚言容易被误解。张旭将其翻译为"说真话"（见张旭《论福柯晚期思想的伦理转向》，《世界哲学》2015 年第 3 期，注 12），但"说真话"包含的意义太过宽泛，因为基督教的忏悔、司法实践中的坦白等所有真理言说都只是说真话的不同形式而已。本书在此折中将 parrhesia 翻译为"坦言"，是为了避免"坦白"（基督教背景）、"直言"（缺乏伦理意涵）、"诚言"（过于强烈的中文色彩）以及"说真话"（外延太广）的缺点。

[②] HOS, p. 366（中文版，第 282 页）；DTP, p. 40。在拉丁中被翻译为 libertas，在法文中被翻译为 franc-parler，英文中被翻译为 free speech。

[③] DTP, p. 37.

作为伦理的主体承担起说真话的伦理责任。它不仅是一种特殊的说真话（veridiction）的形式，还是一种特殊的伦理操练（askesis）的方式。

在对福柯的坦言进行进一步研究之前，有必要先梳理坦言在福柯思想中占据的重要位置。从文本上来看，坦言是福柯晚期研究最多的问题。在 1981—1982 年的法兰西学院演讲《主体解释学》中，对于"听、说、读、写、思"这几种伦理的自我实践，福柯特别花费大量篇幅讨论了坦言（"说"）的重要性。在接下来两年（也是最后两年）的法兰西学院演讲《对自我与他人的治理》以及《说真话的勇气》中，福柯更是将所有精力都放在了坦言在政治领域和伦理领域中的不同意义与功能上。另外，1982 年在法国格勒诺布尔大学的演讲《坦言》（"Parrhesia"）以及 1983 年在美国伯克利大学的演讲《话语和真理：对坦言的问题化》（"Discourse and Truth: The Problematization of Parrhesia"）都是对坦言主题的集中研究。[1] 由此可见，对坦言问题的思考占据了福柯的最后时光，因此对福柯晚期伦理进行研究不能不涉及坦言问题。

从福柯哲学理论本身来看，坦言也是最重要的概念之一，其重要性体现在三个方面。

第一，坦言处在真理、权力与主体的交汇点上，因此坦言甚至能被看作整个福柯哲学的中心点。我们已经知道，晚期福柯以知识（真理）、权力、主体作为三条轴线重新整理了他一生的作品，在福柯哲学的每个时期，只有某一条轴线突出，而另外两条轴线则隐藏起

---

[1] 1983 年伯克利大学的演讲，见 Michel Foucault, "Discourse and Truth: The Problematization of Parrhesia", 6 Lectures at University of California at Berkeley, CA, Oct—Nov. 1983, https://foucault.info/parrhesia/；另外，已经有一本题为《无畏的言说》（*Fearless Speech*）册子对此次演讲内容进行了整理和出版，虽然题目翻译得不够准确，然而内容是大致无误的。1982 年在格勒诺布尔大学的演讲最早被收录在法文杂志 *Anabases* 上，见 Michel Foucault, "La Parrêsia", *Anabases*, No. 16, 2012；英文版见 Graham Burchell 翻译发表于 *Critical Inquiry*, Vol. 31, No. 2, Winter 2015, pp. 219 - 253。除此之外，由亨利 - 保罗·弗鲁肖与丹尼尔·洛伦齐尼整理的《"话语和真理"以及"坦言"》对福柯 1983 年在伯克利大学和 1982 年在格勒诺布尔大学的演讲进行了整理与注释，是更为精确与完整的版本。见 Michel Foucault, *Discourse and Truth and Parrhesia*, eds. by Henri-Paul Fruchaud and Daniele Lorenzini, Chicago: University of Chicago, 2019。

第七章 说真话作为一种伦理：坦言

来作为论述这一主轴的支撑。三条轴线（三个主题）之间的转换也能在一定程度上解释福柯的伦理转向。[①] 但是在坦言这里，真理、权力与主体三个要素却同时显现，且缺一不可。福柯说："坦言处在说出真理的义务、治理术的程序与技术与自我关系的建构的交叉点上。"[②] 作为一种特殊的真理显现的方式（alethurgic）、真理行为（truth act）、说真话的方式以及真理义务的效果（veridiction），坦言产生了真理话语与真理的效果。作为一种治理自己与治理他人的技术，坦言一定处在与他人的权力关系之中，因此必定涉及治理术的权力范畴。作为主体进行伦理操练的形式之一，说出真话这项技术对主体提出了伦理要求，因而重新建构了主体自身。由此可见，坦言能作为理解福柯哲学连贯性的核心概念。

第二，从伦理与道德的比较来看，坦言（parrhesia）作为一种说真话的伦理，与坦白（aveu，confession）作为一种说真话的道德形成了最直接的比较。福柯自己就说，他晚期对坦言以及关心自我的研究，是为了找到基督教说出一切（tout-dire）的坦白在古代哲学那里的根源，也就是坦言。[③] 基督教的坦白与古希腊的坦言有类似的结构，它也处在真理、权力与主体的交叉点上，然而却是以负面的形象出现的。而福柯对坦白的一些判断也完全适用于坦言，比如说主体在坦白的真理行为（truth act）中，同时作为真理的操作者（actor）、见证者（witness）与对象（object）。坦言也完全符合这一标准，但每一方面的特征都是与坦白对立的。在福柯晚期的作品中，坦言和坦白的对比虽然分散但随处可见，足以说明福柯是在古希腊与基督教两种说真话的方式的对比中进行伦理研究的。这也为本书将坦白的道德和坦言的伦理作为两个章节进行对比研究提供了支持。

第三，福柯对坦言的研究不仅是以"关心自我"的原则重新梳

[①] 见 HS2, p. 6（法文版, pp. 12–13；中文版, 第 109 页）；ABHS, p. 24；STP, p. 12。
[②] GSO, p. 45. 在另一处，福柯说，在坦言（parresia）中我们遇到了西方哲学中重要的三极：真理（aletheisa）和说真话，政体（politeia）和治理术，品行（ethopoiesis）和主体的生成，见 CT, pp. 65–66；中文版, 第 54 页。
[③] DTP, pp. 4–5.

理古代哲学，还试图以坦言的伦理属性重新定义当代哲学的目标。坦言将会允许哲学成为"说真话"的实践，而不是确定命题的真、认识客观的真或坦白自我的真的活动。福柯寄希望于坦言以及"关心自我"的真理实践来重塑哲学中"真理"的概念。除此之外，由于坦言是主体自由的、需要冒一定风险的言说，它所具备的伦理属性能够为哲学提供批判的功能：对现代社会的知识、治理术的批判。如果哲学家不是坦言者，不能够说真话，那他就不是哲学家，因此，坦言也是一种哲学的生活方式。①

第二节　坦言的伦理属性

福柯晚期主要讨论了两种形式的坦言：政治的与伦理的坦言。在政治的坦言中，又细分了民主制中的坦言与对君主的坦言。坦言在民主制中是通过政体（politeia/politique）得到保障的，即"定义公民地位、权利、决策、选举方式等的宪法和框架"②。民主制能够通过其制度本身的规范性来给政治的坦言提供场地与保障。与此相比，对君主的坦言，是通过政治的权力关系与运作（dunasteia）得以实现的，其只是由一种模糊的"坦言协议"（parrhesiastic pact）而得到保障的。由于坦言者的真理言说让自己和真理话语联系在了一起，所以他所说的真理对他自己构成了威胁："当我给你建议时，你要求我坦诚地言说，而我也不满足于告诉你那些我判断（judge）为真的东西。只有当这个真理是我所是（what I am myself）的时候，我才会告诉你；我与我说的真理绑定在了一起。"③ 因此，需要一种特殊的坦言协议来保障其安全，"如果他希望更好地治理，那么拥有权力的人就必须接受那些弱者对他说的真话，即使是那些让他不愉快的真话"④。但坦言协议只是由主权者个人给予的一种不确定的道德保障，即使达

---

① DTP, p. 15.
② GSO, p. 158.
③ DPT, p. 32.
④ GSO, p. 163.

成了坦言协议,"这种坦言的处境仍然得以保留,因为在这个协议中,没有真正的义务(real obligation),而只有道德承诺(moral commitment)"①。也就是说,坦言协议在法律上并没有任何实质的保证,依赖的只是坦言双方的伦理品质。

福柯强调,不应该将政治中的两种坦言混淆,也不能将一方归于另一方,特别是不应将民主政治中由政体(politeia)保障的坦言看作解决政治中说真话问题的唯一方法。因为"虽然政体(politeia)保障且定义了坦言发生的场所;但是坦言——政治家的说真话——却是保证政治游戏合理性的关键"②。福柯认为,民主制尽力在制度上保证说真话的安全,却导致了两个意想不到的效果。其一,民主制在免除安全的同时也夺走了坦言的伦理属性。如果没有危险,言说就难以进入真正的伦理情境中,言说者也难以成为一个说真话的人。其二,即使在民主制中,这种危险也不可能完全免除。苏格拉底的例子已经证明了这一点,虽然法庭对他的指控是不信神和腐蚀青年,然而在其背后隐藏着的却是民主社会缺乏说真话的前提以及民主社会的统治者——公众对说真话的恐惧。

换言之,即使在民主政治下,说真话也充满着危险,因而极为依赖坦言者的伦理品质,更不用说在寡头制或君主制等其他缺乏制度保障的政体中了。随着希腊城邦的衰落,政治中坦言的实践慢慢从对民众言说转向对君主言说,这就更加强调了权力关系中坦言的重要性。同时,坦言的政治属性也慢慢向伦理领域转移:"从直接关涉城邦的治理,变成对自我的治理以治理他人。"③ 在古希腊与希腊化社会中,伦理坦言逐渐成为政治坦言的基础,并且出现了与政治无关的私人关系的伦理坦言。

伦理坦言是本节研究的主要对象。坦言并不只是一种技术,而是关于"说"的伦理实践,是成为伦理主体的必要操练。坦言在伦理操练中特别重要,一方面是因为所有的练习都是为了让主体能够获得

---

① DTP, p. 53.
② GSO, p. 159.
③ GSO, p. 303.

真理，为未来的事件做准备，而让一个人的脑海中有一些关于真理的命题、原则和公理是最简单与最有效的准备方法。但脑海中的真理并不是抽象的原则，而是"物质性的陈述"，这就是所谓的话语（logoi），那些"实际上被说出来的句子，那些他实际听到或读到的句子，他集中精力，通过日常训练在记忆中复述它们"。① 导师说出的言语就是话语最直接的来源，它们是学生实际听到的、以理性为基础、具有说服力、能够迅速将主体武装起来的话语。所以坦言作为一种"说"的伦理实践，其重要性在于话语能够有效地传递真理，让主体做好准备。另一方面，检测主体是否完全吸收了真理话语，成为真理—伦理主体，也是看他是否能够说出真理，能否对他人坦言。所以，坦言也是伦理主体完成的标志。

福柯说："一方面，操练是为了让我们获得在每一种环境、事件和人生阶段都需要的真理话语，以构建恰当的、完满的和完美的自我关系。而另一方面，操练同时能让我们成为真理话语的主体，成为说真话的主体，成为通过说真话、通过说（enunciating）本身、通过说真话的事实而被升华（transfigured）的主体。"② 由此可见，"说"有三重的伦理功能：首先，它传达了真理话语，让其成为主体思想中的物质性存在，成为精神性操练所依赖的真理来源；其次，"说"本身作为一种伦理实践能够升华主体，"说"本身就是对主体的一种考验；最后，能否说真话是检验主体是否获得真理、是否建构了良好的自我关系的标志。

坦言在众多的伦理实践中也非常特殊。如果说"听、读（思）、写"是所有伦理主体都必须进行的实践，那么"说"的实践并不是普遍的。它不属于未成为伦理主体的人（比如学生）需要/能够进行练习的实践。也就是说，当一个人还处于被指导的状态，还没有形成正确的自我关系时，他是不需要进行坦言实践的，因为他还没有建立与真理的连接，没有将真理变成自己的，不可能说出真话。在

---

① HOS, pp. 322 – 323. （中文版，第 249—250 页）
② HOS, pp. 332 – 333. （中文版，第 250 页）

第七章 说真话作为一种伦理：坦言

导师与学生的真理—伦理关系中，聆听是属于学生的伦理实践，而坦言则是专属于导师的伦理实践与伦理责任。坦言的真理游戏对对话双方都有各自的伦理要求。

学生的聆听是主体为了成为说真话的主体而必须经过的实践，这也就是"精神性"所要求的主体为了通往真理而必须经过的改变。"听是真理话语主体化和操练的第一步"①，虽然听是被动的感觉，但真理首要是通过听进入主体之中的，因此主体要在听到的话语中收集"逻各斯"，收集那些能对自己灵魂产生帮助的真理。从听到的真理中有可能建立最开始的行动准则，灵魂的德性可能通过听，被真理话语所唤醒。但是人们仍然要学会如何去听，因为听是一种需要学习与练习才可能具备的技术。福柯认为，由于听是获得真理的前提，它还不到技艺（tekhne）的程度，所以它不太需要知识，而只需要经验和练习。由于我们想要听到的话语是真理，所以聆听的标准是要筛选和净化那些符合"逻各斯"的话语，它主要包含了三种练习方式。② 第一种是沉默。在最开始学习时，学生是没有说话的权利的，不能发表任何意见，只能沉默地聆听。沉默是一种关于"忍耐"的精神锻炼，它要求学生不要把听到的东西立刻转化为话语，因为这样会陷入饶舌的激情中。沉默是为了记住并保存听到的东西，让它经过灵魂。第二种是身体态度。灵魂要不受干扰地接受真理话语，身体就必须保持绝对的安静，因为身体的动荡可能会影响灵魂的安宁。但同时，聆听者的身体又要展现出一种正在接收真理的专注，以身体积极的姿态表现出来。第三种是注意力的训练。一方面需要注意那些标志着真理的哲学论断，另一方面需要注意关心自己，将刚刚听到的真理记住并融入灵魂之中，将它们变成自己的。

之所以需要介绍"听"的实践，是因为学生需要展现出一定的伦理品质，以此激发导师对其展开坦言实践。学生在聆听中表现出的沉默、积极且专注的姿态，表现出的听的渴望，以及被指导者在接受

---

① HOS, p. 334.（中文版，第258页）
② HOS, pp. 342–350.（中文版，第263—271页）

真理之前对主体自身的伦理改变,正是坦言得以发生的前提条件。这也体现了坦言中双方的关系并非单向的灌输,而是在作为自由人的导师与(因为具备听的能力而)有可能实现自由的学生之间的真理传授。

　　作为已经有能力说真话的人,导师的坦言既是对自己伦理品质的展示,也是一种伦理实践和考验。坦言的目的是真理的传递,是"为了学生能够有效地以恰当的方式、在恰当的实践和条件下接受真实的话语"①,是赋予"一个主体他过去不曾有,但在这种教学关系结束时应该具备的态度、能力和知识等等"②。这种真理传递依靠的是导师说真话的伦理实践。之所以说是伦理实践,是因为坦言虽然也要求话语的真,但真正定义坦言的是导师的伦理态度。在坦言中,导师通过真理话语影响学生的灵魂,但这种影响并非通过权威的控制、命令或指挥来发挥作用,不是服从一种命令,形成一种被动的自我关系,而是通过耐心的引导、勤奋的教学、善意的回答并且对自我情绪的控制。这样在导师与学生之间就能形成一种良好的氛围,才能让坦言的对象真正拥有真理,获得对自我的主权。因此,导师对学生的慷慨(generosity)是坦言的伦理责任的核心,慷慨意味着真理以毫无保留、清晰明白的方式传递出去。坦言对于导师来说同样是一种考验。首先是来自聆听者对导师是不是合格的坦言者的考验,需要在双方的交流中,在导师的言语和行为中不断地验证他是否具有说真话的品质。③ 其次,对于导师自身来说,说真话是对自己伦理美德的展现与考验。他必须证明自己是一个坦言者,是一个能够将真理清晰说出的人,是一个能够控制自己不受奉承与危险的影响,仍然能够说出真话的人。他的坦言也对他自己的存在方式造成了改变,因为坦言将他与自己所说的内容完全地连接在了一起。④

　　为了更好地理解坦言的特性,我们可以将福柯对坦言与坦白的论述放在一起进行对比。坦言和坦白同处于"三条轴线"的交叉处,

---

① HOS, p. 372. (中文版,第289页)
② HOS, p. 407. (中文版,第316页)
③ DTP, pp. 38 – 39;HOS, p. 399. (中文版,第310页)
④ GSO, p. 68.

第七章 说真话作为一种伦理：坦言

但是坦言的伦理属性与坦白的道德属性在言说者、言说条件、言说方式、言说内容以及言说目的上都形成了完全的对立。在福柯看来，基督教的坦白虽然也处在真理、权力与主体的交叉点，但"坦白的话语……不能像爱欲艺术（ars erotica）那样来自一个导师的权威意志，而是来自下层，作为在一些专横的强迫之下斩断了自由或遗忘纽带的言语行为的义务……处于统治地位的并不是那个正在说话的人（因为他是被束缚的），而是那个正在聆听并一言不发的人；并不是那个知道并回答的人，而是那个提出问题并假定自己并不知道的人"①。我们可以对坦白的普遍特征做出基本判断。

首先，它是由处于权力关系中被动地位的信徒来说出真话，以供处于高处的牧师检查。坦白者是因为自己的灵魂上有罪恶或缺陷而需要说出关于自己的真话。按照坦言的标准来看，坦白的言说者并不是伦理主体，没有达到能够说出真理的伦理品质。而实际上拥有真理通道的牧师却不需要言说，他还要"假定"自己对于个体内心的恶一无所知，从而以一种类苏格拉底的"助产术"的方式引导对象坦白自己。而坦言，则是由拥有真理的导师进行言说。导师不仅拥有真理，还通过坦言将自己与所说的真理连接起来，以自己的存在显示且担保话语为真。

其次，坦言的伦理条件与坦白的无条件形成了鲜明对立。福柯在说明坦言特点时引用的爱比克泰德（Epictetus）的一个比喻能很好地说明这一点。爱比克泰德说，在导师与学生的关系中，导师才是那只绵羊，如果要让他开口指导（要让羊吃草），学生必须能唤起老师指导的意愿（带着羊去牧场），展示自己具备接受导师坦言的能力（让草的青翠被羊看见）。② 坦言是有条件的言说，是导师在学生身上看到了某种伦理品质才发起的言语活动。是一种由上到下，从拥有真理的人对没有真理的人的言语行为，是导师给予学生真理引导的言语行为。③ 同样是以羊为比喻，基督教与古希腊哲学展现了完全相反的对

---

① RC, pp. 61 – 62.
② DTP, pp. 25 – 26.
③ DTP, p. 5; HOS, p. 366.（中文版，第281页）

象、形式与目的。在基督教的牧领权力中，牧师对羊群的关怀是毫无前提的，是牧师无条件的责任。牧师既需要了解每个个体的情况，保证每个个体的拯救，又要在羊群作为一个整体的层面保证所有人的拯救，这就是牧领权力无条件地对个体与整体的拯救责任。[1] 这也是由牧领权力发展而来的现代治理术的特征：无条件地对每个身体与灵魂在个体上与总体上（人口）的关心与指导。

再次，坦白并非主体自由的话语行为，而是在制度化的权力强迫之下的言说，主体面临的危险是因拒绝坦白而被教会革除教籍的惩罚。从坦白的谱系来看，对特定牧师进行定期的坦白是相当晚近的发明，是教会为了加强对信徒灵魂的治理所做的制度变革。[2] 主体坦白的义务来自牧领权力，二者处于一种极端不对等的权力关系。虽然对话者的关系已经被制度化，但不应该过于简化坦白中的权力关系，因为牧领权力仍然蕴含了真理政制。作为达到拯救的中介，牧师被视为拥有真理通道、能够与上帝建立联系、能够理解《圣经》的文字、能以身作则地告诉人们如何行动与生活的人。[3] 真理与权力的结合是坦白得以运作的真理政制，在"你必须坦白"的道德命令中蕴含着权力，而它之所以能成为道德命令，是因为它暗示说出真话就能得到拯救，同时也暗示通过对牧师坦白能够更好地认识自己。但牧师能够进行指导的前提是对方对自己真理的坦白，坦白的内容成为牧师指导的基础。因此，对于坦白的道德命令来说，它的说服力来自一种在对他人的言说中重新编码自身的可能，[4] 但这同时也把主体无限地敞开在了权力面前，因为坦白说出了关于自己的一切细节。坦白的特殊性就在于此，它是通过"义务性地对真理的提取而主体化"个体。[5] 坦白的道德义务来自权力，也来自真理与拯救的可能性。

最后，这种坦白言说的层面位于主体内心深处，是需要挖掘的秘

---

[1] STP, p. 129.
[2] AB, pp. 173–175.
[3] STP, pp. 180–181.
[4] GL, p. 304.
[5] STP, p. 185.

第七章　说真话作为一种伦理：坦言

密，需要被牧师解释的罪恶。坦白的主体并不需要改变主体的存在状态以说出真理，相反，他自己心中就存在关于自己的真理，只是需要在牧师面前得到帮助并说出它们。在主体"天生"拥有说真话的权利这一点上，基督教的坦白与民主的辩论有高度的相似性。福柯也认为，不管是坦白或是辩论，如果主体没有事先成为说真话的主体，却反而将说真话看作理所当然的权利时，就会导致主体根本不能够说出真话。① 在坦白的内容上，进行的并不是真理（逻各斯）在灵魂之间的传递，而是被指导者对自己内心/行为真理的陈述。同样，只需要坦白，只需要说出关于自己的真理，就已经宣告了主体的无罪，保证了拯救的可能性。②

坦言与坦白的对比也是伦理与道德的对比。道德是无条件地针对每一个个体的，但道德的普遍性同时也带来了权力的普遍性。在福柯看来，无条件的普遍性自身就是一个道德问题。坦白的主体不需要任何条件就能进行真理言说，而换来的是牧师无条件地就能够关心自己。先天的认识论强调主体只需要外在地符合理性规则，就能在不改变自己的情况下认识真理，同时也能换来证明知识对主体的普遍权力。启蒙运动赋予了每个人追求自由与真理的可能，但也将"普遍、自由和公共使用的理性强加在每个人的身上"。每一个人仅仅因为其存在就享有的权利，一定伴随着每个人自其出生就陷入的权力关系，这也是福柯研究的生命政治所处理的问题。③ 这样看来，道德和普遍性构成了一个对称的循环：道德规则要求普遍性，但普遍性本身就已经是一个道德问题。与此相对，坦言完全不是普遍的要求或内在于每个人的权利。坦言从一开始就基于一种伦理区分：拥有什么品质的人在什么情况下对着什么人才有说真话的义务。伦理区分确保了通往真理的条件性，同时也保证了任何真理/权力都不以普遍的形式自动地

---

① 见"1984 年 2 月 8 日第一课时"。福柯认为民主制中没有伦理的区分，所以导致说真话在制度上的不可能。
② HS1，pp. 61 – 62. （法文版，pp. 82 – 83；中文版，第 41 页）
③ 从生育到死亡的管理，生命权力的治理术需要处理每个人以及作为总体的人口的一切问题。

加在主体之上。基于这种伦理区分，处在权力/伦理关系的双方才有自由选择承担真理义务的可能。

特别是对于坦言者来说，他已经拥有了真理，但他主动将自己与真理话语绑定在一起，承担了说真话的风险。主体通过坦言将自己与真理关联起来，将真理主体化，同时让自己承担真理义务。主体并没有因为真理的必然性就丧失自由，恰恰相反，在承担说真话的义务的同时，坦言却是对真理最自由的使用与展现。[1] 坦言者对真理的自由使用并不体现在对命题真假的判断上，因为坦言者的真理言说完全处在伦理维度。一方面，坦言者主动承担了说出真话的危险，这是自由言说的体现。另一方面，坦言者将自己与自己所说的真话完全绑在了一起，真理的言说让他的存在方式更加清晰地展现出来，甚至改变了他的存在方式。坦言主体在说真话时是处在"言说的事件"（event of utterance）之中，处在"话语的戏剧"（dramatics of discourse）之中。[2] 在事件与剧场中，福柯找到了主体使用（体现）真理的自由维度，也找到了主体在实践中成为伦理主体的场所。真理言说的事件性与真理剧场，让我们重新回到了福柯在伦理转向之前就构想过的自由的可能：通过"事件"达到自由。

如果稍微回顾一下福柯早在 1973 年就研究过的"事件的真理"的话，我们立刻就会发现坦言作为一种真理实践，它与"事件的真理"有诸多的相似。"事件的真理"有如下特点：（1）并不会在每一个时刻、每一个地点出现，它是非连续的真理；（2）这种真理永远是隐藏的，但不构成事物存在的基础，或者说它与事物的关系不是以本质（理由）—表象的方式；（3）对这种真理的认识永远是有条件的，它只在特定的时间、地点、场景、时机、对特定的人显现；（4）对真理的认识不依赖理性，而是依赖策略与斗争，以对主体的震动而显现；（5）这种真理不具备普遍性，只以事件的形式出现。[3] 在事件性真理中，真理并不是靠理性的思考获得，而是靠恰当的时机、仪式与

---

[1] GSO, p. 67.
[2] GSO, p. 68.
[3] PP, pp. 236–247. （法文版, pp. 236–247）

第七章　说真话作为一种伦理:坦言

策略来获得。主体与真理之间的关系也并不是认知主体与客体之间的关系，而是一种如闪电击中身体般的灵感、震动或冲击。因此，处于这种情境之中的真理并不是一种知识（connaissance），而是一种权力关系。福柯也将这种以事件形式出现的真理称为"真理—闪电"（verite‑foudre），来标志这种真理的非连续与显现的条件性，以对应以普遍性存在的"真理—天空"（verite‑ciel）。

在事件真理所需的条件、权力关系以及真理的非客观性上，坦言都与它有很大的相似性。坦言也需要条件、需要建构权力关系而且传递的知识也不是客观的。这意味着福柯晚期的真理观很有可能是事件真理的延续，都是福柯为了反对普遍的"证明性真理"[①]而开辟的新的真理维度。虽然如此，坦言作为一种言说仍然与事件的真理有本质上的区别，而它们的区别恰好体现在坦言和关心自己的伦理属性上。

在福柯晚期文本中，"事件"的概念有了很大的变动，除了刚刚提到的"言说的事件"是在积极的方面描述坦言带给主体的改变之外，在大多数情况下，事件都是在"负面"的场景中使用的。在第一种情形下，福柯将事件与意外等同起来，视之为主体的伦理操练需要抵御的东西。主体进行伦理实践为自己的未来做准备，就是要应对将来可能遇到的各种事件，防止被突如其来的事件带来的震动击垮。[②] 因此，福柯晚期所说的伦理操练正是为了让主体获得真理、做好准备，以抵御事件。事件在这个层面上，成为一种需要主体提防的危险，一种与"逻各斯"对立并需要处理的未知。而我们看到，福柯在权力研究时期，仍然使用"真理—闪电"来形容事件的真理给人带来的震慑与改变。即使事件的真理仍然处在权力关系之中，福

[①] 证明性真理（verité démonstrative），我们熟悉的科学知识与大部分哲学知识都属于此类真理。这类知识作为真理的特点在于：（1）它假设真理在所有的时间与空间中都无所不在，它是连续的，没有任何断裂；（2）这种真理可以是隐藏的也可以是开放的，但却始终在场（présente），构成事物存在的依据；（3）对真理的认识永远是可能的，失败只是由于我们自身没有足够的条件，而不是真理不可知；（4）在理论上，对真理的认知对所有人都开放，没有人对其有特殊的获知渠道，但要认识它仍然需要一套特殊的思考工具、方法与语言（福柯认为也是一种仪式）；（5）这类真理的显现方式是证明式或命题式的（aponphantic）。见 PP, pp. 235–236。（法文版，pp. 235–236）

[②] HOS, pp. 94, 132.

从道德到伦理:论福柯的伦理转向

柯还是将它看作一种权力双方在其中可以操作、使用策略与斗争从而获得真理的场景。事件的真理因此给予了主体在权力关系中获得自由的可能性。但是到了"伦理时期",事件的突然性却成为需要提防的危险。

事件概念出现的第二种情形,是当福柯谈到基督教的救赎时,事件作为救赎得以可能的场景,然而这也是一种负面的事件。福柯认为,基督教的救赎"总是与事件的戏剧化力量联系起来,它要么被定位在世界性事件的时间线中,要么处于与此完全不同的上帝时间的永恒之中。总之,正是这些——历史的或元历史的——事件在救赎中起作用:罪过、原罪和堕落(的事件)让救赎成为必要。并且,在另一方面,转化、悔罪或基督的道成肉身——再一次强调,个人的、历史的或元历史的事件——组织并让拯救得以可能。因此,救赎是与事件的戏剧性力量相关的"①。这段话具有非常重要的意义,因为基督教的救赎得以可能,同样是基于事件的戏剧性力量。而在刚刚谈到坦言时,福柯同样说,坦言者因为处于言说的事件和戏剧的力量中,而获得了改变主体的可能。而福柯显然在基督教的坦白与古希腊的坦言之间做出了区分,那么该如何理解事件在救赎和坦言之间的不同呢?

福柯认为,在希腊化时期,"救赎"概念的使用并不是宗教式的,而是哲学(或者说伦理)化的。作为哲学概念的"救赎"所依赖的不是戏剧化的"事件",而是主体的活动或者"操练"。福柯说,哲学的"救赎是主体对自身不断的操练,当他不再受到外在的干扰,当他在自身中感到满足时,他就将在主体与自身的某种关系中得到补偿。总而言之,救赎就是小心的、持续的和完满的自我关系的形式……我将其称为希腊化和古罗马的拯救,对于希腊化和古罗马哲学的拯救来说,自我就是拯救的行动者、对象、手段和目的"②。哲学的救赎就是以自我为目的的伦理修行与操练,让自己能够保持警惕、远离危险并保护自己。而且,这种救赎也不是依靠牧师或者上帝

---

① HOS, p. 181. (中文版,第 144 页)
② HOS, pp. 184 – 185. (中文版,第 147 页)

第七章 说真话作为一种伦理：坦言

的豁免而获得的救赎，而是自我对自我的救赎，是"处于警惕、抵抗、对自己行使主权、控制自己的人对一切攻击和侵犯的回击"[①]。福柯将哲学的自我救赎与戏剧化的事件救赎区别开来，是为了去除宗教事件中的神秘以及对他者的依赖性。哲学的自我救赎不仅拒绝将事件看作一种启示，反而将它看作一种可以准备与预防的危险。通过对自我的伦理操练，自己能够抵御事件并且完成拯救。福柯在希腊化的哲学中看到了一种在世界之中、依赖对自我的练习就能通过自己得到救赎的可能。它既不同于古希腊时期对城邦的依赖（必须在城邦之中才能实现善），也不同于基督教在另一个世界、依赖戏剧性的事件以及他者才能获得的救赎。

事实上，坦言是坦言者对他人的救赎，或者说帮助他人获得哲学上的救赎。由于坦言需要对他人的关心，需要说出真话并传递逻各斯，并且最终让坦言对象摆脱外在的帮助，仅仅依靠自己就能通向真理，所以坦言需要以稳定的手段让坦言对象建立稳固的自我关系。在这一点上，断裂、非连续、不稳定的事件就不适用于主体，反而成为需要被抵御的对象。

然而，我们又该如何理解，福柯说坦言是主体在其中改变、澄清、确认自己的存在方式的"言说事件"和"话语戏剧"呢？在笔者看来，我们不能认为福柯晚期的伦理学完全抛弃了事件概念，或者说希望完全将自我关系固定下来。因为伦理实践不同于伦理知识，在每一次实践中，主体的活动与经验都能被看作一次单一的事件。在这个层面上，伦理实践自身具备的差异性也能被看作一种事件。事件的真理仍然不同于证明的真理，伦理的实践活动仍然不同于伦理知识的认知活动。因此，当福柯说坦言是言说事件时，他并不是在断裂的意义上谈论事件的，而是在事件不具备普遍性，而必须依赖主体的改变与不同的言说情境来看待事件的。结合福柯对基督教的救赎必须依赖事件的断裂的解读来看，福柯终于在晚期对"事件"概念做出了伦理区分。事件的差异性以及事件对主体的改变得到了保留，但事件的

---

① HOS, p.184.（中文版，第146页）

181

断裂性则在一定程度上被淡化。或者说，对于主体而言，事件不再具有如拯救那样，不经过操练就能被启示的断裂意义。正是事件的伦理属性区分了基督教与希腊化完全相反的救赎概念，我们才能理解坦言作为对他人的救赎是如何成为"言说的事件"但又与基督教的事件救赎区分开来的。

　　由坦言建立起来的伦理关系具有特别的意义。在福柯看来，坦言可能发生在多种不同层次的关系之中，在导师—学生之间、民主讨论的公民之间、君主与谏臣之间以及朋友之间等等。但构建这些伦理关系的并不是某种等级规矩或戒律，而是坦言的伦理实践：言说者的坦言以及接收者的聆听所构建的伦理空间。坦言的伦理性在于它的目的既是真理的传递，又是帮助接收者建构自由的自我关系。除了真理和自由的伦理目的之外，坦言作为一种伦理实践，它要求主体改变自己的存在方式、通过一系列精神性的实践去获得真理。坦言对接收者产生的真理义务并不是来自权力的强迫，而是来自坦言者对真理的慷慨传递对接收者灵魂产生的积极效果。福柯在古希腊的坦言中看到的不仅仅是历史学的史实或社会学的事实，而是一种人与人之间新的伦理关系。如果说希腊化时期的自我救赎能看作对危险事件的抵御，那么现代主体的关心自己也有可能成为对知识—权力的准备与抵抗。

结　语

从更大的思想史背景来看，福柯思想的伦理转向暗合了这个时期法国思想在整体上的伦理转向。在20世纪80年代，德里达明确地将他的解构主义应用于伦理领域，诸如对正义、好客、友爱等话题的讨论，而在此之前，解构主义所具备的伦理与政治哲学潜力还只是一个尚待发掘的可能。德里达的伦理转向，受惠于他的老师列维纳斯（Emmanuel Levinas）对"他者"（the Other）伦理的研究。而也是经过德里达的引用，人们才发掘了列维纳斯所说的"伦理学是第一哲学"[①]的意义。

福柯与德里达在20世纪80年代的伦理转向体现出法国思想对伦理的持续关注。然而综观"二战"后的法国哲学，我们会发现存在主义之后的法国哲学，不管是结构主义、后结构主义或是解构主义思潮，最初都被认为是与伦理无涉的，甚至是非伦理的。可是事实上，这个时期的法国思想却是根植于对"二战"所引发的伦理危机的思考，而这种思考在本质上就是伦理的。这其实显示出一种尴尬的处境，那就是除了存在主义者之外，战后的法国思想家一方面不愿将无前提的普遍的人道主义（humanism）看作伦理的起点，另一方面又难以找到从积极（positive）方面讨论伦理问题的起点。因此，从福柯、德勒兹、德里达等人的作品中，我们经常看到对理性、同一等概

[①] "Morality is not a branch of philosophy, but first philosophy." Emmanuel Levinas, *Totality and Infinity: An Essay on Exteriority*, tr. by Alphonso Lingis, London: Martinus Nijhoff Publishers, 1979, p. 304.

念的讨论与批评，但这些不仅仅是形而上学意义上的讨论，更是他们对"二战"所引发的现代伦理困境的伦理反思。只不过所有这些讨论，在没有找到伦理根基的情况下，都只能暂时保持一种否定的色彩。在这个意义上，诸多寻求"差异"的法国思想，既是对形而上学的同一性的反叛，也是伦理的诉求与无奈。

在1980年之前，对普遍伦理基础的怀疑也影响到对列维纳斯的哲学著述的接受。早在1961年，列维纳斯的《整体与无限》(Totality and Infinity)就已经发表，然而比起福柯同年出版的《古典时代疯狂史》，这本如今被认为能让我们重新思考伦理问题的哲学著作在当时却没有得到学界的关注。《整体与无限》被忽视的原因是多方面的，[①] 但在思想层面还是得归结于当时普遍存在的对人道主义的不信任，以至于任何讨论普遍伦理的著作都难以得到共鸣。福柯与他同时代的哲学家拒绝将人本身看作伦理的起点，这不仅意味着他们拒绝了传统的道德说教（人的本性"human nature"），拒绝了存在主义对存在先于本质的人类境况（human condition）的描写。这一双重拒绝与海德格尔在《关于人道主义的书信》中的态度非常类似。[②] 通常认为，人道主义是对人道灾难的拯救，是现代社会道德的底线。但在经历了法西斯的恐怖之后，基于普遍主义与整体主义的伦理思想就被视作不能带来拯救，反而是人道灾难的开端。如福柯所说，现代思想中"关于人的知识……总是与伦理和政治相关"，且总是试图以人的名义让"他者必须变得与自己一样"。[③] 对于这些法国哲学家来说，现代社会的发展所经历的历史事实与其存在的内在矛盾，都让上述伦理学失去了基础，坚持它们只可能导致更大的伦理灾难。因此，他们认为"二战"之后的伦理学不再能够如以前一样讨论人的普遍本性或境况，而必须另寻出路。由此看来，法国思想

[①] 其中有当时法国巴黎学术圈的原因，也与现象学在法国哲学界的遭遇有关。见 Gary Gutting, *Thinking the Impossible: French Philosophy Since 1960*, Oxford: Oxford University Press, 2011, p. 119。

[②] [德]海德格尔：《路标》，孙周兴译，商务印书馆2000年版，第379页。

[③] OT, p. 328.

结　语

的伦理转向，是在拒绝了一系列伦理可能性之后，是在否定性的尝试之后才生发的思想转变。

不过，除了以上所说的拒绝各种形式的人道主义之外，一如当代法国哲学一直强调的差异性，他们思考伦理的方式完全不一样。比如，与列维纳斯对"他者"的重视不同，对于福柯来说，没有必要将伦理描绘为主体与他者的相遇，因为主体从一开始就已经存在于众多他者之间，权力关系已经提前预设了他者的存在。而且，与他者的相遇也不单单是一种来自"面孔"（face）的伦理诉求，主体身处一个更加复杂的权力关系中。对于每一个主体的生成，不仅要考虑他者的存在本身，还要考虑知识与权力关系，甚至连主体所处的伦理境况（角色）、所接受的伦理理论（真理）都是有待处理的问题。而对主体生成的所有这些条件的理解与处理，本身就是一个伦理问题，是主体自身伦理风格形成的必经之路。同样，德里达通过弥赛亚精神表达的对"他者"的召唤与期许、不可解构的正义等思想在福柯哲学中也找不到类似的回应。

总的来说，"二战"后的法国思想对伦理的持续关注一直是从一种否定的伦理出发，在对普遍性与整体性的伦理学的拒绝中摸索新的伦理的可能。而福柯、列维纳斯与德里达则以不同方式对伦理问题进行了思考。有趣的是，"伦理转向"的说法恰恰就说明了福柯与德里达正式进入伦理讨论之前，他们对语言、文字、知识、权力等现象的思考通常不被人们看作是伦理的，然而他们的哲学都说明了，对世界的思考与态度本身就是一个伦理问题。

福柯哲学一直体现了思考的伦理性，但当经过了明确的伦理转向之后，当他的思考涉及主体与伦理时，人们对福柯理论的态度却发生了巨大的变化。如果说福柯早期宣告的"人之死"尚可接纳，那么福柯晚期对现代自我关系的抛弃与重建却显得比"人之死"更难以接受。究其原因，人们常常将"人之死"看作是那些外在于人的知识和权力所导致的结果，自我反而可能因为"人之死"而得到解放。但当福柯晚期呼吁人们鼓起勇气抛弃现代的自我关系时，他的许多读者甚至感到了一种背叛，因为他们常常将现代自我关系看作抵抗权力

从道德到伦理:论福柯的伦理转向

以及虚无主义的最后堡垒。① 对于诉诸"关心自我"来抵抗权力的福柯晚期伦理来说,最大的困难不是让人们回归内在的自我以对抗外在的权力,而是让人们放弃对"自我"的迷恋。现代对"自我"的迷恋体现在一系列流行的关于自我词汇的使用中:回到自身、解放自己、成为自己、创造自己、本真地活。福柯意识到,这种对自我自恋式的幻想是伴随着"上帝之死"之后的人的绝对化,这同时也意味着,要正式地宣告"人之死"比福柯原本想象的更难。因为这不仅仅是要否定关于人的外在知识,还在最根本上触及了每个人对自我的内在关系。"自我"既是知识—权力的作用领域,同时也是主体自己对自己进行塑造的领域。福柯的"伦理转向"对现代主体提出了双重要求:既要拒绝知识—权力对主体的统治,又要拒绝自我对自我所有权式的(Ownership)绝对拥有。为了达到后一个要求,福柯就必须进行"伦理转向"。

然而,现代的自我关系是很难克服的。正如哈贝马斯所说,启蒙的权威性带来的后果是:"同自我有着关联的主体性获得了自我意识,但付出的代价是把内部自然和外部自然客体化……由此,在反思和解放的任何一个阶段,都出现了自我神圣化和幻想化的趋势,亦即自我绝对化的趋势。"而对此进行反思的哲学家,从黑格尔、马克思、尼采到巴塔耶、福柯和德里达,他们的"指责没有任何实质性的变化,都是针对以主体性原则为基础的理性"②。主体的绝对化是内在于启蒙的顽疾,它是一种先天的对自我的肯定,一种对自我体验的神圣化倾向。对于所有外在于我的事物,如果没有来自"我"的肯定,一切都是不被允许的。可是自我的"神圣"来自何处呢?如果说上帝的神圣不需要证明,那么自我的神圣呢?当自我成为无条件的前提时,对自我的崇拜与肯定就已经创造出一种自我关系。在这种情况下,福柯想要通过知识的考古学与权力的谱系学将人们驱逐出这

---

① James Bernauer, *Michel Foucault's Force of Flight: Toward an Ethics for Thought*, New Jersey: Humanities Press International Inc., 1990, p. 160.

② J. Habermas, *The Philosophical Discourse of Modernity: Twelve Lectures*, tr. by Frederick Lawrence, Cambridge: Polity Press, 1987, pp. 55 – 56, 64.

结　语

个不需要任何努力与前提就已经获得的先天的自我优先性，然后再通过重建自我关系让人们再次回到自我关系中以抵抗权力，就显得尤为困难。毕竟，人们有什么必要放弃一种自我关系，最后又回到一种自我关系呢？为什么要放弃"缸中之脑"虚幻的幸福而做痛苦的苏格拉底呢？从这一点来看，福柯重建自我关系的要求就展现为一种完全的伦理要求。因为除了伦理之外，还有什么能对人提出这样"苛刻"的要求呢？福柯晚期的伦理研究因此呈现出一种说服与呼唤的姿态，它已经不是单纯的对古代伦理史的研究，而成为一种伦理要求与伦理行为。

但是伦理要求毕竟不同于上帝的神圣命令，它始终需要伦理理由的支持。福柯的理由是什么呢？知识考古学和权力谱系学就是对"必须抛弃且重建自我关系"的认知证明。正如福柯自己所说，"关于自我的历史本体论"是对我们所处之地、对我们如何已经成为现在这样的道德主体的历史性认识。福柯也假设，如果我们能更好地认识自己以及自己身处的世界的话，就能更好地生活。然而，这种认知无论在什么情况下都不是对现实"合理化"的认知，不是对道德命令"人性化"的解释，不是对自我欲望的"本质性"肯定。在福柯进行考古学和谱系学研究之时，一种批判的态度就已经融入其内，对这个世界以及自我的认知提出了伦理要求。

这样看起来，福柯对现代社会以及自我的批判性认识似乎是一种循环论证：福柯先是拒绝了种种理性主义与本质主义的"合理化"和"人性化"的假设，接着以力量的效果来解释知识、权力和道德命令在人身上的作用，然后要求主体反抗与逃脱。然而，以循环论证质疑福柯的批判本身就是逻辑—认知方式的体现。福柯对现代社会的批判性认识并不是基于一个不可怀疑的理论原点/假设，相反，福柯在知识和权力的巨大力量效果之下看到的是主体事实上的被动与无力。福柯意识到，如果我们还是以本质主义来解释知识—权力，如果我们不将知识和权力看作一种力量，那么它们就容易被本质化，通过人们对其合理化的认知，由此创造出更加巨大的力量。而权力总是倾向于统治的，这样自由便很容易丧失。于是，在看到主体的自由受到

187

威胁之后，福柯的逃脱便成了伦理要求。但是这种要求并不是绝对的道德命令，而只是建议与提醒，只是试图激发主体"不想被这样统治"的意志。在这个意义上，福柯的伦理与列维纳斯和德里达的伦理学一样，都是一种召唤。

正如尼采认为每个人都有"权力意志"一样，福柯也认为每个人都有不想被"权力意志"如此统治的意志。我们也可以将它看作一种独特的"自由意志"：对自由的渴望。福柯假定每个人面对权力时都会有想要逃逸的意志，而当获得知识考古学和权力谱系学的认知后，这种逃逸的倾向就会更加强烈。"不想被这样统治"不是"不想被统治"，它既拒绝了永久的、一劳永逸的逃离，又拒绝了虚无主义式的逃避。于是，"不想被这样统治"就始终处于"战备状态"，或者说，处于为未来做准备的状态。

福柯的"伦理转向"就是为了给"不想被这样统治"的主体提供一个可能的逃逸方向。福柯晚期的伦理思想对自我的建构，就是基于上述批判而让主体为未来进行的准备。主体知道他为了建构自我关系需要一定的知识与权力，但关键在于主体、知识与权力之间的关系是什么。知识和权力能够为主体创造出真理效果，但问题是主体通往真理的要求和条件是什么。主体通往真理的条件和要求，取决于伦理实体、义务、目的和操练的不同方式。福柯通过这套伦理的四元结构区分了许多不同的伦理体系：苏格拉底—柏拉图的、希腊化—古罗马的、早期基督教的、现代主体解释学的等等。所有这些关乎自我关系的伦理要求，在福柯看来都可以被摆在台面上，依照伦理的"四元结构"依次做技术性的分析，分辨这些伦理体系建构了一个怎样的主体：主体是以什么方式获得真理的？主体与他人的权力关系是怎样的？福柯的伦理思想首先给我们建构自我关系提供了一个工具箱，用来检验各种道德与伦理的学说。

在这种分析的框架下，福柯对现代道德的批判和对古代伦理的回溯形成了鲜明的对比，一个是"现代道德的谱系学"，另一个是"关心自己的伦理"。这也是本书的两个部分想要分析的，即展现两种不同的主体建构的方式，以此来解释福柯"伦理转向"的内涵以及合

结　语

理性。本书将福柯的"伦理转向"理解为福柯从"道德"的主体化形式向"伦理"的主体化形式的转变。这种理解有两个出发点。一个是福柯晚期对"规范导向"的道德和"伦理导向"的道德的区分。本书依据这个区分将"权力时期"的主体化形式理解为一种以"规范导向"道德形成主体的方式，主要体现为规训权力对道德概念的形成与实践的作用，以及"坦白"作为一种"必须说真话"的道德对主体的塑造。将"伦理时期"的主体化形式理解为一种以"自我关系"的伦理形成主体的方式，主要表现为主体通过伦理实践构建积极的"关心自己"的自我关系。另一个是福柯晚期为其哲学搭建的整体框架，即主体与真理的关系。在福柯看来，主体通往真理的前提以及途径将决定主体自身的建构，而本书将权力与伦理都放在主体与真理的关系之中来进行研究，这也让我们能够从宏观且统一的立场来对比福柯两个时期所研究的不同对象。提出的问题是：福柯在权力和伦理研究中分别建构了怎样的主体与真理的关系。本书期望能从这个对比中看出福柯在"伦理转向"前后关于主体在不同的真理路径中形成主体的不同方式。

换而言之，本书在处理福柯的"伦理转向"问题时，不是将它看成福柯在不同的研究对象中的转变（如通常认为的，福柯的"三条轴线"解释了"伦理转向"是从权力到主体的研究领域的转变），而是完全以福柯晚期提出的不同的主体化形式来切入"伦理转向"问题，即将"伦理转向"理解为福柯在不同时期对主体生成的不同方式的讨论。同时，这也将我们引入了福柯晚期为自己哲学定下的核心框架：主体与真理的关系。

沿着这个思路，权力的"主体化方式"一方面是通过"规范导向"的道德来完成的，即道德作为一种律法而必须被遵守的种种条件：证明道德成立的认知性知识、保障道德的权威以及违背道德的惩罚。它所构造的道德主体也是遵从规范的主体：认知规范、服从权威、接受惩罚（矫正）。另一方面，现代权力继承了基督教独特的主体化方式，通过一种特殊的反身性真理实践——坦白——让主体自己生产关于自己的真理，并且通过特定的引导让主体在坦白的权力关系

189

从道德到伦理:论福柯的伦理转向

中生成解释学的自我。而福柯的"伦理转向"则体现在他拒绝且批判现代权力的"主体化方式",并试图通过借鉴古代哲学来重构主体与真理的关系。伦理的"主体化方式"体现在它是通过主体自由的伦理实践来到达真理并形成主体的。福柯小心翼翼地同时避开了道德虚无主义与本质论的双重陷阱,这说明福柯的伦理学并不是为了重新回到古代,而恰恰是专门针对现代人面对的困境而给出的伦理方案。

通过"主体化方式"的线索对福柯两个时期思想进行串联与对比,本书得出了以下主要结论。

第一,福柯中期的"权力谱系学"应该被看作一种"道德谱系学"。

将福柯的"权力谱系学"理解为"道德谱系学"是打通福柯权力与伦理研究的第一步。虽然我们可以直接将伦理理解为抵抗权力的方式,但福柯晚期特别强调的是伦理以一种特殊的主体化方式来抵抗权力,这个抵抗的点在主体身上。因此,反过来也必须解释权力以何种形式作用于主体,也就是必须解释权力的主体化方式,才能理解伦理为何与权力在主体之上形成了对应关系。在这个方面,学界的研究是有所缺失的。虽然德雷福斯与拉比诺很早就指出,在福柯中期所做的"现代个体的谱系学"研究中,现代个体的建构是个体既作为客体又作为主体。[1] 然而目前学界重视的只是个体在权力中作为客体的被建构,而个体作为主体的自我建构则一直没有得到充分的研究。误以为福柯权力研究中缺乏对主体的研究,这也进而让许多人误将福柯晚期的主体转向视作一个断裂。同时,对福柯权力的许多解释虽然将重点放在了个体作为客体的被建构之上,但却并没有将权力理解为一种道德。误以为福柯中期没有对道德进行过任何研究,这也给许多人理解福柯中晚期哲学的一致性带来了困难。

如何解决权力研究中主体问题的这两个困难是理解福柯"伦理转向"的关键之一。然而,福柯在晚期思想中已经给出了暗示。首先是主体概念的复杂性:既服从(subject to)他人又作为主体(sub-

---

[1] H. L. Dreyfus and P. Rabinow, *Michel Foucault: Beyond Structuralism and Hermeneutics*, Chicago: University of Chicago Press, 1983, p. 169.

结　语

ject）自我建构。[①] 这让我们必须考虑福柯权力研究中主体概念的复杂性，而不能仅仅将主体看作服从权力的客体。其次，福柯晚期对伦理与道德进行了区分。以规范为导向的道德注重的是适用于所有行为的法条和规范，以及强迫人们学习、遵守且对违犯者进行惩戒的权威机构；而伦理导向的道德则更关注主体化过程中的自我实践，强调形成道德主体时个体通过实践对自身施加的改造。规范导向的道德与权力运作的相似性提醒我们，将权力理解为一种规范导向的道德是可行的。因此，本书在理解福柯权力研究时独辟蹊径，将权力看作一种以规范为导向的道德，并且特别注意权力中主体自我建构的面向。

将"权力谱系学"看作一种"道德谱系学"有广义与狭义两种理解。在"谱系学"作为一种方法论的意义上，它具有一种广义上批判的道德性。无论研究的对象是权力、道德还是其他任何概念，由尼采开启的谱系学传统都是对现代性的批判。谱系学方法论以其特有的"戏仿"、"分解"与"献祭"对启蒙的大写理性和主体性进行解构，这让谱系学天生带上了一种道德属性。同时，谱系学作为一种方法论，与其他实证的历史方法论不同，它还能给作为研究主体的哲学家自身带来伦理上的改变：谱系学家能在自己的谱系学研究中找到自己的命运、痛苦和至福。

证明"权力谱系学"是狭义上对"道德"概念的谱系学研究是一个难点，也是本书在第一部分试图达到的主要目的。一方面，在福柯中期作品中，并没有如尼采那般直接对道德概念（善、恶）进行起源式的追溯；而另一方面，福柯又说他对监狱的关注是想通过对"道德技术"的研究来重新激活"道德谱系学"的计划。[②] 这种看似矛盾的说法其实在引导我们将他的"权力谱系学"看作一种以道德为对象的狭义"谱系学"研究。如果权力没有扮演为一种道德，或者说如果道德没有以权力的方式运作，那么福柯所说的以"道德技术"为核心的"道德谱系学"就无法理解，福柯晚期的伦理就失去

---

① H. L. Dreyfus and P. Rabinow, *Michel Foucault: Beyond Structuralism and Hermeneutics*, Chicago: University of Chicago Press, 1983, p. 212; GL, p. 81.

② EW3, p. 224.

191

了道德这个对照与批判的对象。

长久以来，"作为权力的道德"以及"作为道德的权力"都没有被福柯研究者所重视，部分是由于《规训与惩罚》以及《性史》第一卷《认知的意志》的巨大成功所带来的，学界对福柯在1972—1975年为其权力理论成熟之前所做的准备研究的忽视。在这些年间，福柯对一些道德概念（技术）做了谱系学的讨论，但在之后正式的出版中却被省略了。而本书对福柯狭义的"道德谱系学"的解释就依赖这些道德概念，它们分别是"道德畸形"、"道德治疗"与"道德社会化"。

"道德畸形"是指19世纪人们逐渐将原本属于法律—自然领域的"畸形"纳入道德领域之中的现象。"畸形"概念"出现"在道德领域，体现的是新的权力形式（规训权力）出现之后所带来的道德领域的变革。在规训权力的新逻辑之下，刑罚体系以"利益"为新的度量惩罚单位：罪犯是不能计算自己利益与社会公利的病人。罪行与病态的这种叠加让罪犯（病人）陷入了非理性与非道德的双重畸形中，而畸形的概念也同时融入道德领域，为"不正常的人"奠定了道德本质。在往后精神病学逐渐融入司法程序的过程中，为了解释犯罪的动机与原因，个体的日常生活、个人品质、过往经历与心理状态上也被叠加了更多道德属性。在一定程度上，"道德畸形"能被看作道德概念形成的普遍代表，是权力关系的变化带来了道德概念在定义与适用范围上的变迁。

"道德治疗"是早期精神病学中的一种治疗方法，针对的是非理性与非道德的疯子。社会普遍认为他们的疯癫是出于道德上的错误，而所谓的"道德治疗"也并非道德的劝说或者人道主义的治疗方式，而是对不道德的人进行惩罚式的治疗。通过对精神病院的空间布置、对精神病学医生的人格塑造以及对精神病人的语言和需求管控，规训权力创造出了一种"错误—服从"的真理游戏，对不道德的人起到了矫正的功能。不同于意识形态对主体的认知性说服，规训权力会同时通过话语与非话语的现实来建构主体的灵魂。在这个意义上，规训权力对现代个体的灵魂塑造具有普遍的道德意义。

"社会道德化"是18世纪英国和法国社会中，资产阶级针对民

结　语

众的非法行为提出的以道德为核心的解决方法。福柯以一种马克思主义式的方式提出论点：道德史必须听命于财富史。但却从微观的视角切入，从财产挪用、怠工、赌博以及诸多不利于经济生产的恶习和负面情绪出发，来看待社会中针对某些群体的特定行为进行的道德教化和惩罚。除了言语与思想上的道德教导，福柯主要关注的是配合道德化进程的社会措施：治安与监禁。治安处在道德说教和刑罚之间，通过混淆道德和法律的边界，达到对不道德的人进行惩罚的目的。而监禁由于其一直以来带有的道德惩罚的属性，在这一时期则配合了治安试图混淆法律与道德的理念，不仅让"社会道德化"得以可能，也让监禁成为社会的一个普遍现象。

虽然"道德畸形"、"道德治疗"与"社会道德化"是福柯以谱系学方法研究的特殊道德技术，但它们恰好能构成一个较为完整的逻辑链条：对道德与不道德的界定—对不道德的个体采取的矫正—社会整体被道德化的过程。隐藏在这些道德技术背后的，是以理性的认识主体为基础的知识体系，以及以规训的服从主体为基础的权力配置。从主体作为屈从他人的客体方面，这三个道德技术很好地说明了福柯的权力谱系学如何是狭义的道德谱系学。

"权力时期"的主体自我建构则体现在"坦白"这项道德技术之上。从文本来看，正是福柯对坦白技术的持续关注，才让他逐渐意识到对主体进一步讨论的必要性。也就是说，坦白能被视为福柯"伦理转向"的文本线索。坦白是"必须说真话"的道德要求，是面对权威时必须说出关于自己的真理的言语行为，也是权威允许个体进行自我塑造的道德技术。它处在福柯晚期所说的知识—权力—主体的交汇点上，也处在自我建构与被建构的交界点上。对福柯坦白研究的追溯能够证明，福柯在"权力时期"已经涉及了主体的面向，只不过主体这一可能的伦理面向被权力牢牢地把控，只能以一种自我解释学的形式进行。这让坦白的技术不能称为一种伦理技术，而只能被看作一种道德（权力）技术。

福柯认为，现代社会是基督教的深化，最明显的特征就是坦白在人文科学中的主体生成中所扮演的关键角色。在早期精神病学中，首先，病人对自己的描述被看作是最重要的，它具有疯癫主体的自我确证性；其次，医生对病人的治疗依赖病人对一种社会身份进行自我陈述，这种身份通过主体之外的家庭、工作以及社会地位来确定；最后，病人坦白自己确实是个疯子被视作最终被治愈的标志，同时也证成了医生之前对其进行的一系列治疗（惩罚）措施。然而，精神病学中的坦白建构起的只是一种"第三人称"的主体性。也就是说，精神病学中的反身性自我陈述，并不是现代社会中典型的坦白主体。

在"性科学"中，我们能看到这一"主体解释学"的真正面貌。"性"被视作主体最有用、最真实和最根本的真理，而唯有主体自身才能认识这潜藏在主体最深处的秘密。性科学借助主体的坦白，将客观的科学话语与主观的个体言说结合在一起，确证了一种主体科学的有效性，让自我意识的内视成为确实有效的科学证明。性科学中的坦白体现了现代坦白术的特征，它以一种积极的人的形象取代了基督教对自我的舍弃，成为真正具有生产性的主体解释学。

通过对三种道德技术与坦白技术的说明，本书展示了福柯狭义的道德谱系学计划，也阐释了主体在权力中服从与自我建构的两个面向。只有在澄清了"权力时期"的道德的主体化形式之后，福柯"伦理转向"之后特别突出的主体问题才能被恰当地理解。

第二，福柯晚期伦理学的框架是真理—主体关系，核心是伦理实践。

虽然福柯晚期转向伦理研究是一个显然的事实，但如何系统且恰当地理解福柯伦理学的内在逻辑则仍然是福柯哲学研究中的难点。这个难点有诸多体现，但却全部围绕着主体问题。首先，福柯晚期将自己的哲学定义为"关于我们自身的批判的本体论"，这就在批判的基础上对主体的自我批判（启蒙）提出了额外的要求。立于怎样的基础，批判主体才能超越批判的否定性，对自己进行肯定性的批判建构？而福柯所说的批判主体要达到的一种气质或态度，能否通过自我批判的伦理实践达成？其次，福柯是从何时开始讨论伦理的主体，以及他是如何将主体放在一个更大的真理问题下进行讨论的？最后，在福柯的伦理"四元结构"中，不同于通常的伦理体系，为何伦理实践被放在了最核心的位置？而作为伦理实践典型的"坦言"实践又

结　语

如何凸显了福柯伦理研究的独特性？对于这些关于伦理主体问题的回答，则在每一点上都与"权力时期"的道德主体对应起来："权力批判"—"自我批判"，"认识自己"—"关心自己"，"道德知识"—"伦理实践"。在这些问题上，道德与伦理的对比正体现了福柯"伦理转向"的内涵。

在方法论层面，福柯晚期提出的"积极"的伦理也要求他的哲学成为一种"积极"的批判，即在批判的否定性之外还需要给它设定一个目的。在1978年的《何为批判》中，福柯的批判起点仍然是历史性与经验性的：宗教改革与启蒙运动等历史事件赋予现代主体以批判的历史任务；而现代权力配置作为一个经验事实迫使主体为了"不想被这样统治"发起批判与反抗。然而在1984年的《何为启蒙》中，福柯在上述否定性批判的基础上，为批判增加了一个新任务：通过主体的自我批判为主体形成一种风格（ethos）。事实上，福柯仍然将这个目的圈定在了批判之内，但也将批判重新定义为主体对自我的伦理实践。正是主体通过认识他所处的现在，通过对自身进行精神性的操练形成属于自己的风格，批判和启蒙的内核才得以保存。

主体并不是独自站在福柯伦理学的核心位置。福柯晚期"伦理转向"不仅是从权力转向主体，更重要的是重新使用了真理概念来说明主体生成的问题。通过主体来研究"真理游戏"，或者说通过"真理游戏"来研究主体，福柯将主体与真理连接起来，探讨主体的生成中必不可少的真理化过程：让主体心悦诚服地主动依照真理塑造自身。主体通过成为真理的操作者、目击者和对象让真理在自己身上显现，让自己与真理连接起来，从而完成自我关系的建构。可以认为，福柯晚期伦理学就是以真理与主体的关系为框架搭建的。

"认识自己"与"关心自己"是历史上两种主要的真理与主体关系。福柯认为，二者从古希腊开始就互相交织，构成了自我关系的历史谱系。"认识自己"与"关心自己"的区别在于是否要求主体在通往真理之中改变自身的生存状态，即是否有"精神性"要求。"认识自己"最初在柏拉图哲学中只是"关心自己"最完美的实现方式，但从笛卡尔开始，"认识自己"开始取代"关心自己"成为自我关系

195

的主要形态。"认知意志"不仅塑造了主客体关系，还以内在的认知结构塑造了主体与真理关系：仅仅凭借认知就能通往真理。而"关心自己"则不仅要求主体必须先改变自己才能通往真理，还强调真理最后会赋予主体一种状态，让主体成为真理显现的场所。对比二者，福柯希望通过"关心自己"的"精神性"前提来打破"认知意志"中主体与真理连接的先天性与客观性。

为了说明不同的伦理体系中建构自我关系的不同方式，福柯搭建了伦理的"四元结构"作为分析工具：伦理实体、伦理义务、伦理操练与伦理目的。和中期的权力理论一样，福柯分析伦理时所用的"四元结构"在根本上也是基于对"力量"与"效果"的分析。伦理实体界定了主体中的伦理对象，伦理义务界定了主体服从规定的方式，伦理实践界定了主体为了到达真理而改变自身的精神性活动，伦理目的界定了主体最后达到的目的，但这些都必须从它们会对主体产生怎样的力量关系来考量。重点不在于伦理体系规定了什么，而在于它们的规定会对主体产生怎样的效果。同时，由于主体与真理的连接是通过精神性活动才得以达成，所以在这个"四元结构"中指明主体如何操练以到达真理的"实践论"是最重要的，涉及真理如何对主体产生力量的"义务论"，进而是规定主体的哪一部分成为真理对象的"本体论"，而真正告诉主体什么是真理的"目的论"则排在最后。

对伦理操练的强调体现了福柯伦理学的特殊性，即伦理实践超过伦理知识成为主体生成中最重要的一环。并不是说知识对主体来说不重要，而是只有当这些知识关乎主体并能改变主体存在方式，即产生真理效果时，它们才是重要的，才能被称为伦理知识。而伦理知识之所以能在主体身上产生效果，恰恰是因为主体在伦理操练中将这些知识变成自己的。学习（mathēsis）不能替代实践（askesis），因为如果不通过物质性的媒介、不通过切身的践行，知识是难以理解、保存并真正成为主体自身的。因此，在建立主体与真理的联系时，伦理操练被福柯放在了核心位置。现代人误以为只有通过认知才能获得真理，然而福柯通过对古代伦理实践的研究想要告诉我们，只有操练才能真正地内在化真理，让主体有能力为未来做准备。

结　语

在诸多精神性操练之中，福柯重点考察了"坦言"（parrhesia）这种"说真话"的伦理实践。坦言不仅仅是说出一切，而且是伦理的言说：言说者作为说真话的主体将自己与真理联系起来，同时也作为伦理主体承担说真话的伦理责任。坦言在福柯晚期思想中具有核心地位，它与"权力时期"的"坦白"一样，处于知识、权力、主体三条轴线的交叉处，但却与坦白术在言说者、言说条件、言说方式、言说内容和言说目的上都形成了截然的对立。坦言是拥有真理的人在一定条件下慷慨地进行真理传递的活动，其目的是让聆听者真正拥有真理从而脱离指引；而坦白则是不拥有真理通道的人无条件地对自己内心的秘密进行创造与言说，其目的是获得拯救，但也是为下一次坦白做好准备，坦白是一种无尽的活动。福柯寄希望于坦言的伦理属性能重塑当代哲学的使命：不是要确定命题真假的客观性或将主体自身作为真理来源，而是作为一种传递伦理真理的批判与自我批判，作为一种生活方式。

正如保罗·韦纳所说："福柯为他自己构建了一个如此迥异的道德概念，这里面存着一个真正的问题：在他的哲学之中，一种伦理竟然是可能的吗？"[1] 而本书通过对权力（道德）与伦理不同的"主体化方式"进行对比说明了这种矛盾的内涵，并通过对主体与真理关系的讨论说明了在这种矛盾之下的福柯哲学的内在一致性。福柯作品中主题与风格的不断变换的确给我们理解他的思想带来了一定的困难，但"福柯的作品并非一个迷宫，读者也不需要跃入黑暗之中"[2]。恰恰相反，正如詹姆斯·伯纳尔（James Bernauer）所说，福柯的哲学说明了，思想本身就是一种伦理。而我们对福柯思想的思考其实也已经是一种精神操练。理解福柯哲学的一致性本身就已是对读者思想的一种伦理操练，即通过"道德的谱系学"认识并批判现代主体的问题，并且通过对自我与真理关系的重塑建构伦理的自我关系。

---

[1] Paul Veyne, "The Final Foucault and His Ethics", *Critical Inquiry*, Vol. 20, No. 1, October 1993, p. 2.

[2] James Bernauer, *Michel Foucault's Force of Flight: Toward an Ethics for Thought*, New Jersey: Humanities Press International Inc., 1990.

参考文献

一 福柯著作【按英文字母顺序排列】

注：本书对福柯原著的引用所参考的是英译本，但当直接引用句子时会附上可参考的法文原文或中文译本的页码作为参照。

（一）福柯著作及其缩写

ABHS *About the Beginning of the Hermeneutics of the Self*: *Lectures at Dartmouth College*, *1980*, tr. by Grham Burchell, Chicago: Chicago University Press, 2015.

AK *The Archaeology of Knowledge and the Discourse on Language*, tr. by A. Sheridan Smith, New York: Pantheon Books, 1972.
L'archéologie du savoir, Paris: Gallimard, 1969.

AB *Abnormal. Lectures at the Collge de France 1974—1975*, eds. by Valerio Marchetti and Antonella Salomoni, tr. by Graham Burchell, New York: Picador, 2003.
《不正常的人（法兰西学院演讲系列，1974—1975）》，钱翰译，上海人民出版社2003年版。

BOB *The Birth of Biopolitics. Lectures at the College de France 1978—1979*, ed. by Michel Senellart, tr. by Graham Burchell, New York: Palgrave Macmillan, 2008.

CT *The Courage of Truth* (*The Government of Self and Others II*) *Lectures* *at the College de France 1983—1984*, ed. by Frédéric Gros, tr. by Graham Burchell, New York: Palgrave Macmillan, 2011.

《说真话的勇气：治理自我与治理他者 Ⅱ（法兰西学院演讲系列，1984）》，钱翰、陈晓径译，上海人民出版社 2016 年版。

DP *Discipline and Punish: The Birth of the Prison*, tr. by Alan Sheridan, New York: Vintage Books, 1995.

Surveiller et punir, Paris: Gallimard, 1975.

DTP "*Discourse and Truth*" and "*Parresia*", eds. by Henri-Paul Fruchaud and Daniele Lorenzini, Chicago: University of Chicago, 2019.

EW1 *Ethics: Subjectivity and Truth. Essential Works of Foucault, 1954—1984, Volume One*, ed. by Paul Rabinow, tr. by Robert Hurley and others, New York: The New Press, 1997.

EW2 *Aesthetics, Method, and Epistemology. Essential Works of Foucault, 1954—1984, Volume Two*, ed. by James Faubion, tr. by Robert Hurley and others, New York: Penguin Books, 2000.

EW3 *Power. Essential Works of Foucault, 1954—1984, Volume Three*, ed. by James D. Faubion, tr. by Robert Hurley and others, New York: The New Press, 2000.

FL *Foucault Live. Collected Interviews, 1961—1984*, ed. by Sylvère Lotringer, tr. by Lysa Hochroth and John Johnston, New York: Semiotext(e), 1996.

FS *Fearless Speech*, ed. by Joseph Pearson, Los Angeles: Semiotext(e), 2001.

GL *On the Government of the Living. Lectures at the College de France 1979—1980*, ed. by Michel Senellart, tr. by Graham Burchell, New York: Palgrave Macmillan, 2014.

GSO *The Government of Self and Others. Lectures at the College de France 1982—1983*, ed. by Frédéric Gros, tr. by Graham Burchell, New York: Palgrave Macmillan, 2010.

HM *History of Madness*, ed. by Jean Khalfa, tr. by Jonathan Murphy and

Jean Khalfa, New York: Routledge, 2009.

L'histoire de la folie à l'age classique, Paris: Gallimard, 1972.

《古典时代疯狂史》，林志明译，生活·读书·新知三联书店 2005 年版。

HOS *The Hermeneutics of the Subject. Lectures at the College de France 1981—1982*, ed. by Frédéric Gros, tr. by Graham Burchell, New York: Picador, 2006.

L'Herméneutique du sujet (*1981—1982*), Paris, Gallimard, 2001.

《主体解释学（法兰西学院演讲系列，1981—1982）》，佘碧平译，上海人民出版社 2005 年版。

HS1 *The History of Sexuality. Volume I: An Introduction*, tr. by Robert Hurley, New York: Vintage Books, 1990.

Histoire de la sexualité I: La volonté de savoir, Paris: Gallimard, 1976.

《性经验史（增订版）》，佘碧平译，上海世纪出版集团、上海人民出版社 2002 年版。

HS2 *The Use of Pleasure. The History of Sexuality*, Volume 2, tr. by Robert Hurley, New York: Vintage Books, 1990.

Histoire de la sexualité II: L'usage des plaisirs, Paris: Gallimard, 1984.

《性经验史（增订版）》，佘碧平译，上海世纪出版集团、上海人民出版社 2002 年版。

HS3 *The Care of the Self. The History of Sexuality*, Volume 3, tr. by Robert Hurley, New York: Vintage Books, 1988.

Histoire de la sexualité III: Le souci de soi, Paris: Gallimard, 1984.

《性经验史（增订版）》，佘碧平译，上海世纪出版集团、上海人民出版社 2002 年版。

HS4 *Histoire de la sexualité IV: Les aveux de la chair*, 2018, Paris: Gallimard.

OT *The Order of Things. An Archaeology of the Human Sciences*, New York: Vintage Books, 1994.

Les mots et les choses, Paris: Gallimard, 1966.

《词与物：人文科学的考古学（修订译本）》，莫伟民译，上海三联书店 2016 年版。

PK *Power/Knowledge：Selected Interviews & Other Writings 1972—1977*, ed. by Colin Gordon, tr. by Colin Gordon, Leo Marshall, John Mepham, and Kate Soper, New York：Pantheon Books, 1980.

PP *Psychiatric Power. Lectures at the College de France 1973—1974*, ed. by Jacques Lagrange, tr. by Graham Burchell, New York：Picador, 2008.

Le Pouvoir psychiatrique (1973—1974), Paris：Gallimard, 2003.

PPC *Politics, Philosophy, Culture：Interviews and Other Writings, 1977—1984*, ed. by Lawrence D. Kritzman, tr. by Alan Sheridan and others, New York：Routledge, 1990.

PS *The Punitive Society. Lectures at College at the College de France 1972—73*, ed. by Bernard E. Harcourt, tr. by Graham Burchell, New York：Picador, 2018.

《惩罚的社会（法兰西学院演讲系列，1972—1973）》，陈雪杰译，上海人民出版社 2016 年版。

PT *The Politics of Truth*, ed. by Sylvère Lotringer, tr. by Lysa Hochroth and Catherine Porter, Los Angeles：Semiotext（e）, 2007.

RC *Religion and Culture*, ed. by Jeremy R. Carrette, Manchester：Manchester University Press, 1999.

STP *Security, Territory, Population. Lectures at the Colege de France 1977—1978*, ed. by Michel Senellart, tr. by Graham Burchell, New York：Picador, 2009.

WDTT *Wrong—Doing, Truth—Telling. The Function of Avowal in Justice*, eds. by Fabienne Brion and Bernard E. Harcourt, tr. by Stephen W. Sawyer, Chicago：The University of Chicago Press, 2014.

WTK *Lectures on the Will to Know. Lectures at the College de France 1970—1971*, ed. by Daniel Defert, tr. by Graham Burchell, New York：Palgrave Macmillan, 2013.

Leçons sur la volonté de savoir(*1970—1971*), Paris: Gallimard, 2011.

二 研究著作

(一) 外文专著

Agamben, G., *Homo Sacer: Sovereign Power and Bare Life*, tr. by Daniel Heller-Roazen, California: Stanford University Press, 1998.

Austin, J. L., *How to Do Things with Words*, New York: Oxford University, 1975.

Bernauer, J., *Michel Foucault's Force of Flight: Toward an Ethics for Thought*, New Jersey: Humanities Press International Inc., 1990.

Bernstein, R. J., *The New Constellation: Ethical – Political Horizons of Modernity/Postmodernity*, Massachusetts: MIT Press, 1992.

Billouet, P., *Foucault*, Paris: Les Belles Lettres, 1999.

Blackburn, S., *Truth: A Guide*, Oxford: Oxford University Press, 2005.

Carrette, J., "Foucault, Religion, and Pastoral Power", in *A Companion to Foucault*, eds. by Christopher Falzon, Timothy O'Leary, and Jana Sawicki, Malden: Wiley-Blackwell, 2013.

Cisney, V. W., and N. Morar, eds., *Biopower: Foucault and Beyond*, Chicago: University of Chicago Press, 2015.

Colquhoun, P., *A Treatise on the Police of the Metropolis: Containing a Detail of the Various Crimes and Misdemeanors by Which Public and Private Property and Security Are, at Present, Injured and Endangered*, London: H. Baldwin and Son, 1800.

Davidson, A., "Ethics as Ascetics: Foucault, the History of Ethics, and Ancient Thought", in *The Cambridge Companion to Foucault*, ed. by Gary Gutting, Cambridge: Cambridge University Press, 2006.

Davidson, A. I., "Archaeology, Genealogy, Ethics", in *Foucault: A Critical Reader*, eds. by Michel Foucault and David Couzens Hoy, Oxford: B. Blackwell, 1986.

Defert, D. , "Chronology", in *A Companion to Foucault*, eds. by Christopher Falzon, Timothy O'Leary, and Jana Sawicki, Malden: Wiley-Blackwell, 2013.

Deleuze, G. , *Foucault*, tr. by Sean Hand and Paul Bove, Minnesota: University of Minnesota Press, 1988.

Denyer, N. , *Plato: Alcibiades*, Cambridge: Cambridge University Press, 2001.

Detel, W. , *Foucault and Classical Antiquity: Power, Ethics and Knowledge*, tr. by David Wigg-Wolf, Cambridge: Cambridge University Press, 2010.

Dreyfus, H. L. , and P. Rabinow, *Michel Foucault: Beyond Structuralism and Hermeneutics*, Chicago: University of Chicago Press, 1983.

Elden, S. , *Foucault's Last Decade*, Cambridge; Malden, MA: Polity, 2016.

Flynn, T. R. , *Sartre, Foucault, and Historical Reason, Volume Two: A Poststructuralist Mapping of History*, Chicago: University of Chicago Press, 2005.

Fraser, N. , *Unruly Practices: Power, Discourse and Gender in Contemporary Social Theory*, Cambridge: Polity Press, 1989.

Gutting, G. , *Thinking the Impossible: French Philosophy Since 1960*, Oxford: Oxford University Press, 2011.

Hadot, P. , "Reflections on the Notion of the 'Cultivation of the Self' ", in *Michel Foucault: Philosopher*, ed. by Timothy Armstrong, New York: Routledge, 1992.

Hadot, P. , *Philosophy as a Way of Life: Spiritual Exercises from Socrates to Foucault*, Oxford: Blackwell, 1995.

Habermas, J. , *The Philosophical Discourse of Modernity: Twelve Lectures*, tr. by Frederick Lawrence, Cambridge: Polity Press, 1987.

Han, H. B. , *Foucault's Critical Project: Between the Transcendental and the Historical*, tr. by Edward Pile, California: Stanford University

Press, 2002.

Kelly, M. G. E., *Foucault's "History of Sexuality Volume I, The Will to Knowledge"*: *An Edinburgh Philosophical Guide*, Edinburgh: Edinburgh University Press, 2013.

Koopman, C., *Genealogy as Critique*: *Foucault and the Problems of Modernity*, Bloomington: Indiana University Press, 2013.

Koopman, C., *Genealogy as Critique*: *Foucault and the Problems of Modernity*, Bloomington: Indiana University Press, 2013.

Levinas, E., *Totality and Infinity*: *An Essay on Exteriority*, tr. by Alphonso Lingis, London: Martinus Nijhoff Publishers, 1979.

MacIntyre, A., *Three Rival Versions of Moral Enquiry*: *Encyclopaedia, Genealogy, and Tradition*, Indiana: University of Notre Dame Press, 1994.

Mahon, M., *Foucault's Nietzschean Genealogy*: *Truth, Power, and the Subject*, Albany: SUNY Press, 1992.

May, T., *The Moral Theory of Poststructuralism*, Pennsylvania: Penn State University Press, 1995.

McGushin, E. F., *Foucault's Askesis*: *An Introduction to the Philosophical Life*, Evanston: Northwestern University Press, 2007.

Minson, J., *Genealogies of Morals*: *Nietzsche, Foucault, Donzelot, and the Eccentricity of Ethics*, London: Macmillan, 1985.

Mortimer, R. C., *The Origins of Private Penance in the Western Church*, New York: Oxford University Press, 1939.

Nealon, J., *Foucault Beyond Foucault*: *Power and Its Intensifications since 1984*, Stanford, Calif: Stanford University Press, 2007.

Nietzsche, F., *Beyond Good and Evil*: *Prelude to a Philosophy of the Future*, Cambridge: Cambridge University Press, 1861.

Nietzsche, F., *The Will to Power*, ed. by Walter Kaufmann, tr. by R. J. Hillingdale, New York: Random House, 1967.

O'Leary, T., *Foucault and the Art of Ethics*, London; New York: Bloomsbury Academic, 2003.

Paras, E., *Foucault 2.0: Beyond Power and Knowledge*, New York: Other Press LLC, 2006.

Pecora, V. P., *Secularization and Cultural Criticism: Religion, Nation, and Modernity*, Chicago: University of Chicago Press, 2006.

Prado, C. G., *Starting With Foucault: An Introduction To Genealogy*, Boulder: Westview Press, 1995.

Quinby, L., *Freedom, Foucault, and the Subject of America*, Boston: Northeastern, 1991.

Robinson, B., "A Case for Foucault's Reversal of Opinion on the Autonomy of the Subject", in *The Ethics of Subjectivity: Perspectives since the Dawn of Modernity*, ed. by Elvis Imafidon, London: Palgrave Macmillan UK, 2015.

Rorty, R., "Foucault and Epistemology", in *Foucault: A Critical Reader*, eds. by Michel Foucault and David Couzens Hoy, Oxford: Blackwell, 1986.

Taylor, C., *The Culture of Confession from Augustine to Foucault: A Genealogy of the "Confessing Animal"*, New York: Routledge, 2008.

Tran, J., *Foucault and Theology*, London; New York: T&T Clark, 2011.

Vighi, F., and H. Feldner, *Zizek: Beyond Foucault*, Basingstoke, England; New York: Palgrave Macmillan, 2007.

Williams, B., *Truth and Truthfulness: An Essay in Genealogy*, Princeton, N. J.: Princeton University Press, 2002.

（二）外文期刊

Allen, A., "The Anti-Subjective Hypothesis: Michel Foucault and the Death of the Subject", *The Philosophical Forum*, Vol. 31, No. 2, 2000.

Ballarin, M. A. P., *Secularization as Pastoral Power: Governmentality and Christianity*, Doctor dissertation of Philosophy, Stony Brook University, 2015.

Bernauer, J. , "Confessions of the Soul: Foucault and Theological Culture", *Philosophy & Social Criticism*, Vol. 31, No. 5 – 6, September 2005.

Brown, E. M. , "François Leuret: The Last Moral Therapist", *History of Psychiatry*, Vol. 29, No. 1, 2018.

Connolly, W. E. , "Beyond Good and Evil: The Ethical Sensibility of Michel Foucault", *Political Theory*, Vol. 21, No. 3, 1993.

Elden, S. , "The Problem of Confession: The Productive Failure of Foucault's History of Sexuality", *Journal for Cultural Research*, Vol. 9, No. 1, January 2005.

Fillion, R. , "Freedom, Responsibility, and the 'American Foucault'", *Philosophy & Social Criticism*, Vol. 30, No. 1, January 2004.

Flynn, T. R. , "Truth and Subjectivation in the Later Foucault", *The Journal of Philosophy*, Vol. 82, No. 10, 1985.

Fraser, N. , "Foucault on Modern Power: Empirical Insights and Normative Confusions", *Unruly Practices: Power, Discourse, and Gender in Contemporary Social Theory*, Minneapolis: University of Minnesota Press, 1989.

Gamez, P. , "Did Foucault Do Ethics? The 'Ethical Turn', Neoliberalism, and the Problem of Truth", *Journal of French and Francophone Philosophy*, Vol. 26, No. 1, June 2018.

Harrer, S. , "The Theme of Subjectivity in Foucault's Lecture Series 'Herméneutique Du Sujet'", *Foucault Studies*, Vol. 2, 2005.

Joyce, G. H. , "Private Penance in the Early Church", *The Journal of Theological Studies*, Vol. 42, No. 165/166, January 1941.

Lorenzini, D. , "What Is a 'Regime of Truth'?", *Le Foucaldien*, Vol. 1, No. 1, 2015.

McGushin, E. , "The Role of Descartes's Dream in the Meditations and in the Historical Ontology of Ourselves", *Foucault Studies*, October 2018.

Rajchman, J. , "Ethics after Foucault", *Social Text*, No. 13/14, 1986.

Scott, C. E., "Foucault, Ethics, and the Fragmented Subject", *Research in Phenomenology*, Vol. 22, 1992.

Taylor, C., "Foucault on Freedom and Truth", *Political Theory*, Vol. 12, No. 2, 1984.

Tell, D., "Rhetoric and Power: An Inquiry into Foucault's Critique of Confession", *Philosophy & Rhetoric*, Vol. 43, No. 2, May 2010.

Ure, M., "Senecan Moods: Foucault and Nietzsche on the Art of the Self", *Foucault Studies*, No. 4, February 2007.

Veyne, P., "The Final Foucault and His Ethics", *Critical Inquiry*, Vol. 20, No. 1, October 1993.

White, S. K., "Foucault's Challenge to Critical Theory", *The American Political Science Review*, Vol. 80, No. 2, 1986.

Williamson, D. C., "An American Foucault", *History of Philosophy Quarterly*, Vol. 26, No. 2, 2009.

（三）中文文献

［意］阿甘本：《神圣人：至高权力与赤裸生命》，吴冠军译，中央编译出版社2016年版。

［德］阿伦特：《过去与未来之间》，王寅丽、张立立译，译林出版社2011年版。

［英］奥斯汀：《如何以言行事》，杨玉成、赵景超译，商务印书馆2013年版。

［意］贝卡里亚：《论犯罪与刑罚》，黄风译，北京大学出版社2008年版。

［古希腊］柏拉图：《阿尔喀比亚德》，梁中和译，华夏出版社2009年版。

［法］德勒兹：《德勒兹论福柯》，杨凯麟译，江苏教育出版社2006年版。

［法］盖斯：《批评理论的理念：哈贝马斯及法兰克福学派》，汤云、杨顺利译，商务印书馆2018年版。

［德］海德格尔：《路标》，孙周兴译，商务印书馆2000年版。

［新西兰］赫斯特豪斯:《美德伦理学》,李义天译,译林出版社2016年版。

［德］康德:《历史理性批判文集》,何兆武译,商务印书馆1990年版。

［澳］凯利:《导读福柯〈性史（第一卷）：认知意志〉》,王佳鹏译,重庆大学出版社2016年版。

［法］勒格朗:《被福柯忽略的马克思主义》,载［英］莱姆克等《福柯与马克思》,陈元等译,华东师范大学出版社2007年版。

［德］尼采:《快乐的科学》,黄明嘉译,华东师范大学出版社2007年版。

［德］尼采:《道德的谱系》,梁锡江译,华东师范大学出版社2015年版。

［德］尼采:《善恶的彼岸》,卫育青等译,华东师范大学出版社2016年版。

［英］威廉斯:《真理与真诚：谱系论》,徐向东译,上海译文出版社2013年版。

［法］韦纳:《福柯：其思其人》,赵文译,河南大学出版社2018年版。

［古希腊］亚里士多德:《尼各马可伦理学》,廖申白译注,商务印书馆2003年版。

［古希腊］亚里士多德:《形而上学》,吴寿彭译,商务印书馆1959年版。

陈新华:《自由何以可能——福柯的生命政治》,博士学位论文,华东师范大学,2016年。

杜玉生:《哲学修行与品性塑造——福柯的古代哲学研究》,博士学位论文,北京外国语大学,2014年。

高宣扬:《福柯的生存美学》,中国人民大学出版社2005年版。

何乏笔:《从性史到修养史——论傅柯〈性史〉第二卷中的四元架构》,《欧美研究》2002年第3期。

刘永谋:《福柯的主体解构之旅：从知识考古学到"人之死"》,江苏人民出版社2009年版。

莫伟民:《从"解剖政治"到"生命政治"：福柯政治哲学研究》,

上海人民出版社 2018 年版。

莫伟民：《主体的命运——福柯哲学思想研究》，生活·读书·新知上海三联书店 1996 年版。

杨松涛：《十八世纪英国治安法官司法实践》，《历史研究》2013 年第 4 期。

曾庆豹：《上帝的目光与域外——论福柯的"神学"》，《基督教文化学刊（神圣与越界）》2008 年第 19 辑。

张旭：《论福柯晚期思想的伦理转向》，《世界哲学》2015 年第 3 期。

张一兵：《回到福柯——暴力性构序与生命治安的话语构境》，上海人民出版社 2016 年版。

赵灿：《诚言与关心自己——福柯对古代哲学的解释》，上海人民出版社 2017 年版。

后　记

本书由我在中国人民大学哲学院伦理学专业攻读博士学位的毕业论文修改而成，大致保持了原有的思路与框架。

本科期间，我在张旭教授的课堂上知道了米歇尔·福柯，但仅仅是知道而已。直到博士，当我真正开始仔细阅读福柯的著作之后，我感到自己被完全"说服"了。福柯提供了一种解释力很强的"权力理论"，不仅改变了我看待现实世界运作的视角，更重要的是，它让伦理学对道德规范的论证黯然失色，或者说"毫无血色"。因为主流的伦理学研究并不考虑规范所处的话语结构和权力关系，而主要致力于论证某种规范的普遍性或正当性。这时我才开始意识到，我感兴趣的是一条批判的伦理学路径。它不问什么是"善"、什么是"恶"，而是将善恶的道德规范本身视作有前提的、历史性的存在。拥护这一进路的哲学家认为，研究道德的前提，即"批判"的工作是更基础的伦理学（依其定义，即关于"道德"的"哲学"研究）工作。除了福柯之外，有许多哲学家也在这一脉络之中，比如尼采、弗洛伊德、马克思以及与福柯同时代的法兰克福学派等等。不过，他们通常不被专门地归类为伦理学家，这是因为上述哲学家都将道德/伦理置于更宏大的历史视野和现实关系之中，而不专门单纯地谈论道德/伦理本身。我感到，如果想让伦理不至于沦为一种空谈（虽然在现实生活中已经是了），那么就必须将其置于这一广阔背景之中，去思考伦理自身的前提。事实上，这一批判工作也是"启蒙"本身所要求的。

后　记

　　然而，这种伦理学研究的危险就是，表面上它很难得到一种"积极"的结果，它往往不给人们提供直接的行为准则。毕竟，大多数人都指望伦理学，或者大多数伦理学家的自我定位，即是为人们提供一套普遍可靠的规范或值得欲求的德性。只有"批判""解构"而无"建构"是人们通常对其的批评。这一批评在我看来毫无道理，因为这些批判的伦理学家最终都没有走向相对主义与虚无主义。恰恰相反，正因为其批判底色，他们是最积极地塑造启蒙主体的哲学家。与此相伴，另一种更大的危险出现了：如果对伦理学的前提的批判是有效的，那么还有可能给出另一些伦理原则吗？难道它们不也应该有一些前提，所以同样应该被批判吗？如同所有身处这一理论脉络的哲学家一样，福柯的伦理学研究就同时受到这两种批评的威胁。在我看来，这两种批评在一定程度上是有效的，这也意味着需要为福柯晚期的"伦理转向"进行辩护。

　　带着上述视角与问题，我开始了自己的福柯研究。这一研究既"偏门"又有难度，最终我也不能说自己已经"完结"了这个题目。我只是在迷茫与探索中勉强达到了一个博士论文的基本要求，希望这份研究能给其他有类似志趣的学者提供一些初步指引。

　　在博士毕业五年后，这段研究经历还历历在目，许多师友的帮助是难以遗忘的。首先我要感谢我的博士导师姚新中教授。他是中西比较哲学研究的大家，所以我一开始的计划是围绕着福柯晚期伦理学做一项关于"工夫论"的中西比较研究。但考虑到研究难度，姚老师宽容地允许我仅研究福柯的伦理学，并给我许多的鼓励和教诲。

　　张旭教授是我研究福柯的引路人，如果没有他的帮助和支持，我以福柯为主题的博士论文很可能已经半途而废。张老师对福柯文本的熟悉程度以及对福柯思想的理解深度都令人赞叹。很庆幸在自己的福柯研究道路上有他这样的引路人。每当我在文献阅读和理解上遇到问题时，向他请教总能得到及时且有启发的回应。

　　我要感谢我在美国波士顿学院联合培养时的导师詹姆斯·伯纳尔（James Bernauer）教授。伯纳尔是英语世界中福柯研究的权威，他早在1990年出版的那本福柯研究的经典著作《米歇尔·福柯：逃逸的力量》中就已经指出福柯思想本身的伦理特性，这一洞见也一直引导着福柯研究者们将福柯思想作为一个整体去理解。我很感谢他愿意接收我，作为他第一位也是最后一位来自中国的学生。作为曾经参与过福柯法兰西学院演讲且为福柯组织过研讨会的人，伯纳尔教授不仅带我阅读福柯的文本，还讲述他亲自体会到的福柯作为一位伟大哲学家的风度和气质。

我还要感谢我在哲学院伦理学教研室的诸位老师，他们在开题及预答辩时给予这篇不成熟的论文许多批评与建议。特别是刘玮教授，他在文本的整体框架以及几处重要论证上给出了非常有益的建议。另外，我的论文答辩委员会的冯俊教授、胡继华教授、肖巍教授、李科林教授、张旭教授也对论文提出了宝贵的意见与建议。

最后，我要感谢我的家人对我学术研究的无条件支持，"容忍"我作为一位长期不事生产的学生追求自己的理想。我在中国人民大学新闻学院的研究生毛葭蔚同学非常细致地对文稿进行了先行校对。我的朋友，中国社会科学出版社的梁世超编辑为文稿的最终成书花费了大量努力。

本书的出版得到了"中国人民大学科学研究基金（中央高校基本科研业务费专项资金资助）项目"的支持，在此深表感谢。

曾　持

2025 年 3 月 20 日